U0326764

未名社科菁华 · 社会学

多元话语分析

社会分析模式的新尝试

PLURALISTIC DISCOURSE ANALYSIS

A New Approach of Social Research

谢立中 著

图书在版编目(CIP)数据

多元话语分析：社会分析模式的新尝试/谢立中著.—北京：北京大学出版社,2019.1

(未名社科菁华·社会学)

ISBN 978-7-301-29914-2

Ⅰ.①多… Ⅱ.①谢… Ⅲ.①社会分析—研究 Ⅳ.①C915

中国版本图书馆CIP数据核字(2018)第219387号

书　　名	多元话语分析：社会分析模式的新尝试 DUOYUAN HUAYU FENXI: SHEHUI FENXI MOSHI DE XIN CHANGSHI
著作责任者	谢立中　著
责任编辑	陈相宜
标准书号	ISBN 978-7-301-29914-2
出版发行	北京大学出版社
地　　址	北京市海淀区成府路205号　100871
网　　址	http://www.pup.cn
新浪微博	@北京大学出版社　@未名社科-北大图书
微信公众号	ss_book
电子信箱	ss@pup.pku.edu.cn
电　　话	邮购部010-62752015　发行部010-62750672 编辑部010-62753121
印 刷 者	三河市博文印刷有限公司
经 销 者	新华书店
	730毫米×980毫米　16开本　17.75印张　227千字
	2019年1月第1版　2019年1月第1次印刷
定　　价	45.00元

前　言

收录在本书中的这些文章，是笔者在2009年中国人民大学出版社出版了拙作《走向多元话语分析：后现代思潮的社会学意涵》一书后所发表的学术论文的一部分。这些论文表面上看涉及一些不同的主题，其撰写也是出于一些不同的契机，但除了一头一尾两篇文章之外，有一个共同之处，即都是从多元话语分析的视角出发来尝试对当代中国社会研究中一些具体话题进行分析，其目的，一方面当然是期待能够从多元话语分析的理论视角出发对这些具体话题做出一些与从其他理论视角出发有所不同的分析，另一方面则是期待通过对这样一些具体问题的分析来检验多元话语分析在具体社会研究当中的实际价值。在《走向多元话语分析：后现代思潮的社会学意涵》一书中，笔者当然也选择了一些具体的经验研究话题，如毛泽东和梁漱溟在中国社会是否是阶级社会问题上的分歧，有关学者关于中国现代化实现程度的一些分歧，以及关于"结构制度分析"和"过程事件分析"何者更具合理性方面的分歧等，来作为对多元话语分析这种新社会分析模式之特点加以解说的案例。但整体上看，那本书的内容主要还是集中于在理论和概念的层面上对多元话语分析这种社会分析模式的特点进行说明，至于这种社会分析模式在实际社会研究当中的可行性和学术价值，很大程度上仍然是一个有待检验的话题。本书收录的大部分文章正是基于对多元话语分析之可行性和学术价值进行具体检验这样一种期待而撰写的。

“多元话语分析”是在对传统话语分析和后现代思潮的一些基本理念进行批判继承的基础上，构成的一种以“话语分析”和“多元主义”为特征的社会研究思路。从理论上说，它的基本原理可以简单地归结为以下三条。

第一，话语建构论，即认为我们人类经验、思考和言说的对象世界，并不是一种完全独立于/外在于我们的话语体系而存在的、纯粹“自然”的给定性实在，而是由我们人类在特定话语体系的引导和约束下建构出来的一种“话语性实在”。相应地，一切知识话语也都不是对某种给定性实在的再现，而只是人们在特定话语系统及其规则约束和指引下完成的话语建构。

第二，话语多元论，即认为无论何时何地，就任一既定的话语体系来说，都存在着与其不同的另一种话语体系的可能性（尽管这种可能性并非一定会实现）。处于不同话语体系下的人们可以对“同一现实”做出完全不同的话语建构，并且，由于不同话语体系之间的不可通约性，对于这些话语建构之间的真假对错我们很难做出绝对的判断。因此，任一时空条件和研究领域内存在的话语体系从逻辑上讲都将是多元的而非一元的。

第三，话语自主论，即认为话语体系的形成和演变有自己相对独立自主的机制和规则，它的演变既非由实证主义等传统实在论者所描述的那样一些话语或知识演变的机制和规则所支配的，也非完全像福柯等人所说的那样是由某种独立于话语体系之外的“权力”机制所支配的，而是由其自身相对独立的演变机制和规则所支配的。

正如笔者在《后社会学：尝试与反思》一文（见本书）中所说的那样，多元话语分析的诸原理之间存在着内在的逻辑联系。话语建构

论、话语多元论和话语自主论三者之间在逻辑上是相互隐含的。“话语建构论”意味着否认“社会”实在的纯自然性质,否认“社会”实在对“话语”的决定作用,承认“话语”的绝对自主性,因而也就彻底否认了以与“社会”现实相符与否来对不同的“话语系统”之“真实性”进行判断的可能性,从而不得不接受不同的“话语系统”具有同等的“真实性”这一多元主义性质的结论。换言之,彻底的“话语建构论”必然引导出彻底的“话语多元论”和“话语自主论”立场,彻底的“话语多元论”和“话语自主论”立场也必然要以彻底的“话语建构论”为基础或前提。只要这三者之一而否弃其他两者,从逻辑上说应该都是不可能的,除非各自在理论立场上都不具有彻底性。

通过对社会研究(或者日常生活和科学研究)中一些具体分歧和争论的来源等进行分析,可以使多元话语分析的上述基本原理得到最好的验证。在《走向多元话语分析:后现代思潮的社会学意涵》和《社会现实的话语建构:以“罗斯福新政”为例》两本书中,笔者曾经通过对毛泽东和梁漱溟之间就中国社会是否是阶级社会问题所发生的分歧、有关学者之间就中国现代化实现程度问题所发生的分歧、一些学者之间就“结构制度分析”和“过程事件分析”两种社会分析模式何者更具合理性问题所发生的分歧,以及国内外学者围绕“罗斯福新政”的缘起与合理性问题所发生的分歧等所做的分析,为此类分析工作提供了若干案例。而收入本书的不少论文,如《当代中国的自杀率:话语之争的一个案例》《当代中国社会的阶级或阶层结构到底发生了怎样的变化?》《当前中国居民的收入差距到底有多严重?》《中国社会学家对当前中国社会转型问题的理解与分歧》等则是为此类分析提供了一些新案例。对这些分歧的来源进行仔细考察后,我们都能够发现,许多意见分歧其实并非由对现实掌握程度方面的差别造成的,而是由研究人员所处的话语系统方面的差别造成的,是一种“话语之争”,而非“事实之争”。由此形成的意见分歧其实是一种虚假的意见分歧,而非真实的意见分歧。对于这样一些出于话语系统

之间的差异而形成的不同经验、思考和言说,我们确无办法来对它们之间的是非对错做出终极的判断。要想像实证主义等传统实在论者所建议的那样,通过将这些不同的经验、思考和言说与"客观现实"相对照,看谁更"符合事实"的办法,来对这些意见分歧进行裁决,是绝无可能的。人们所能做的,就只能够是去努力辨析出在各自的经验、思考和言说背后引导和约束着这些经验、思考和言说形成的话语系统及其相关规则,并尝试从这些话语系统出发以达到对从它们当中衍生出来的相关话语的理解。

当然,正如笔者在《走向多元话语分析:后现代思潮的社会学意涵》一书中所指出的那样①,这并不是说,日常生活或学术研究中人们之间发生的所有的分歧和争论都只是"话语之争"而非"事实之争",而只是说,在日常生活或学术研究中人们之间发生的那些分歧和争论中,至少有一部分不是"事实之争"而是"话语之争"。因此,当我们面对人们之间所发生的一些分歧和争论时,我们首先需要去做的,不是像实证主义等传统实在论所建议的那样,努力地去从各种已有的和可能有的答案中甄别出一个最正确的答案来(包括甄别谁的概念或定义更为合理、谁的理论模型更为精致、谁的研究方法更为科学、谁的研究结论能够拥有更多经验事实的支持等),而是先要去分辨这一分歧和争论到底是属于"事实之争"还是属于"话语之争",然后再以不同的方式和途径去解决这一分歧和争论:如果确是"事实之争",那当然可以也应该按照实证主义等传统实在论给我们指示的那样一些方式和途径(在不同的观点中,选择概念或定义更为合理、理论模型更为精致、研究方法更为科学、研究结论能够拥有更多经验事实支持的那一种,淘汰或暂时淘汰其他的那些)去加以解决;如果是"话语之争",那就只能按照上述多元话语分析所启示的那样一种方式和途径(努力辨析在各种观点背后引导和约束着这些观点形成

① 谢立中:《走向多元话语分析:后现代思潮的社会学意涵》,北京:中国人民大学出版社 2009 年版,第 169—170 页。

的话语系统及其相关规则，并尝试从这些话语系统出发对从它们当中衍生出来的那些相关话语进行诠释，以此为基础来促进分歧和争议各方的相互理解，继而或者推动各方努力实现和维持各方的和平共存，或者推动各方通过相互学习、合作创新等方式来建构一种为各方共同接受的新话语体系，从而为形成共识而创造话语体系方面的前提等）去加以解决。就此而言，多元话语分析其实是在实证主义等传统实在论之外，为我们理解和解决日常生活和学术研究中发生的各种意见分歧或争论提供了一种新的方式或途径。

不过，我们也不能由此又产生另一个误解，认为多元话语分析只是一种可以用来帮助理解和解决意见分歧或争论的新途径，只有在存在着意见分歧或争论的场合它才是有价值的，在没有意见分歧或争论的场合它就没有什么意义。理由很简单：如果我们前面陈述的多元话语分析三原理是可以被接受的话（而笔者对社会研究领域诸多分歧及争论的分析已经证明了它们的可接受性），那么，就没有什么理由认为只有在存在意见分歧和争论的场合，多元话语分析才能对我们有所帮助。事实上，就理解话语和现实之间的关系而言，多元话语分析在任何时候都可以为我们提供一种有益的指引，即使是在不存在意见分歧和争论的领域中也是如此。多元话语分析的第一原理"话语建构论"告诉我们，我们人类经验、思考和言说的所有对象，都不是一种完全独立于/外在于我们的话语体系而存在的、纯粹"自然"的给定性实在，而是由我们人类在特定话语体系的引导和约束下建构出来的一种"话语性实在"；多元话语分析的第二原理"话语多元论"告诉我们，就任一既定的话语体系来说，都存在着与其不同的另一种话语体系的可能性，而且对于这些话语建构之间的真假对错我们很难做出绝对的判断；多元话语分析的第三原理"话语自主论"则告诉我们，话语体系的形成和演变有自己相对独立自主的机制和规则，它的演变完全是由这些演变机制和规则所支配的。多元话语分析的所有这些基本原理，其有效性都并非只限于人们之间存在着意见分歧的场合,而是存在于人们感受、思考和言说"对象世界"的任何场合。我们不能认为,只是在人们之间就某个问题发生了意见分歧和争论的场合下,人们的经验、思考和言说(及其对象)才是话语建构的产物,而在未发生意见分歧和争论的场合,人们的经验、思考和言说就是对传统实在论者所说的那种不以我们的话语体系为转移的、纯粹"自然"的给定性实在的反映或再现。我们也不能认为,只是在人们之间就某个问题发生了意见分歧和争论的场合,引导和约束人们进行经验、思考和言说的话语体系才是多元的,而在未发生意见分歧和争论的场合,引导和约束人们的话语体系只能是一元的而不能是多元的。其实,如前所述,在这种场合,引导和约束人们进行经验、思考和言说的话语体系从逻辑上说也是存在着多种可能性的,只是这些可能性暂时未能充分实现而已。同样,我们也不能认为,只是在人们之间存在意见分歧和争论的场合,引导和约束人们进行经验、思考和言说的话语体系才是具有自主性的,而在未发生意见分歧和争论的场合,引导和约束人们进行经验、思考和言说的话语体系就不具自主性,而是由某种"客观逻辑"或"权力"因素所决定的。因此,即使是在人们之间不存在任何意见分歧和争论的场合,多元话语分析的基本原理和分析方法对于我们理解和分析话语与现实之间的关系来说也都是适用的。

从多元话语分析的基本原理出发,我们还可以得出一些虽不深奥复杂却富有意义的认知。譬如,由于作者所属的话语体系或话语网络有所不同,不同文献的作者所使用的一些表面上看相同或相似的概念,其含义可能并不相同或相似。又如,哈贝马斯曾经提出,在"理想沟通情境"下,人们若能遵循他所提出的若干沟通有效性要求,就有可能通过平等的协商讨论就相关议题形成共识。然而,理论和经验的具体分析都可以表明,如果参与沟通的各方不属于同一话语体系,那么,即使具备了哈氏所提出的那些情境条件,共识的形成也基本上是不可能的。在《不同文献中的基尼系数是否一定具有可比性?》《哈贝马斯的“沟通有效性理论”:前提或限制》《“族群问题的去政治化”争论之我见》《走向东亚共同体:东亚社会面临的困境与出路》等文章中,读者可以看到笔者将多元话语分析应用于一些具体的学术或现实问题时所得到的一些认识。

和任何探索性研究都可能面临的情境一样,多元话语分析的基本理论立场也不可避免地要面对一些质疑。这些质疑中最主要或最重要的可能包括以下四个方面:第一,质疑多元话语分析过于强调话语的自主性和建构性,完全否定了“社会”现象的客观实在性,与我们在实际生活中的感受不相符合;第二,质疑多元话语分析过于强调话语对个人意识和行动的引导和约束作用,否定了个人的主观能动性,将人的形象从传统社会学塑造的“结构的傀儡”转变为“话语的傀儡”;第三,质疑多元话语分析对“多元主义”的突出和强调可能会隐含着一种对相对主义和虚无主义的认可;第四,质疑多元话语分析对“多元主义”的强调会使我们失去对社会现实进行道德批评的稳固基础。在本书的最后一部分,即《后社会学:尝试与反思》一文中,笔者尝试对这些可能的质疑进行了简单而初步的回应,以帮助读者对多元话语分析的理论立场有一种更为明确和适当的理解。

《多元话语分析:社会分析模式的新尝试》一文本系拙作《走向多元话语分析:后现代思潮的社会学意涵》一书第九章的简写版。在这篇文章中,笔者对什么是多元话语分析、为什么要在社会科学中进行多元话语分析、如何进行多元话语分析、多元话语分析的意义是什么等初遇多元话语分析的读者心中必然产生的一些问题进行了简要的说明,为读者了解多元话语分析的理论和方法提供了一个大致框架,对于读者理解后面的内容会有一定的助益。鉴于此,笔者将它收入本书,作为全书的第一篇。本书从内容上看可以视为《走向多元话语分析:后现代思潮的社会学意涵》一书的续篇。将这篇文章作为本书的首篇,也可以从形式上揭示本书与《走向多元话语分析:后现代思潮的社会学意涵》一书之间的这种相继关系。

收入本书的所有论文都已经在不同的学术期刊上公开发表过(这些论文初次发表的期刊及卷次均请见本书相应之处)。笔者在此谨向这些刊物的编辑及审稿人表示诚挚的谢意。希望将这些论文集中收录于此这一做法,能够为笔者和读者就多元话语分析这一话题进行集中性的反思和交流提供一个新的契机。

最后需要说明的一点是,笔者对多元话语分析这一社会分析模式的探索仍然处在尝试阶段。无论是从总体框架上看还是从具体细节上看,多元话语分析都还不是一种成熟的社会分析模式,还存在着许多需要进一步加以探讨和阐述的问题。笔者期待通过进一步的努力来使之在理论和方法方面变得更加完善,也期待在以后的探索中能够继续与读者分享自己的研究心得。

谢立中

2018年2月8日

目　录

多元话语分析：社会分析模式的新尝试[①]

“多元话语分析”是从后现代主义思潮中引申出来的一种与实证主义、诠释（或现象学）社会学、批判理论等传统社会分析模式有所不同的社会分析模式。它试图借鉴传统话语分析的一些技巧，将其与后现代思潮所倡导的多元主义视角相结合，在对传统话语分析和后现代思潮的一些基本理念和技巧进行批判继承的基础上，构成一种以“话语分析”和“多元主义”为特征的社会研究思路。在本文中，我想对以下四个问题做一个简要说明。这四个问题就是：什么是多元话语分析，

① 本文系拙作《走向多元话语分析：后现代思潮的社会学意涵》（北京：中国人民大学出版社 2009 年版）一书第九章（原为笔者演讲记录稿）的简写版，曾以本文同题发表于《社会》杂志 2010 年第 2 期。

为什么要在社会科学中进行多元话语分析，如何进行多元话语分析，多元话语分析的意义是什么。

一、什么是多元话语分析

“多元话语分析”可以拆分成两个词——“多元”和“话语分析”。“多元”即是多元立场、多元视角；“话语分析”则是最近几十年西方学术界首先从语言学、常人方法学、传播学和教育学等领域中形成发展起来并扩散到整个社会科学领域的一种新的社会研究方法、研究模式。多元主义和话语分析都不是新东西，但把这两个东西整合在一起，则是笔者正在尝试去做的工作。

首先要解释一下什么是“话语”。“话语”这个词在英文里是“discourse”，可以说是讨论、推论、辩论、话语。关于“话语”一词的解释，不同的学者有不同的说法。我觉得一个相对较好的解释就是：话语就是人们实际说出来的东西。这里的“说”是广义的“说”，包括两种形式，即说话和书写。凡是已经用声音说出来的、用符号写出来的话或“文本”就是话语，相当于索绪尔的“言语”。

索绪尔区分了言语与语言。言语就是我们在日常生活中的说话行为，语言是以特定的词语为原料、按照一定的语法规则可能被建构出来的所有的句子和文本，比如英文、中文。一套语言系统可以产生出来的话语可能是无限多样的。我们说了几千年的中文，现在还在说，而且会永无止境地说下去。但在一套语言系统下最终能够实际被说出来的句子是相当有限的。这并不仅仅是因为说话的人数和时间有限，更多的是因为人们的说话行为除了受到语法规则约束之外，还受到其他各种规则的约束和限制。对这样一些规则进行探讨，就是话语分析的主要任务。

因此，所谓的“话语分析”就是要对那些实际说出来的东西到底是以什么样的方式以及按照什么样的规则被说出和被传播的过程加以分析。话语就是指已经被说出来的东西，没有被说出来的不叫话语，也不是话语分析要分析的对象。索绪尔认为我们研究语言的时候并不需要研究这套语言系统下的人实际说了什么，只需要研究一套语言系统有哪些词法、句法就可以了。只要把一个语言系统借以产生的那些语言规则了解清楚了，我们也就可以知道人们将会或应该会怎么说话了。在索绪尔那里，语言学就是要研究词法、语法。我们懂了词法、语法就知道人们将要说什么、应该怎么说以及他们说得标准不标准，没有必要去研究实际的言语行为。话语分析正好相反。话语分析就是要研究已经说出来的东西，要探讨它为什么会被说出来，它为什么会以这种方式被说出来。语言学研究的是已经说出来的和未被说出来的那些句子，只要在语法的范围内运用这些词和词组可能说出来的话都是语言学要研究的。话语研究正好相反，它要研究的是在一个语言系统里面，尽管有很多话从语法角度来讲应该可以被构造出来，但是为什么到今天为止仍然没有被构造出来，为什么只有某些话能够被构造出来，并且以特定的形式被说出来。一句话，它要研究实际上已经说出来的那些话是如何被说出来，为什么被说出来。按照福柯的说法就是已经被说出来的话是怎么被生产、被流通、被分配的，支配着已经被说出来的话以这种方式被说出来的规则是什么，等等。这就是话语分析要做的工作。

支配着话语生产、流通和分配的那些规则和以往的语法学所研究的那些语言规则之间差别非常之大。一句话可能很符合语法规则，却可能不符合某个特定的环境里面支配着话语生产和流通的那些规则(按照福柯的说法就是那些话语构成的规则)。若是如此，那么这句话就不会被说出来。比如说"打倒皇帝"这句话，它完全符合语法规则，但是在中国古代封建社会时期这句话是永远不能被说出来的，否则言说者就有可能遭受灭顶之灾。不能说这句话，不是因为它是病句，而是因为它不符合当时的话语构成规则，不符合那个时代支配着话语生产、流通和分配的规则。我们今天有我们今天的话语构成规则。我们今天也有一些话是不能说的，尽管它很符合语法规则，但是不能被说出来。有些话可以在私下说，可以在酒桌上说，可以在教室里说，但是不能在报刊上说，不能在电视上说，这些都是由话语规则所决定的。总之，符合语法的东西不一定能够被说出来，所以话语分析与语言分析是完全不同的两个东西。

多元话语分析是从以往的话语分析而来的，要大量地吸取语言学家、常人方法学家所发展起来的话语分析成果，但多元话语分析与以往的话语分析又是有区别的。以往的话语分析背后往往有这样的理念，即认为进行话语分析是为了更好地理解和把握话语的原意或者本意。尤其是传统的语言学家，他们认为之所以要搞话语分析，要超出索绪尔的语言学禁区，是因为如果我们只去研究语法而不去研究实际生活中使用的语言，我们就永远不能理解日常生活中人们实际如何说话。因此话语分析的目的是更好地理解现实生活中人们说话的原意，话语分析只能有一个最符合或最接近原意或者本意的分析结果。可见，以往的话语分析论者基本上是一元论的，他们以为通过他们所倡导的话语分析方法就能得到一个最接近说话者主观意图的结果。他们首先预设话语有一个唯一的本意、原意，通过话语分析的程序和技巧就能够了解这个本意，所以要进行话语分析。这样一种话语分析的理念从某种程度上讲还是现代主义的，即认定有一个最终的真理，这与后现代主义是有一定差别的。多元话语分析就是要把后现代主义里面一些有价值的思想——多元主义——与话语分析结合起来，形成一种新的话语分析模式。这种新的话语分析模式就是多元话语分析。后现代主义有很多不同流派和解说，对于什么是后现代主义，不同的人也有不同的理解和阐释。我认为，如果说后现代主义对我们还是有一定的启发和参考价值的话，其中最重要的一点就是它所包含的多元主义。这种多元主义不等于虚无主义。后现代主义思潮当中确是有大量的虚无主义成分存在，对于这种虚无主义，我们当然是要加以抛弃的。但多元主义是自有其价值的，如果我们能够把这些有价值的东西继承下来，把它和现代主义里面那些被我们认为有价值的东西结合起来，形成一些新的视角、新的立场，就有可能使我们超越现代主义和消极的后现代主义。多元话语分析是多元主义与话语分析的结合，它的基本理念是试图否认话语存在着某种唯一的原意或者本意，试图否认我们能够准确地了解这种原意或本意；认为即使说话者有原意或者本意，我们作为阐释者也未必能够准确地把握这一个原意或本意。甚至可以更极端地说，即使某人在说某句话的时候他自己觉得有一个本意或原意，但是到了最后，随着时间的推移，对于他自己当时说这句话的时候想要表达的原意或本意是什么，他自己也未必能够说得清楚，未必有一个永恒不变的回答。多元话语分析认为面对一个话语文本，我们可能得到多种不同的分析结果，对于这些不同的分析结果，我们很难对谁更符合或更接近话语的本意做出绝对的判断。我们可以有一个暂时的判断，觉得其中的某一个更符合"本意"。但这种判断只能是暂时的。因为经过一段时间之后，我们可能会获得一些新的线索，使我们觉得之前的理解是不对的，因而产生新的理解。比如《蒙娜丽莎的微笑》这幅画到底要表达的是什么，到现在人们也没有最后的定论。我们是否要在其中选择一个答案而排除其他的答案？按照现代主义的理念，我们只能有一个合理的答案可以选择，其他的都是要被排除的。后现代主义则认为每一种答案都有它的特点和价值，尽管每一种答案也都有它的盲区和偏狭。不能说只有一种答案可以选择，而是每一种答案都有它可取的地方。多元话语分析主张，我们应该允许多种分析结果同时存在，不一定非要排斥其他的答案。不是说我们不可以选择。我们可以选择，可以根据各种不同的理由来选择，但只是在多种选择中暂时选择某一个。我们一定要明白这种选择不是绝对的，而是相对的，同时也一定要对其他的答案保持一种开放的心态。不要以为某个答案就是永恒的。多元话语分析也要做话语分析，但是它尝试使用一种多元的立场来进行话语分析。它并不认为自己通过一套程序、方法得到的结果就是唯一的真理。它与后现代主义会有更多的亲和之处。

二、为什么在社会(学)研究中要进行多元话语分析

倡导多元话语分析的一个主要目的是消除以实证主义、古典诠释学和传统的批判理论为代表的传统实在论分析模式在社会研究中的影响。实证主义、古典诠释学和传统的批判理论都属于现代主义的分析模式。它们之间尽管有很多差别,但也有一些共同之处,这些共同之处用一个词来概括就是“传统实在论”。

“传统实在论”包括五个基本特征。第一,给定实在论。认为作为我们研究对象的各种事物和各种现象都是先于我们、独立于我们的话语系统而存在的,是不以我们的符号和话语系统为转移的给定性实在。它在我们对它进行研究之前就已经存在,并且不管我们如何研究它,都不会改变自己的存在方式。第二,表现主义。认为科学研究的目的就是要尽量客观、准确、真实地再现独立于我们的话语系统的那些给定性实在。第三,相符真理论。主张判断某一知识或话语是否正确的唯一标准就是看它与我们试图再现的给定性实在是否相符合。符合就接受,不符合就抛弃。第四,本质主义。认为现实是由现象和本质构成的,我们通过主观感觉得到的是事物的表象,在现象的背后有本质;现象是多样的,本质是固定的;现象是由本质规定的,是本质的不同表现。因此,我们对某个给定性实在进行研究的时候,只有把握了在现象背后规定着现象变化的本质才能更好地把握事物。第五,基础主义。认为事物有特殊与普遍两个层面,这两个层面之间存在着一种归纳—演绎性质的逻辑关系:普遍是从特殊归纳而来的,特殊则可以从普遍当中演绎出来。因此只有把握住了具有普遍性的认知才是最佳的认知。实证主义、古典诠释学和传统的批判理论虽然存在着各种差别和分歧,但在上述五个方面还是有一致性的。

后现代主义者对传统的实在论进行了批评。首先,他们坚持一

种可以被称为话语实在论或话语建构论的观点，认为作为我们研究对象的任何实在（包括客观实在和主观实在）都是由特定的符号、话语建构起来的，不是纯粹给定的，所有的实在都是一种话语性的实在。有人可能会认为这种观点是唯心主义的，好像说一切东西都是我们的主观实在，一切都是话语，除了主观实在之外没有别的东西。尤其是德里达说过这样一句话，“文本之外别无他物”。很多人认为这句话很荒唐，怎么可能文本之外别无他物呢？明明还有其他实实在在的东西嘛。这种理解是一种过于简单的理解。德里达不可能这么笨，他难道不知道除了他的文本之外还有德里达这个人的存在吗？他肯定知道的。“文本之外别无他物”“话语之外别无他物”的说法并不是说文本之外没有其他的东西，而是说假如我们人类跟动物一样没有话语、没有符号，那么对我们来讲，我们大脑之外存在的实在就是一片混沌。或者更加恰当一点地说，这些实在至少不是我们今天所看到的这个样子。人类能够感受的、能够思考的、能够言说的那个实在和世界是经过了我们的符号系统和话语系统过滤的，因此也是由我们特定的话语系统所建构的，不再是完全纯粹自然的。纯粹的自然本身究竟是什么样子我们不知道，它之所以成为现在我们感受和理解中的那个样子是由我们人类的话语所建构的。

只要同意实在不是给定的，只要实在可以被理解为是通过我们的话语系统而被我们建构起来的，是一种话语性的实在，后面的几点就好理解了。因此，后现代主义的第二个重要观点就是反表象主义。它认为一切知识话语都不是对某种给定性实在的再现，而只是人们在特定的话语系统及其规则的约束指引下完成的话语建构。比如，我们关于“残疾人”现象的话语就不是对作为一种什么纯粹自然的、客观实在的“残疾人”现象的某种再现。不存在某种纯自然的“残疾人”现象，好像只要我们按照某种纯粹客观的程序就能够将它的特征客观表现出来、描述出来。不是这样的。我们的描述，我们对它的解释完全取决于我们如何去命名它，如何界定它。我们针对“残疾人”

现象的一切话语都取决于、受制于我们所属的那套关于“残疾人”的话语系统,它不是对某种纯粹自然的事物的一种表现,它只是人们在特定的话语系统及其规则的约束和指引下完成的一种话语建构。

后现代主义的第三个重要观点就是:处于不同话语系统下的人可以对同一“对象”做出完全不同的话语建构,并且对于这些话语建构之间的真假对错,我们很难做出绝对的判断。不是不可以做判断,是可以做判断的,但是很难说它是绝对的真、绝对的假、绝对的对、绝对的错。比如说按照前几年的“残疾人”定义,我们可以做出一套对当前的中国残疾人现状的描述,也可以提出相应的一套政策分析。可如果按照某个新的“残疾人”定义,我们就又会有一套关于中国当前残疾人的新的描述。那么这两套描述之间谁真谁假呢?都真!都对!对不对?这取决于你选择哪一套话语,你使用以前的“残疾人”定义还是用现在的“残疾人”定义。如果你认为前一种“残疾人”的定义更合适,那么就应该采用前面那种口径;如果你认为现在的“残疾人”定义更合适,那么就采用现在这种口径。那么这两个残疾人的定义到底是谁真谁假呢?这个是很难说的,很难做绝对的判断,因为它们可能是各有合理的部分,也各有不同的局限。最后如何去判断这两个处于不同时期的“残疾人”定义,取决于你所选取的价值立场,甚至取决于你所站的政治立场,取决于所谓“真”“假”之外的因素。因此我们的结果应该是多元的,我们不应该说只有某个结果是真的。可以有相对的判断。从我的立场出发,我认为这个好,可能就更倾向于这个定义,根据它所做的描述就是更可取的;如果我是另外的立场,我就会认为要改变,认为这个定义不合适,就要换一种新的理解,认为根据新的定义所做的描述才是可取的。所以判断标准就不再在学术本身而在学术之外。

后现代主义的第四个重要观点就是反本质主义,认为事物不存在什么纯粹给定的、唯一的本质,事物的本质也是由我们的话语系统建构出来的,因而也是随着话语系统的变化而转变的。现代主义则认为任何一个定义都是在揭示我们所表达的这个对象的本质特点。譬如说,什么是残疾人呢?那我们一定是把“残疾人”跟“正常人”之间最重要的那个特点、区别拿出来做一个定义,这个定义就是“残疾人”的“本质”。而参照后现代主义者的思想,这个所谓的“残疾人”的“本质”也应该是我们依照我们所属的话语系统所定义的,不是残疾人本身的一种自然属性。它当然是“残疾人”的一种属性,但是把它界定为“残疾人”最重要的、最本质的一种属性,则是我们自己界定的,不是纯自然的一个结果。不同时代的人、不同文化的人对什么是“残疾人”最重要的特征会有不同的理解。对“残疾人”的内涵和外延界定不同,对“残疾人”的描述也就不一样,提出的相关问题也会不一样,制定出的相关问题解决方案或对策也就会不一样。所以事物的“本质”也是随话语系统的变化而变化的。

后现代主义的第五个重要观点就是反基础主义,即反对现代主义那种认为在有关事物的特殊性(或者称地方性)知识和普遍性知识当中后者更具有重要性的观点,认为我们有关事物的那些特殊性或地方性知识话语对于我们了解和理解这些事物其实具有更为重要的作用。从这些特殊性或地方性知识当中归纳出来的普遍性知识不仅不比这些特殊性或地方性知识更具优越性,而且还不如后者有价值、有意义,因为在这种归纳过程中有许多细节性的知识都被抽象掉、过滤掉了,而对我们了解和理解事物具有关键意义的可能正是这些细节性的知识。

这些就是所谓后现代主义者对于传统的实在论所做的一些批评、挑战,他们提出了一套新的观点,这套新的观点就是话语建构论的观点。除了对第五个观点我有所保留之外,我认为这套观点总体上看是有一定道理的,传统的实在论者看待事物的观点确实是有点过于简单化。

我认为,就社会研究领域而言,后现代主义者对现代主义研究模式所提出的这样一些批评至少包含以下两层重要启示。

第一层重要启示是使我们意识到话语在社会生活当中所具有的建构作用，意识到在社会研究的对象方面应该有一种重要的转换。假如社会实在确实如后现代主义者所指出的那样不是一种纯粹自然的给定性的存在，而是由社会成员在各种话语系统的约束和引导下自觉或不自觉地建构起来的一种话语性“实在”，那么我们在对某种社会现象进行研究时，就不能将这一现象当作一种给定的现实来加以看待，像传统的实在论者那样单纯地去探讨导致这一现象产生、变化的“客观”机制和规律，而是应该把它们当作一种话语的建构物来加以看待，致力于去揭示相关社会成员在相关话语系统的约束和引导下将其作为某种特定“现实”或“对象”建构出来的机制和过程（包括在这一建构过程当中相关社会成员所采用的话语策略及其社会效应、约束和引导社会成员采用这些策略的话语规则、这些话语规则作用于社会成员的具体机制等）。例如，我们在研究“残疾人”这一现象时，就不能把我们现在所说的“残疾人”当作世界上本来就有的，自然存在且其本质固定不变，一直在那里等待着我们去发现、去了解、去研究的一个对象，而应该意识到就像福柯所讨论的“精神病”人一样，它也只不过是由特定话语建构出来的一个对象，不仅其内涵和外延，而且它的各种状态（数量、种类、特征、产生和变化的规律等）都是可以随着相关话语系统（如“残疾人”的定义）的变化而变化的。因此，我们在研究“残疾人”现象时，就不能将我们的研究工作仅仅限于依据特定的“残疾人”定义去对相应范围内的个体或群体的有关状况进行考察，更要去探讨这些“残疾人”作为我们的考察对象是如何被我们所属的相关话语系统所建构出来的，探讨我们所属的社会世界中的社会成员在相关话语系统的约束和引导下将这些个体或群体建构为“残疾人”的具体机制、过程和实践效应。不仅对于“残疾人”的研究是如此，对于所有社会现象（如“自杀”现象、“阶级”现象、“家庭”现象、“农民工”现象、“吸毒”现象等）的考察也都应当是如此。

第二层启示是使我们意识到不仅作为我们研究对象的某一特定

社会现实是人们在特定话语系统的约束和引导下建构出来的东西，而且我们在对这一特定社会现实进行研究时所获得的那些研究结果本身也只是一种话语建构，而非对这种特定社会现实及其话语建构过程的简单再现。

首先，社会学家在对任何一项社会现实加以研究时，第一步就是要去观察，包括深入观察、问卷调查、访谈、收集相关文献资料等，通过这些观察得到一些关于这一现实的经验资料。这些资料可以分成两类：一类就是你自己亲自观察所得到的一些资料；另一类就是你通过问卷调查，通过访谈，以及从新闻报刊或者是别人的日记、书信上获得的材料，这些资料不是亲身观察得来的，是别人告诉你的。但无论是你自己记录下来的亲身经历，还是你拿到的他人的访谈记录、问卷、新闻采访、书信日记，都是一些话语。而所有人的话语，包括我们自己的观察记录，都是在特定话语系统的约束和引导下所完成的。这些话语或文本就不是什么纯粹自然的东西了，它已经是你自己在脑子里面既有的（也许有明确的意识，也许没有）话语规则的约束和引导下完成的话语建构。你首先会感觉到（看见或听见）这样一些东西，而对另一些同时在场的东西视而不见；在看见或听到的那些东西里面，你又会知道哪些该记录，哪些不该记录，哪些是重点，哪些不是重点，哪些可以忽略，哪些不可以忽略。然而，为什么你会看到或听到这些内容，而无视另一些内容？为什么这些东西被你记录下来了，那些东西没被你记录下来？这就和你脑子里既有的那些话语系统的影响有关，你不知不觉地就觉得这个东西印象特别深刻，那个东西印象不深刻，这个东西比较重要，那个东西不太重要。然后你就看见或听见这些内容了，其他一些东西你就看不见或听不见了；把这些东西记录下来了，那个东西你就不记录；在被记录下来的那些东西里你认为这个是重点，那个不是重点。你的所有感受和记录都会受这些话语系统的影响。比如我们中国人讲家族主义、讲忠孝、讲仁义礼智信等，儒家的这套话语系统会对我们的感受、我们的体验、我们的记忆产生深刻的影响，当然也影响到我们对现实所做的记录。因此，当你面对一堆有关某种社会现象的资料时，你就要对它们的话语建构性质有一种明确的意识。过去我们会直接地把自己所记录的东西，还有问卷或访谈得到的材料看作是对现实的反映，然后就说现实怎么样怎么样。现在我们要意识到，我们所得到的这一整套资料实际上是在特定话语系统引导下搜集而来的，是话语建构的产物，所以我们首先应该关注这一整套资料是通过一些什么样的话语策略被建构出来的，它背后所隐含的话语系统、话语规则是什么，努力去将这套话语系统及其规则发掘出来。

其次，作为社会研究人员的我们在对观察得来的各种资料进行分析、整理、得出结论并最终将研究发现诉诸文字的时候，也不可避免地要受到我们脑海里既有的某些话语系统的约束和指引。因此，我们通过对资料进行分析整理最终所得的结果也只能被看作是我们在自己所属的那些话语系统的约束和指引下所完成的一项话语建构，而不能被视为是对相关资料的纯粹客观的解读。处于不同话语系统（结构功能主义、社会冲突理论、现象学社会学、符号互动主义、社会交换理论、批判理论、理性选择理论、吉登斯结构化理论、布迪厄实践社会学等）约束和引导下的研究人员，面对同一批观察资料可能会有不同的感受、解读和取舍，因而也就可能会得出不同的研究结果。

通过上面的分析我们也可以看到，一种所谓的社会“现实”，当它作为一项社会学研究的结果而由社会学家呈现在我们面前时，至少要经历两重甚至多重的话语建构过程。这就是：由最初的一些社会成员在相关话语系统的约束和引导下将这一“现实”在社会世界中建构出来的过程；由某些社会学者在相关话语系统的约束和引导下通过对上述过程进行观察、解读、分析而将这一“现实”作为科学研究成果建构出来的过程。这就是我们不可以将一项社会“现实”简单地视为纯粹自然的给定性实在的主要原因，也是我们要在社会研究中进行话语分析的主要原因。

三、如何进行多元话语分析

按照前面的分析,采用多元话语分析模式来对某种"社会现实"进行研究,主要工作就是对人们在特定话语系统的约束和引导下将这一"社会现实"建构出来的过程和机制加以考察。这里的工作具体包含以下几个基本环节。

(一)话语策略及其社会效应分析

首先,是要对该时间、空间范围内的人们以各种话语形式(日常生活中的言论、新闻报道、政府文件、书刊文章、日记、书信、广告、电影、电视节目、音乐、时装、建筑等)来建构某一社会现实(譬如"残疾人""靓女""农民工""吸毒""自杀""经济增长"等)时所采用的话语策略及其社会效应进行分析。对话语策略的分析又包括以下四个方面的内容。

第一,是对特定话语形式所采用的对象描述策略加以分析,即分析说话者采用了哪些词语来描述被言说的对象。如果对象是"残疾人"的话,我们用什么词语来描述呢?不是所有的国家在所有的时候都用"残疾人"这个词来描述我们现在所说的"残疾人",描述我们说的"残疾人"的名称是有很多的,如"残疾人士""残障人士"等,哪个词更合适是有讲究的。每一个不同的名词背后都有一套理念,是有一套价值观念的。它就等于代表了一套不同的关于"残疾人"的话语系统。即使是同样使用"残疾人"这个词汇的话语,其内涵和外延也并非一定相同。所以你首先要看他是采用了什么词来描述他的言说对象,分析它们是属于哪一套关于"残疾人"的话语体系。

第二,是对特定话语形式采用的陈述模式进行分析,分析说话者采用了哪些陈述模式来陈述他要表达的内容。陈述模式有很多,有量化的模式,有质性的模式,有表格模式、图像模式、公式模式、模型模式、混合模式等,有各种各样的模式。不同的话语系统有不同的陈述模式。比如说现代临床医学的陈述模式,它的表达方式是要求尽量客观,尽量准确。如果今天你去做体质方面的检查,医生最终会给你一份体检结果表,这是一套表格式的量化陈述模式。其他医学话语系统下的说话者可能就会用另外的陈述模式。譬如中医就有中医的一套陈述模式,它和西医的陈述模式之间有很大差别。不同的话语系统其陈述模式可能会不一样。

第三,是对说话者采用的修辞策略进行分析,分析说话者采用了哪些修辞手段(腔调、节奏、省略、重复、语词或句子的先后次序、排比和比喻等手段的运用、对权威话语或相关文献的引用方式等)来进行言说,通过这些修辞手段他试图突出或强调的东西是什么。

第四,就是对说话者的主题构成策略进行分析。他用什么方式去强化他的主题,比如他这个主题是先表达出来,然后分一二三四五提出论据去支持它呢,还是先提出论据再提出论点呢?他提出来作为立论基础的那些根据又是什么呢?为什么这些东西有资格成为他立论的根据,而其他一些东西则不能呢?在同一个问题上,除了他正在着力加以论证的主题(论点)之外,还有没有其他可能的主题(论点)?如果有,为什么他要将其他可能的主题(论点)加以排除?根据又是什么?等等。

这四个方面就构成了我们说的一个言说者或者一个书写者在言说或书写自己的话语时所采用的一些话语策略。举个例子来讲,你遇到一个所谓的"打工仔"向你讲述他自己的故事的时候,或者得到一份有关"打工仔"的新闻报道、学术论文、日记书信,或者一部关于"打工仔"的电视连续剧,或者一份关于"农民工"的政府文件等的时候,千万不要以为这些言辞或文本向你展示的那些东西就是些纯粹自然、客观的东西。这些言辞或文本展示给你的那些内容,本身已经是一种话语建构。这些言辞或文本的作者在言说这些话语或书写这些文本时自觉或不自觉地会考虑什么东西应该告诉你,什么东西不应该告诉你,重点应该告诉你什么,不该告诉你什么。因此,你要分析他是用什么样的词语来描述他的言说对象、用什么陈述模式来陈述他的故事、用什么修辞策略来修饰他的言说效果，以及他的言说大概隐隐约约在强化一个什么样的主题，等等。话语分析首先就是要去分析这么一些东西。

完成了话语策略方面的分析之后，紧接着要去分析的就是话语的社会效应，即是要去分析上述有关某一社会现实的那些话语对于社会世界的运行到底起着什么样的作用，这些话语在此时此地的社会生活中到底各自具有一种什么样的地位和作用，它们是通过一些什么样的具体方式、途径和机制来影响社会生活的，等等。这也是话语分析中比较重要的一个内容。关于这一点，我目前在细节上研究得还不够，还无法给你们讲多一点内容。

（二）话语系统及其话语规则和作用机制分析

其次，就是要对这些策略背后的话语系统以及它们的话语构成规则和作用机制进行分析。刚才是分析各种话语形式所言说的那套话语中采用了什么样的对象建构策略、什么样的陈述策略、什么样的修辞策略，以及什么样的主题强调策略。但那些言说者为什么会采用这样一套策略呢？为什么不采用一些别的策略呢？这就涉及言说者/书写者在说话或书写的时候，所受影响最大的一种或某几种话语构成或话语构型，或者更通俗一些说即“话语系统”，以及跟它相连的话语的构成规则是什么。你要去了解一个言说者或书写者受到什么话语系统的影响，他日常处于其下的话语系统是什么。当然这个步骤比较难，但是你必须要做。如果你做不到这一点，你就不能理解他的话为什么是这样说的，他为什么会说这些，你就很可能把他说的当成是事实本身了。因为他这样说，其实不一定是事实，不是说一定不是，也可能是。但究竟是不是我们很难判断，我们一定要了解在背后支配着这个人言语行为的那套话语系统以及相关的话语构成规则，我们对这套话语系统及其相关规则的了解越多越深入，我们对这个人言辞的可靠性就会相对更加了解。（可以把言辞理解为言语行为

的产物)

对话语系统以及话语构成规则的分析我们也可从四个方面来进行。

第一是话语对象构成的规则。在文本作者所处的话语系统当中,可以言说的主要对象是哪些?这些对象是由哪些人在什么样的时间、空间区域中依据一些什么样的标准界定出来的?将一些事物归入这一对象而将其他一些事物排除在这一对象之外的根据是什么?等等。例如我们前面讲的"残疾人"现象,它就总是由特定的一些人,在特定的时间和空间情境条件下,依据一些特定的理据,借助于一些特定标准界定或者说"建构"出来的。一套特定的"残疾人"话语,总是会就自己所言说的"残疾人"的定义(什么样的人才能被界定为"残疾人")、界定者的标准(什么样的人才能具有为"残疾人"下定义的资格)等做出相对明确的规定。这些规定就是一套特定的有关"残疾人"这一话语对象的构成规则。

第二是陈述构成的规则。即什么人可以在什么情境之下,以什么方式,对什么内容加以陈述。举个例子来说,政府工作报告要由总理在人民大会堂发表,这就是我们的官方政治话语规则。总理的身份以及所处的话语系统决定了他在那个时间、那个场合,以那种方式来说那些内容。他不能在别的时候、别的场合来说这些,也不能在那个时候、那个场合说其他东西,而且也只能以那种方式说,不能以别的方式说,这就是话语构成的规则。我们对调查对象进行访谈的时候面临的情境也是一样的。访谈的时候被访者也会对自己被访的身份做一个界定,他也会想在此时此刻我的身份是什么,我的角色是什么,我可以说什么,我不可以说什么。那么他在这个时候如何界定自己,以及如何根据对自己角色的界定来决定自己什么可以说什么不可以说,都取决于他自己脑子里面已经有的某一套话语系统。

第三是对修辞构成规则的分析。不同的话语系统有不同的修辞模式。政府的官方话语有政府官方的一套修辞模式,这套模式中的某些修辞只能使用在特定对象身上,如“伟大的、光荣的”中国共产党,“战无不胜”的毛泽东思想,等等。学术话语也有学术话语的规则,过去的学术话语跟现在的学术话语规则也不一样,现在的学术话语有自己一整套的规则。比如一篇学术论文一开始要提出自己的问题,要做文献评估,然后要交代你自己的研究方案,再陈述你的资料来源,你的研究过程,最后是你的研究结论,这是一整套非常刻板化的八股文式的东西。它的陈述也要求非常客观。如果你引用谁的话必须要注释,注释的格式也很有讲究……你违反了这些规则,你就不合格,就会拿不到学位。在大学里面学习的一个重要任务说白了就是要学习如何按学术界的规则去说话,否则你就不能毕业。

第四是主题构成的规则。不同的话语系统可能会有不同的主题构成规则,譬如,在经典马克思主义的话语系统之内,基本的论述主题就是“生产力决定生产关系”(或“生产关系一定要与生产力水平相适应”)、“经济基础决定上层建筑”(或“上层建筑一定要与经济基础相适应”)、“社会存在决定社会意识”(或“社会意识状况一定要与社会存在状况相适应”)、“阶级斗争推动着历史进步”、“社会主义社会一定要替代资本主义社会”等。只有这些主题(论点)才是可以选择的主题,凡是与这些主题相对立的主题都应该受到排斥。用来论证这些主题的基本根据则主要包括“历史事实”,马克思、恩格斯和列宁等经典作家的相关论述等。

在分析完了话语系统及其相应的话语构成规则之后,我们还要对这些话语构成规则的作用机制进行分析,要去探讨和揭示各个话语系统及其话语构成规则是通过什么途径、以什么方式作用于言说者,使得言说者/书写者自觉或不自觉地按照这些规则去言说、去书写。这也当是话语分析的重要环节之一。在社会世界中,不同的话语系统对于行动者可能会有非常不同的作用途径和作用方式。譬如和民间话语系统相比,官方话语就可能更多地通过一些正式的、制度化的渠道,以行政运作的方式来对行动者发生作用。而前者可能通过一些非正式的、零散的渠道，以口传一类的初级传播范式来对行动者发生影响。

（三）发掘和展示话语建构的多元性

多元话语分析的**第三个**重要环节就是要去发掘和展示话语建构的多元性。不同的话语系统可能会有不同的话语对象构成规则、不同的陈述构成规则、不同的修辞构成规则、不同的主题构成规则。话语的分类是一个很复杂的东西，可以根据不同的标准进行分类。我们可以根据话语所在的领域将其分成官方话语和民间话语：官方话语里有政治话语还有别的如外交话语，外交话语有外交的一套辞令，对外的和对内的不一样；在民间话语里面还有行业话语，比如学术话语是一套话语，商业话语是一套话语。还有公开的话语以及“黑话”之间的区分；还有成人话语和儿童话语；等等。这些都是不同的。在学术话语内部又可以按研究对象分为哲学话语、经济学话语、社会学话语、政治学话语、历史学话语等；在学科内部又可以按理论取向区分出不同的一些话语，如在社会学内部就可以区分出马克思主义话语、功能主义话语、现象学社会学话语、理性选择学派话语等。总之，在现实生活中存在着多种不同的话语系统，它们可能各有自己的一套对象构成规则、陈述构成规则、修辞构成规则和主题构成规则。在不同话语系统的约束和引导下，人们对现实就可能会有不同的感受、理解和言说，因而也就会有不同的观念和行为方式。人们如果依照这些不同的观念和行为方式去行动，就可能会产生不同的社会效果。例如，像福柯所说的那样，当我们在前精神病学话语的约束和引导下，将“疯子”看成和说成是一种虽然异于我们但并非在智力或其他能力方面低于我们的个人类型时，我们最多是会将“疯子”驱赶到另一个地方居住，而不会将其当作“病人”隔离起来、监禁起来加以控制和矫治。或者，像我在讨论“现代化”的那篇文章中所说的那样，当我们在所谓的“英格尔斯现代化指标体系”这套话语系统的约束和引导下去看待和言说“现代化”过程时，我们就会努力地将“人均国民生产总值”“工业产值在国民生产总值中所占比重”“人均预期寿命”“城市化比重”等指标作为实践工作和政策促进的基本方向甚至唯一方向。但当我们将自己置于帕森斯的“现代化”话语系统之下时，我们的实践工作和政策促进的努力方向都将发生较大的变化。这里面每一种感受、理解和言说及其相应的观念和行为方式都有其自身的特点和优点，当然也都会有自己的局限。你要把它们罗列出来说哪一种绝对要比另一种更加正确、更加好，这个是很难判断的。所以我主张不做这种绝对的是非优劣判断，我们最好是去把不同的话语做比较，看它的优点是什么、缺点是什么，这样的话我们就能明白每一种话语的优点和缺点。在这个情况下面，我们的视野就开阔了。应该尽量从多种角度进行，应该尽量将话语建构的多种可能性揭示出来、展现出来，使人们真正意识到社会现象的话语建构性，意识到自己所在的话语系统的局限性。在实际生活中，可能是多种话语系统中的某一种或几种话语系统占据着主导或优势地位，从而约束和引导着人们朝着与这种（或几种）话语系统相适应的方向去感受、思维、言说和行动。但在多元话语分析中我们应该去探讨有无朝着其他方向去感受、思维、言说和行动的可能性，如果我们的感受、思维、言说和行动是在另外一些不同的话语系统的约束和引导下来进行的，那么又会有什么样的一些结果，等等。通过这种多元化的分析，我们得以跨越自身所在话语系统的界限，达到一种对社会现象的多元理解，进而实现各种不同话语之间的相互沟通、和谐共存。

上述分析工作具体来说又至少包括以下相互关联的几个方面。我们在这里简单地提一下，不展开说了。一个方面就是要对互有关联的不同话语系统的基本特征进行分析。所谓互有关联的话语系统，指的是那些话语对象在外部特征上存在着一定类似之处的话语系统。例如福柯在《疯癫与文明》一书中提到的现代精神病学话语和之前社会上流行的有关“疯子”的话语、传统医学话语和现代临床医学话语等。互有关联的不同话语系统可能会在话语构成规则（既可能在对象构成规则、陈述构成规则、修辞构成规则和主题构成规则四个方面都有较大差别,也有可能只在其中的某一或某些方面有较大差别。至于它们相互之间的差别到底在何处,有多大差别,这是一个经验的问题,而非一个理论的问题,需要通过具体的经验考察来加以回答)、作用机制和社会效应方面存在较大差别。对这些差别进行分析是我们对社会世界的话语建构过程达到多元化理解的基本前提之一。另一个方面则是要对互有关联的不同话语系统之间的相容性问题进行分析。前一个方面是要对互有关联的不同话语系统之间的相异之处进行分析,以明白它们之间的差别何在。这后一个方面则是相反,是要对互有关联的不同话语系统之间可能存在的相通之处进行分析,以了解它们之间的联系何在。显然,这两个方面的工作对于我们更好地了解与理解互有关联的不同话语系统之间的区别与联系,更好地理解属于不同话语系统的人们的话语行为,都是具有相当意义的。

以上讲的是采用多元话语分析模式去对一项社会现实进行研究时所包含的一些基本环节。其实,它也适合于用来对我们所进行的上述这一社会研究过程本身进行反思性分析。如前所述,我们的社会研究过程本身也不过是我们这些社会研究人员在自身所属的特定话语系统的约束和引导下对作为我们研究对象的那一社会现实(实质即特定时间、空间下的人们如何在特定话语系统的约束和引导下将某一社会现实建构出来的过程)进行话语建构的过程。因此,对于这一话语建构过程,我们同样可以采用多元话语分析的方法来加以分析。其具体环节也和上面说的一样:对研究者在作为研究成果的那些文本中采用的话语策略及其社会效应进行分析;对在这些话语策略背后支配着研究人员话语行为的话语系统及其构成规则、作用机制等进行分析;对研究成果的多元可能性进行分析;等等。限于篇幅,这里不再展开说明。

四、多元话语分析对我们具有什么意义

第四个问题就是多元话语分析对我们具有什么意义。对于这个问题,当然也是仁者见仁,智者见智。以我自己的体会,多元话语分析对我们来说至少具有下面这几方面的意义。

第一,从社会研究这个方面来讲,它使得我们完成了一种社会研究对象的转换。现代主义社会学家认为社会研究的对象就是社会现实本身,而按照多元话语分析模式的理解,我们看到的所谓的现实"本身"是不存在的,任何一种现实都是社会成员通过特定的符号或话语系统建构起来的,所以我们在对某种社会实在进行研究的时候就要将研究对象从这种实在"本身"转化为对这种"实在"的话语建构过程。此外,当我们拿到一份有关某一社会现象的文本资料时,也不应再把它简单地当作是对客观事实的描述,而是首先要问这套文本资料本身是如何建构出来的。当然在这里我也要补充一点,有人会说那你这样讲的话我们就不要去或不可能去研究"事实"本身了,只要解释有关那个"事实"的描述性话语是如何产生的就可以了。当然不是这样的。这种针对所谓"事实"本身的分析和研究还是可以做的,只是我们现在要意识到这些所谓的"事实"以及对于这些"事实"的描述和分析都只是在特定的话语系统下才是有效的,离开了这个特定的话语系统它就无效了。那种直接对"现实"进行描述和分析的研究还是可以做的,那是另一个层次的研究。但是你要明白你所做的那一套对所谓的社会现实的描述分析是在特定的话语体系下才有效果的东西,不能把它认为是唯一客观的描述。这是第一点,它让我们明白在社会研究对象方面所发生的一个重大转换。

第二,它使我们了解到对于任何一种既定的"社会现实",其产生和变化的路径、方向甚至方式等其实都不是由某种唯一的、必然的"客观规律"所决定的,而是存在着多种可能性;对任何一个社会问题

的回答或解决方案都不会是唯一的,而是存在多种可能性。对处于不同话语系统的人们来说,会有不同的社会历史"规律"。这些不同的社会历史"规律"可能会具有大体相同的"真实性"和"客观性",我们很难对它们做出绝对的取舍。在"同一个"社会历史情境条件下,处于不同话语系统下的人们,对于自身所处的社会历史情境可能会有不同的感受、理解和言说,因而也就可能会提出不同的问题,制定出一些不同的实践方略或行动方案,从而可能将社会实践导向不同的方向,建构出不同的社会现实。这正是造成人类文化和社会类型多样化的重要原因之一,也是人类文化和社会类型的多样化状态将长期存在的重要原因之一。

第三点是从前面两点引申出来的,就是启发我们要以多元主义而不是一元主义的观点看待这个世界。因为世界本身到底是什么样的就算我们今天的人类也无法确切地加以言说。我们只要开口去说,甚至我们只要睁眼去看,我们所看到的东西、所感受到的东西就是我们自己所属的那个话语系统约束我们、引导我们去看到的东西,它已经不是纯自然的东西。所以世界不是我们睁眼一看就看到的东西。如果我们能够了解更多的话语系统,那么你看到的世界一定是很不一样的、千姿百态的。至少你应该在理论上知道,世界是多元化的。所以我们要学会以多元主义而不是一元主义的观点看世界,世界不仅仅是我们在现有的话语系统之下所看到的这个样子,它一定有别的样子。这就是我所说的多元话语分析的两个方面:一方面它是话语实在论,强调所有的实在都是由话语建构起来的,所以我们要清楚对世界(包括社会世界)所做的任何描述都只是在特定的话语体系下才有效,离开这个话语体系就是无效的;另一方面它又是多元主义的,强调不同的话语体系对世界会有不同的描述,这些不同的描述各有自己的价值,所以我们感受、观察、言说世界的视角就应该是多元主义的。既是话语建构论的又是多元主义的,这就是多元话语分析的基本理念。它就是想在这样一套理念下去探求一种观察社会、描述社会、研究社会、分析社会的社会研究模式。我希望大家能够一起来做这个方面的工作,一起来努力使社会研究中的多元话语分析模式逐渐变得成熟起来,使它能够为更多的人所接受、所采用,为中国的社会研究做出自己的贡献。

当代中国的自杀率：话语之争的一个案例[①]

实证主义哲学及科学观的基本信念是：无论是在学术研究中还是在日常生活中，当人们就某一个现象做出了不同的描述、对某一个问题给出了不同的答案时，其中必定只有一个是“正确的”，或最接近“正确的”（所谓“正确”，就是与客观现实相符合或准确地再现客观现实）。因此，如果一个人想要继续考察这个现象或研究这个问题的话，他的全部工作都将集中在努力从各种已有的和可能有的答案中甄别出一个最正确的答案来（包括选择最合理的概念或定义、最精致的理论模型、最科学的调查研究方法等）。在《实证、诠释与

① 本文发表于《中国社会科学》2015年第7期。

话语:以现代化研究为例》[1]、《“中国社会”:给定实在,抑或话语建构》[2]、《唯一“真实”的基尼系数是否可得?》[3]以及《社会现实的话语建构:以“罗斯福新政”为例》[4]等文章和著作中,笔者曾借助多元话语分析的方法试图说明这样一个看法:在很多情况下,当我们这样去做了之后,只要我们对上述实证主义的信念不持一种过于偏执的态度,我们都能够发现,有许多意见分歧其实并非由对现实掌握程度方面的差别造成的,而是由研究人员所处的话语系统方面的差别造成的,是一种“话语之争”,而非“事实之争”。由此形成的意见分歧其实是一种虚假的意见分歧。对于这种虚假的意见分歧,我们永远无法对它们之间的真假对错做出有效的判断。我们所能做的,就只是去努力辨析出其背后的话语系统及其相关规则,并尝试从这一话语系统出发以达到对从它们当中衍生出来的相关话语的理解。在本文中,笔者将再以“当代中国的自杀率到底有多高?”这个问题为例来对这一看法加以说明。

一、当代中国的自杀率到底有多高?

2002 年,时任北京回龙观医院心理危机研究与干预中心执行主任的加拿大籍研究人员费立鹏(Michael R. Phillips)先生与其同事一道,在国际著名刊物《柳叶刀》上发表了一篇题为《中国的自杀率:1995—1999 年》的研究论文。在这篇论文中,费立鹏及其同事报告

---

① 谢立中:《实证、诠释与话语:以现代化研究为例》,《社会》2008 年第 3 期;另见拙著《走向多元话语分析:后现代思潮的社会学意涵》,第四章,北京:中国人民大学出版社 2009 年版。

② 谢立中:《“中国社会”:给定实在,抑或话语建构》,《江海学刊》2008 年第 3 期;另见拙著《走向多元话语分析:后现代思潮的社会学意涵》,第五章,北京:中国人民大学出版社 2009 年版。

③ 谢立中:《唯一“真实”的基尼系数是否可得?》,《社会学研究》2013 年第 5 期;另见本书第 4 篇文章。

④ 谢立中:《社会现实的话语建构:以“罗斯福新政”为例》,北京:北京大学出版社 2013 年版。

说，根据他们自己的研究结果，1995—1999年中国的年均自杀率为23/10万（自杀率以平均每10万人口中的自杀人数计算）。

费立鹏等人的论文在国内外引起了较大的反响。不仅各种媒体相继跟进，对费立鹏等人的研究成果进行了大量报道，而且相关领域的学者们也纷纷引用他们的新数据，来对当前中国的自杀状况进行描述、分析和诊断。

然而，和任何一项有影响的学术研究成果所遭遇的情形一样，并非所有人都只会简单而又热情地为其喝彩，质疑的声音迟早会出现。在费立鹏等人的文章发表若干年后，中国自杀学研究专家何兆雄在《学术论坛》杂志上发表了一篇题为《中国自杀率高不高？——我说不高！》①的文章，明确地对费立鹏等人（包括上述论文及之前的其他论文）的研究成果进行了质疑。除了指责费立鹏等人在自己文章中提出的自杀率数字不仅经常变化，且依据常常不足（如常常是引用国外的一些文献，但对所引数字的可靠性又没有进行考证）之外，何兆雄在文章中还将费立鹏等人的自杀率数据与其他文献提供的数字相对照，认为费的数字明显过高，与多数文献不一致，不足为信等。

事实上，费立鹏等人的上述文章并不是有关当代中国人自杀率的第一篇研究报告。在这之前，有关机构或研究人员就已经断续地研究和报告过中国人的自杀率状况。但是，正如在基尼系数等研究领域中出现的情况一样，在不同的文献之间，有关当代中国人自杀率的数据差别也很大。例如，关于1990年中国人的自杀率，不同的文献所提供的数据，就在13.9/10万到30.3/10万之间发生变化。关于1994年中国人的自杀率，世界卫生组织报告说是13.9/10万，中国学者何兆雄报告说是16.78/10万，费立鹏与刘华清则报告说1990—1994年中国每年平均自杀率为29/10万。与此类似，关于1998年中国人自杀死亡的数字，按照世界卫生组织（WHO）的估计，人数为41

① 何兆雄：《中国自杀率高不高？——我说不高！》，《学术论坛》2008年第2期。

万,而全国疾病监测点系统的自杀报告死亡率为13.89/10万,即全国死于自杀的人数约为14万,后者竟然只是前者的1/3左右。

费立鹏等人的论文在一定程度上似乎正是针对中国自杀率数据方面这种巨大差异而来的。费立鹏等人在文章中描述了中国自杀率数据的不一致状况,提出了自己的应对或改进方案。作者在论文中提出的新自杀率数据,正是他们运用改进后的方案对1995—1999年中国的自杀率进行考察的结果。但尽管如此,费立鹏等人的研究成果也仍然未被所有人接受。

那么,费立鹏等人在上述论文中提出的中国自杀率数字到底是可信还是不可信呢?众多文献所提供的那些中国自杀率数字,到底哪一个才是最可信的呢?一句话,中国的自杀率到底有多高呢?对于这样一个问题,我们到底能否获得一个绝对可靠的终极答案呢?

很显然,为了回答上述问题,我们必须对费立鹏及其批评者有关自杀率的研究文献进行分析,考察一下他们在自己的研究文献中所提供的自杀率数字是如何形成的。

二、不同数据的生成

1. 费立鹏等人《中国的自杀率:1995—1999年》一文中中国自杀率估算数据的生成

我们首先来考察一下费立鹏等人在《中国的自杀率:1995—1999年》一文中所提供的相关自杀率数据的生成过程。

按照费立鹏等人的叙述,该文的自杀人数及自杀率数据系作者们由中国卫生部统计信息中心下属的死亡登记系统提供的1995—1999年人口死亡率资料(根据《国际疾病分类标准编码—第9版》进行分类)推算生成的。具体推算步骤大体如下:

首先,从中国卫生部统计信息中心下属的死亡登记系统提供的1995—1999年人口死亡率资料中获得属于自杀范畴的人口数据。该资料提供了中国城市与农村、男女、18个年龄组(每5岁一年龄组)

不同原因的死亡率(总共72组人群)。“在这5年期间,该系统登记了353万死亡案例和7.8万自杀案例,样本人口1.1亿,分布在全国21个省份的36个城市和85个县。该资料来源于医生出具的死亡证明书,此死亡证明书应由家属上交给当地公安部门,然后逐级上报至直辖市、省和国家卫生部门。家属只有在递交死亡证明书后才可以去火化或埋葬遗体。”①

其次,对该资料提供的死亡率数据进行必要的调整。由于卫生部统计信息中心下属的死亡登记系统覆盖的城市人口与农村人口的比例(57∶43)与国家统计局数据显示的同期城乡人口比例(22∶78)有较大出入,费立鹏等人根据国家统计局报告的1995—1999年人口数据②,对该登记系统每年的死亡率数据按性别、年龄组以及城乡人口比例进行了调整,并根据国家统计局1995年1%抽样调查的结果分配72组人群中每组人口所占的比例,使该样本人口能代表全国的情况。③

在做了上述调整之后,作者们发现,如果直接将上述死亡登记系统登记的死亡率数据推广至全国人口,总的自杀率为19.6/10万;相应的年均自杀人数为242 544人,占全部死亡人口的3.4%。这和何兆雄推算出的1994年中国全国自杀率数字(16.78/10万)相差3个百分点左右。

不过,由于意识到死亡登记过程中可能存在漏报现象,因此,费立鹏等人又补充采取了第三个步骤来对上述数据进行调整。他们采用国家统计局报告的年死亡率估计值来推算卫生部死亡登记系统漏报的死亡率。作者将国家统计局报告的每年的死亡总数按比例分配

---

① Michael R. Phillips, Xianyun Li, Yanping Zhang, “Suicide Rates in China, 1995-99”, *The Lancet*, Vol. 359, 2002, p. 836.

② 国家统计局人口和社会科技统计司编:《中国人口统计年鉴》,北京:中国统计出版社1996—2000年版。

③ Michael R. Phillips, Xianyun Li, Yanping Zhang, “Suicide Rates in China, 1995-99”, *The Lancet*, Vol. 359, 2002, p. 836.

到 72 组人群,来推算每组人群的预期死亡人数;根据 1995 年 1% 抽样调查中每组人群死亡人数占死亡总数(死亡总人数为 79 619 人)的比例来分配本研究中每组死亡人数占总死亡人数的比例。然后,通过比较每组人群的预期死亡人数(根据国家统计局的数据)以及根据卫生部资料中每组人群总的粗死亡率计算出的死亡人数,来推算卫生部死亡登记系统每年每个年龄组、男女、城市与农村人群的漏报的死亡率。最后,根据计算出的漏报的死亡率对卫生部的自杀率数据进行调整,然后根据调整后的自杀率以及每一年每组人群的相应人口数推算出每年每组人群的自杀人数。不同人群的年均自杀人数为这 5 年相应人群自杀人数的简单平均数,年均自杀率等于这 5 年某一人群的自杀总人数除以相应的人口总数。通过合并相应人群的数目来计算全国、城市与农村、男女的自杀人数与自杀率。根据调整后的自杀率数据发现,这 5 年间的年均自杀率(根据 1995 年的人口进行标准化)相当稳定,最低为 1999 年的 22.6/10 万,最高为 1997 年的 24.3/10 万,平均自杀率为 23.2/10 万,比未调整的自杀率高 18% 左右(具体相关数字见表 1)。

2. 全球疾病负担(GBD)研究课题和世界卫生组织(WHO)对中国自杀率估计数字的生成

默里和洛佩兹在一项名为"全球疾病负担"(GBD)的研究中估算 1990 年中国的自杀率为 30.3/10 万①,而世界卫生组织(WHO)在 1999 年出版的《世界卫生报告》中则估计出中国 1998 年的自杀率为 32.9/10 万。相比而言,费立鹏等人按照上述方法估算出来的中国 1995—1999 年的平均自杀率(23.2/10 万)显著低于 GBD 和 WHO 估计的上述自杀率数字。那么,造成这种差别的主要原因是什么呢?

---

① Christopher J. L. Murray and Alan D. Lopez, eds., *The Global Burden of Disease: A Comprehensive Assessment of Mortality and Disability from Diseases, Injuries, and Risk Factors in 1990 and Projected to 2020*, Cambridge (USA): Harvard University Press, 1996.

表 1　1995—1999 年中国不同人群年均自杀率①

人群	年龄组（岁）												
	15—34			35—59			60—84			全年龄组			
	人口数（百万）	自杀率（1/100 000）	自杀占全部死亡的%	人口数（百万）	自杀率（1/100 000）	自杀占全部死亡的%	人口数（百万）	自杀率（1/100 000）	自杀占全部死亡的%	人口数（百万）	自杀率（1/100 000）	自杀数	自杀占全部死亡的%
地区													
农村	342.5	30.3	20.4	264.4	29.5	6.3	95.0	82.8	2.1	981.2	27.1	265 916	4.0
城市	91.3	10.2	10.3	81.5	8.3	2.5	27.3	16.7	0.5	254.5	8.3	21 098	1.5
农村/城市	2.98			3.56			4.96			3.27			
性别													
女性	216.2	32.1	29.0	169.0	25.6	7.7	63.1	64.3	2.0	606.7	25.9	156 841	4.4
男性	217.6	20.0	12.1	176.9	23.4	4.4	59.2	72.0	1.7	629.0	20.7	130 173	2.9
男/女	0.62			0.91			1.12			0.80			
性别/地区													
农村女性	170.5	37.8	31.0	128.3	31.3	8.7	49.2	77.9	2.3	480.3	30.5	146 335	4.9
农村男性	172.0	22.8	13.1	136.1	27.8	4.9	45.8	88.0	2.0	500.9	23.9	119 580	3.3
农村男/女	0.60			0.89			1.13			0.78			
城市女性	45.7	10.8	15.8	40.6	7.5	3.1	13.9	16.1	0.6	126.4	8.3	10 506	1.7%
城市男性	45.6	9.5	7.4	40.8	9.0	2.1	13.4	17.3	0.5	128.0	8.3	10 592	1.3%
城市男/女	0.89			1.20			1.08			1.00			
总人口	433.9	26.0	18.9	345.9	24.5	5.6	122.3	68.0	1.8	1235.7	23.2	287 013	3.6

① Michael R. Phillips, Xianyun Li, Yanping Zhang, “Suicide Rates in China, 1995-99”, *The Lancet*, Vol.359, 2002, p. 836.

按照费立鹏等人的叙述,GBD 和 WHO 在对中国的自杀率数字进行估计时,使用的有关中国人自杀死亡的原始数据不是上述费立鹏等人采用的卫生部死亡登记系统记录的自杀数据,而是中国预防医学科学院下属的一个样本相对较小但样本结构相对更具代表性的流行病学监测系统——中国疾病监测(DSP)系统提供的自杀死亡人口数据。① 按照费立鹏等人的陈述,他们曾发现根据这两个系统数据推算出的 1990 年的自杀率是非常接近的②,但是根据 DSP 系统推算出的 1995 年之后几年的自杀率低于按卫生部死亡登记系统数据估算出的结果:根据 DSP 数据得出的 1995 年至 1997 年的年均自杀率为 15.4/10 万,同期按卫生部死亡登记系统数据估算的调整自杀率为 20.2/10 万。按照这一发现,费立鹏等人以卫生部死亡登记系统提供的数据估算出来的 1995—1999 年中国自杀率也应该高于 GBD 和 WHO 以 DSP 系统提供的数据估算出来的自杀率才对。然而,事实完全相反。导致这种结果的原因是什么呢?费立鹏等人对此进行了考察。

按照费立鹏等人的叙述,GBD 和 WHO 以 DSP 系统提供的数据估算出来的自杀率之所以显得较高,主要是由于 GBD 和 WHO 对 DSP 的数据进行了以下两方面的调整:

首先,GBD 和 WHO 报告的作者通过应用一般增长—平衡方法(以及一些其他调整方法)对估算期内的中国人口数据进行调整来估计总的死亡人数③,因此他们估计出漏报的死亡率比直接从国家统计局数据中计算出的漏报的死亡率高得多,然后再用这一高得多的

① DSP 系统的数据,145 个监测点覆盖人口 1000 万,每年报告 5 万例死亡,这一样本人口是卫生部死亡登记系统样本人口的 1/10。

② Michael R. Phillips, Huaqing Liu, Yanping Zhang, "Suicide and Social Change in China", *Cult, Med and Psychiatry*, Vol. 23, 1999, pp. 25-50.

③ Alan D. Lopez, J. Salomon, O. Ahmad, Christopher J. L. Murray and D. Mafat, Life Tables for 191 Countries: Data, Methods and Results, Geneva: World Health Organization, 2000 (GPE Discussion Paper Series: No. 9).

漏报的死亡率来对粗死亡率数字进行调整。例如,WHO 估计 1998 年中国有 930 万人死亡①,而中国国家统计局估计有 807 万人死亡②,二者相差 15%。费立鹏等人似乎认为这种调整有其合理性,他们也认为,"国家统计局根据每年 1/1000 户抽样调查的结果估计总的死亡人数,在该抽样调查中询问每个被调查者在过去一年中该户家庭中的死亡人数;这些调查存在回忆偏倚,因此可能会低估总的死亡人数,特别是孩子的死亡。"③

其次,GBD 和 WHO 所做的另一个调整是将 DSP 数据中编码为"意外死亡,外部原因不明"和"其他种类的暴力死亡"的许多案例看作自杀案例。如前所述,费立鹏等人发现按照 DSP 数据推算出的 1995 年之后几年的自杀率要低于按卫生部死亡登记系统数据估算出的结果。费立鹏等人认为,造成这种差异的部分原因可能是 DSP 数据中的死亡分类与卫生部数据中的死亡分类不一样:前者包含"意外死亡,外部原因不明"这一分类,而卫生部采用的《国际疾病分类标准编码》中则没有该分类。费立鹏等人认为,这一分类中有些案例可能是死于自杀,这就可能导致总死亡人数中有相当大比例的死亡在 DSP 数据中未归入"自杀",而在卫生部数据中则被归入了"自杀"。GBD 的研究人员在以 DSP 数据④为基础估算 1990 年中国自杀率的过程中,认为有 34%(2197/6465)的"意外死亡"被登记为上述两类未具体分类的死因,因此将这些案例中的许多案例归入了自杀案例;这种调整使得自杀占总死亡的比例从原来的 3.0%(1448/48 122)上

① World Health Organization, The World Health Report 1999, Geneva: WHO, 2000.

② 国家统计局人口和社会科技统计司编:《中国人口统计年鉴》,北京:中国统计出版社 1996—2000 年版。

③ Michael R. Phillips, Xianyun Li, Yanping Zhang, "Suicide Rates in China, 1995-99", *The Lancet*, Vol. 359, 2002, p. 839.

④ 卫生部卫生防疫司和中国预防医学科学院:《1990 年中国疾病监测年报》,北京:华夏出版社 1992 年版。

升到 4.6%(2233/48 122),升高了 54%。①

3. 费立鹏等人对自杀统计错报现象的估计

在《中国的自杀率:1995—1999 年》一文发表之后的研究过程中,费立鹏等人又意识到除了漏报现象外,无论是卫生部统计信息中心的死亡记录,还是中国疾病监测(DSP)系统的死亡记录,都还可能存在着一定的错报现象,这种错报现象对于准确估计中国的自杀率也会有一定影响。② 为了消除这种现象对自杀率的计算可能产生的影响,在《中国人群自杀死亡报告准确性评估》一文中③,费立鹏等人又通过采用心理解剖法对伤害死亡案例进行研究的方法来对 1995 年 8 月至 2000 年 8 月 DSP 系统关于中国人群自杀死亡报告的准确性进行评估。

按照该课题组自己的叙述,该课题采用了"心理解剖"这种方法来对上述问题进行研究。具体步骤和方法如下:

首先,由经过严格培训的公共卫生医师和精神科医师组成研究小组,定期(每隔 3—6 个月)到每个监测点用经过 2 年现场测试、修改 5 次的自制意外死亡研究问卷对死者的家属及周围知情者分别进

① 但费立鹏等人在对 1990 年的 DSP 数据进行详细评估后发现 2197 例未具体分类的意外死亡案例中有 932 例实际是死亡原因不明,认为这些案例可能不应被归入自杀案例。参见 Michael R. Phillips, Xianyun Li, Yanping Zhang, "Suicide Rates in China, 1995-99", *The Lancet*, Vol. 359, 2002, p. 839。

② "在中国没有规定由验尸官对非自然死亡或意外死亡做出死亡报告,因此家庭成员有机会去影响医生的死因记录。在中国农村的一些地方,人们认为自杀死亡者的'灵魂将四处游荡',这种不良信仰将会使家庭成员不愿意承认家人死于自杀,城市的许多家庭会因为有家人死于自杀而感到'羞辱';但是根据我们自己跟 1000 余例自杀死亡者的家属交谈的经验,即使存在这些担心,也不会导致经常出现对死亡原因的故意错分。与规定自杀是非法的国家或自杀会给家庭带来严重的社会、经济和法律纠纷的国家相比,在中国故意错分的出现率较低,这可以部分解释中国的自杀率为什么相对高。我们中心与中国预防医学科学院合作开展的一项连续性全国意外死亡原因研究将有助于确定这种错分的出现率究竟是多少。" Michael R. Phillips, Xianyun Li, Yanping Zhang, "Suicide Rates in China, 1995-99", *The Lancet*, Vol. 359, 2002, p. 839.

③ 王黎君、费立鹏、黄正京、张艳萍、赵云霞、杨功焕:《中国人群自杀死亡报告准确性评估》,《中华流行病学杂志》2003 年第 24 卷第 10 期。

行调查;每个案例的调查时间约2个小时。该问卷将定性与定量研究方法相结合,包括三部分主要内容:(1)针对死亡原因和经过的开放式深入访谈并现场录音(征得被试同意);(2)用于评估死者生前的社会经济状况及死亡当时的环境状况的定式问卷,包括一般人口学资料、伤害方式、伤害死亡经过、60个项目的生活事件量表、生命质量量表、躯体情况及经济状况等;(3)用略加修改的定式精神科检查,按《美国精神障碍诊断统计手册(第Ⅳ版)》的诊断标准确定死者当时有无精神障碍。

其次,参与现场调查(对家属和周围知情者分别开展的调查)的1—3名调查员在完成调查后,根据该被试者提供的所有资料判断该案例属于自杀的可能性(0—100%,即从肯定不属于自杀至肯定属于自杀)。然后,未参与现场调查的1—3名负责质量监督的研究者在详细了解每个案例的两种调查资料之后独立评估该案例属于自杀的可能性。

最后,计算出每个案例所有调查员和研究人员所做判断的均值,以此评估该案例属于自杀的可能性,并将其划为3个等级:“肯定属于自杀”(平均百分比>90%,$n=852$)、“有疑问”(10%—90%,$n=79$)、“不属于自杀”(<10%,$n=721$)。分析时如果某案例属于自杀的可能性的均值≥50%,就把该案例看作自杀案例。在一些案例中,因家属和周围知情者提供的资料不一致,自杀可能性判断也就不一致,此时则由课题负责人在参考所有资料与调查员深入讨论后判定这些案例是否属于自杀。

该课题组成员选择全国疾病监测系统145个监测点中的23个监测点,收集1995年8月至2000年8月死亡证明书上记录为“其他伤害死亡”“伤害死亡原因不明”和“精神疾病”的死亡案例,从中抽取了1932例进行入户死因核查,最终有1653例进入分析。将死亡医学证明书上记录的原始上报死因与详细入户调查后判断的死因进行比较,然后用此结果调整自杀率。结果发现,原始上报死因为自杀的857例中有16例(1.87%)通过调查后判断为其他伤害死亡;上报为其他伤害死亡的721例中有39例(5.41%)判断为自杀;上报为伤害死亡原因不明的35例中有17例(48.57%)判断为自杀;上报为精神疾病的40例中有6例(15.00%)判断为自杀。经错报漏报调整后,将粗自杀率从13.65/10万调整到了22.99/10万(95% *CI*:21.78/10万—24.25/10万)。经过这样一种评估后,中国的实际自杀率高于按照原始上报数据计算并公布的报告数据(1998年估计为13.89/10万),并且和费立鹏等人在《中国的自杀率:1995—1999年》一文中估算出的自杀率数据相差不远。具体诊断结果如下:

(1)原始上报的死因与专业人员判断的死因结果比较:在1653例死亡案例中,经入户调查重新判断死因后共有96例(5.81%)与原始上报死因不一致,其中16例由原始死因为"自杀"改为"伤害死亡",62例由原始死因为"其他伤害死亡""伤害死亡原因不明"和"精神疾病"改为"自杀",以及18例由原始死因为"伤害死亡原因不明"改为"其他伤害死亡"(见表2)。96例中,84例(87.5%)的死因很明确,专业人员评估为"肯定属于自杀"或"不属于自杀";仅有12例(12.5%)因专业人员判断属于自杀之可能性的均值界于10%—90%之间而划分为"有疑问"。故重新判断死因后,1653例死亡案例中99%的死因判断很明确,仅1%(12/1653)的案例死因判断有疑问。重新判断死因后,实际死于自杀的案例增加到903例。在死亡医学证明书上记录的非自杀案例中,"伤害死亡原因不明"案例的实际死因为"自杀"的比例最高,其次是"精神疾病"和"其他伤害死亡"。而在"其他伤害死亡"案例中,原始记录为"意外中毒"和"其他暴力"案例的实际死因为自杀的比例较高(见表2、表3)。

(2)自杀率的调整:根据23个监测点入户调查结果,对1998年和1999年全国疾病监测点系统上报的相应死亡数据进行了调整(见表2)。按四类死因中实际死于自杀的比例进行调整后,1998年和1999年实际应有3129例自杀案例,比原始上报的2442例高出了28.13%,而自杀占总死亡的构成比也从2.61%(2442/93 645)提高到3.34%(3129/93 645),故调整后的自杀率为17.83/10

万(533.556×3.34/100,95% *CI*:16.89/10 万—18.80/10 万),比利用全国疾病监测系统的数据直接估算出的自杀率数字(13.65/10 万)提高了约 31%。最后,按全国疾病监测点系统 1998 年报告的漏报率(22.46%)进行校正①,得出的自杀率为 22.99/10 万(95% *CI*:21.78/10 万—24.25/10 万)。这一估算结果与前述费立鹏等人利用卫生部死亡登记系统的数据估算出的 1995—1999 年中国年均自杀率相差不远,而比利用全国疾病监测系统的数据直接估算出的自杀率数字提高了 68%。

表 2　我国 23 个监测点入户调查结果以及按此结果对 1998—1999 年上报数据进行调整后得出的自杀率②

死亡医学证明书上的死因	23 个疾病监测点入户调查结果(覆盖人群为≥10 岁)			1998—1999 年全国疾病监测系统报告死亡例数(≥10 岁)	对疾病监测系统报告自杀率的调整		
	判断前的总例数	判断后为自杀的例数	实际死于自杀的比例(%)		调整后的自杀例数(≥10 岁)	在总死亡中所占的比例(%)	总人群自杀率(/10 万)
自杀	857	841	98.13	2442	2396	2.56	13.65
其他伤害死亡	721	39	5.41	5095	276	0.29	1.57
伤害死亡原因不明	35	17	48.57	715	347	0.37	1.98
精神疾病	40	6	15.00	734	110	0.12	0.63
合计	1653	903	54.63	8986	3129	3.34	17.83

注:1998—1999 年全系统共报告死亡 93 645 例;总人群死亡率为 533.556/10 万。由于>10 岁年龄段中疾病监测点系统没有自杀死亡报告案例,计算时用≥10 岁的自杀死亡报告案例为分子在全人群中调整自杀率

① 中国疾病监测系统自 1990 年开始收集 145 个疾病监测点地区人群中的出生、死亡(含死因)案例,以及甲乙丙类传染病的发生情况。为了确保收集资料的完整性,1991—1994 年每年,以后每三年在每个监测点抽取 2000 户,涵盖 5000 人,询问该家庭中过去 3 年出生和死亡的人数,并与报告的出生卡和死亡卡核对,确定每一监测点的出生、死亡报告数据的漏报率。

② 王黎君、费立鹏、黄正京、张艳萍、赵云霞、杨功焕:《中国人群自杀死亡报告准确性评估》,《中华流行病学杂志》2003 年第 24 卷第 10 期,第 891 页。

表3　疾病监测系统原始上报的各类伤害死亡与重新判断后的死因的比较

死亡医学证明书上记录的死因	判断前的总例数	专业人员判断是自杀的例数	占总例数的比例(%)
意外中毒	59	15	25.42
交通事故	294	2	0.68
意外跌落	74	2	2.70
他杀	58	1	1.72
火灾	24	1	4.17
其他暴力	14	2	14.29
其他伤害死亡	198	16	8.08

4. 何兆雄中国自杀率估算数据的生成

何兆雄先生是国内研究自杀问题的著名学者之一。他在《自杀病学》等著作和文章中以不同的资料和方法为据推算出了有关年份的中国全国自杀率数字,并据此对费立鹏等人的自杀率数据进行质疑。

首先,何兆雄借《中国人口》(1989—1990)中刊载的有关省份意外死亡数字及全国意外死亡数字推算出全国自杀死亡数字及自杀率。具体方法是:"将已知的若干省自杀占意外死亡数的百分比,进行加权平均,然后推算出全国的及各省的自杀率。"

根据《中国人口》(1989—1990)各省分册,我们可以得到有关省份自杀人数占意外死亡人数的百分比。具体如下:

表4　中国部分省份(区)自杀占意外死亡百分比①

省别	统计年份	意外死亡率(1/10万)	自杀占意外死亡%	全省人口(万)	材料来源
山东	1981—1985	48.22	22.00②	7637	第181页

① 转引自何兆雄:《自杀病学》,北京:中国中医药出版社1997年版,第148页。
② 除去中毒、淹死、其他及死因不明4项,共27.52/10万,自杀率为10.7/10万。

续表

省别	统计年份	意外死亡率（1/10 万）	自杀占意外死亡%	全省人口（万）	材料来源
四川	1982	60.00	24.00①	10 022	第 145 页
内蒙古	1973—1975	47.15	59.31②	1705	第 157 页
浙江	1973—1975	73.94	19.83③	3560	第 138 页
广东	1981	49.69	50.00④	5884	第 148 页
宁夏	1981—1982	54.91	64.62	393	第 127 页
吉林	1974—1976	34.20	29.00⑤	2064	第 122—123 页

以表 4 中的“全省人口数”为权数对上述各省份“自杀占意外死亡百分比”进行加权平均，可以求得上述各省份自杀占意外死亡的平均比重。具体算式如下⑥：

(22%×7637+24%×10 022+59.31%×1705+19.83%×3560+50%×5884+64.62%×393+29%×2064)/(7637+10 022+1705+3560+5884+393+2064)=(1680+2405+1011+706+2942+254+599)/31 265=9597/31 265=30.69%

再以上述各省份自杀占意外死亡的平均比重乘以全国意外死亡率，就可以推知全国自杀死亡率。按照《中国人口》江苏人口分册第 135 页显示，1973—1977 年全国意外死亡率为 59.96/10 万，则全国自杀死亡率为：59.96/10 万×30.69%=18.40/10 万。

不知道为什么，作者认为“上述数据可能偏高”（作者没有陈述这样认为的理由），因此又以另一种方式推算出了一个有所不同的全国自杀率数据。与前一个数据不同，这个数据是以世界卫生组织公

① 自杀比重 1978 年为 17.8%，1980 年为 18.7%，1982 年为 24%。

② 自杀比重 1958 年为 68.26%，1963 年为 50.36%，取两年平均数为 59.31%。

③ 按杭州市 1982 年自杀占意外死亡 19.83%计算。

④ 按 5 县 2 市约占 5%推算。

⑤ 非正常死亡 37.89/10 万，意外死亡占 90%。

⑥ 何兆雄：《自杀病学》，第 148 页。原文分子式中少写了“19.83%×3560”这一项。

布的有关数字为依据推算出来的。据世界卫生组织 1989 年和 1990 年《世界卫生统计年报》所公布的数字,中国有关年份中不同性别的自杀率如下:

1987 年　男　14.9/10 万,女　20.4/10 万

1988 年　男　15.0/10 万,女　19.5/10 万

1989 年　男　14.7/10 万,女　19.6/10 万

再根据 1990 年《中国统计年鉴》公布的除台湾省外中国全国人口数字,就可以推算出以上相关年份中中国全国自杀人数及自杀率数字。以上年份中除台湾省外中国全国人口数字为:

1987 年　男　55 685 万,女　52 415 万

1988 年　男　56 473 万,女　53 141 万

1989 年　男　57 314 万,女　53 877 万

由此推算出以上年份中国全国自杀人数及自杀率数字如下:

1987 年　自杀人数 189 877 人(男 82 930,女 106 947),自杀率 17.56/10 万;

1988 年　自杀人数 186 333 人(男 82 709,女 103 624),自杀率 17.18/10 万;

1989 年　自杀人数 189 850 人(男 84 251,女 105 599),自杀率 17.07/10 万。①

除此之外,作者还以国家统计局社会统计司《中国社会统计资料》1987 年公布的中国分城乡人口自杀率数字为依据,以与上述类似的方法推算出了另一套有关年份中国全国的自杀率。按照这套数字,1979 年中国全国人口的自杀率为 14.46/10 万,1980 年中国全国人口的自杀率为 14.83/10 万,1985 年中国全国人口的自杀率为 23.26/10 万,1984—1986 年三年全国人口平均自杀率为 22.79/10 万。② 1999 年,作者又以世界卫生组织公布的有关资料为

① 何兆雄:《自杀病学》,第 149 页。

② 同上书,第 182—183 页。

依据(1994年中国男性自杀率为14.4/10万,女性自杀率为17.8/10万)推算出中国全国人口自杀率为16/10万。①

2003年,何又用一种"新方法"推算出1994年中国全国人口自杀率为16.78/10万。具体推算过程如下②:

(1)根据世界卫生组织1995年《世界卫生统计年报》中公布的中国选定地区有关数据(见表5)中相关人群的死亡人数与死亡率比例数据,可以推算出当年死亡的乡村和城市人口③中:乡村男性人口占52.4%,女性人口占47.6%;城市男性人口占47.8%,女性人口占52.2%。

表5 中国选定地区死亡数据

死因	一切原因死亡		自杀死亡		他杀死亡		事故死亡		其他事故副作用及远期效应	
人数及死亡率(1/10万)	人数	死亡率	人数	死亡率	人数	死亡率	人数	死亡率	人数	死亡率
乡村										
男	183 152	690.5	6279	23.7	881	3.3	878	3.3	1045	3.9
女	149 507	586.2	7788	30.5	264	1.0	229	0.9	561	2.2
城市										
男	197 082	627.7	2026	6.5	1148	3.7	329	1.0	1218	3.9
女	162 221	543.9	2098	7.0	388	1.3	47	1.2	718	2.4

注:本统计资料涵盖1亿—1.2亿人口地区,城乡的各一半,计城市有36个:北京、上海、天津、哈尔滨、长春、大连、鞍山、南京、杭州、武汉、广州、重庆、昆明、西安、苏州、合肥、安庆、蚌埠、铜陵、厦门、福州、三明、宜昌、黄石、伊春、佛山、自贡、桂林、乌鲁木齐、石河子以及湖南6市。乡村有64县,北京市6县

① Zhaoxiong He, David Lester, "What is the Chinese Suicide Rate?", *Perceptual & Motor Skills*, Vol. 89, 1999, p. 898; 何兆雄:《论非正常死亡》,《医学与哲学》2003年第24期,第22页。

② Zhaoxiong He, David Lester, "What is the Chinese Suicide Rate?", *Perceptual & Motor Skills*, Vol. 89, 1999, p. 898;何兆雄:《论非正常死亡》,《医学与哲学》2003年第24期,第22—23页。

③ 原文为"死亡人数中",疑有误。见何兆雄:《论非正常死亡》,《医学与哲学》2003年第24期,第23页。此外,此处引用的数字似也有计算错误,但无碍本文的论述,故按原文引用之。

(区),天津5县(区),上海4县(区),江苏8县(海门、启东、泰兴、太仓、大丰、扬中、萧县、淮南),浙江3县(萧山、富阳、余杭),江西4县(上高、丰城、高安、余丰),湖北3县(麻城、云梦、老河口),湖南15县(常德地区8县、浏阳、平江、黔阳、溆浦、安仁、益阳、隆回),广东3县(四会、揭阳、英德),四川5县(盐亭、阆中、金堂、双流、什邡),贵州铜仁地区6县,陕西2县(澄城、紫阳)

(2)中国内地1994年总人口数12.2146亿,其中城市人口数(未包括城镇居民和农民工)为5.1817亿,估计入城农民工人口为0.9亿—1.1亿,取其中值1亿,与原有城市人口相加,则城市实有居民人口为6.1817亿。由此可得出农村人口为6.0681亿。将城乡人口数与上述城乡男女各人群的比例相乘,即可得出以下人口数据:农村人口中男31 796.85万人,女28 884.156万人,合计60 681万人;城市人口中男29 380.27万人,女32 084.73万人,合计61 465万人。

(3)将城乡男女各人群数字与表5中各个相关人群的各类死亡率数字相乘,则得到表6中的相关数据。

表6 中国内地各项死亡推定数据

死因	一切原因死亡		自杀死亡		他杀死亡		事故死亡		其他事故副作用及远期效应	
人数及死亡率(1/10万)	人数	死亡率	人数	死亡率	人数	死亡率	人数	死亡率	人数	死亡率
乡村										
男	2 195 572	690.5	75 342	23.7	10 493	3.3	285 535	89.8	12 400	3.9
女	1 693 189	586.2	88 096	30.5	2888	1.0	182 268	63.1	6354	2.2
合计	3 888 761	640.7	163 438	26.9	13 381	2.2	467 793	77.09	18 754	3.09
城市										
男	1 844 182	627.7	19 097	6.5	10 870	3.7	140 436	47.8	11 458	3.9
女	1 742 161	543.0	22 459	7.0	4171	1.3	988 187	30.8	7700	2.4
合计	3 586 343	583.6	41 556	6.76	15 041	2.44	239 623	38.88	19 158	3. 1

根据表6中数据,即可得到表7中的数据。

表7　中国内地城乡合计死亡率

自杀死亡率	(163 438+41 556)/12.214 62 亿=204 994/12.214 62 亿=16.78/10 万
事故死亡率	(46 793+239 623)/12.214 62 亿=707 416/12.214 62 亿=57.91/10 万
他杀死亡率	(13 381+15 041)/12.214 62 亿=28 422/12.214 62 亿=2.33/10 万
全国死亡率	7 475 104(全国死亡人数)/12.214 62 亿(全国人口)=612/10 万
自然死亡率	[7 475 104(全国死亡人数)-928 789(自杀、他杀、事故死亡合计)]/12.214 62 亿=6 546 315/12.214 62 亿=535.9/10 万

从表7中可知，1994年中国内地全体居民的自杀率为16.78/10万。

汇总一下何兆雄的研究结果，可以得到以下这样一套中国全国自杀率数据：

年份	全国自杀死亡率
1973—1977	18.40/10 万
1979	14.46/10 万
1980	14.83/10 万
1985	23.26/10 万
1984—1986	22.79/10 万
1987	17.56/10 万
1988	17.18/10 万
1989	17.07/10 万
1994	16/10 万，16.78/10 万

不过，大概是觉得世界卫生组织公布的数据更为权威，在多数场合，作者都引用上述1989年的自杀率数字(17.07/10万)作为中国全国自杀率的代表性数字。

三、谁的估计结果更为可信？

除了上述学者之外，还有其他一些人(如杨功焕等)也对当代中

国人的自杀率进行过计算。但上面介绍的这些文献已经足以向我们表明，在“当代中国人的自杀率到底是多少”这个问题上，情况是多么的扑朔迷离、令人困惑。以 1995 年左右中国人的自杀率数字为例，在上面介绍的这些文献中，我们就至少可以得到以下几个不同的数字：

编号	数字提供者	年份	中国总人口自杀率
1	费立鹏等	1995—1999	19.6/10 万
2	费立鹏等	1995—1999	23.2/10 万
3	GBD	1990	30.3/10 万
4	WHO	1998	32.9/10 万
5	费立鹏等	1995—2000	17.83/10 万
6	费立鹏等	1995—2000	22.99/10 万
7	何兆雄	1994	16/10 万
8	何兆雄	1994	16.78/10 万

在上面这些关于中国人自杀率的数字中，最低的数字是 16/10 万，最高的数字则是 32.9/10 万，两者相差 1 倍左右。虽然前一个数字涉及的年份是 1994 年，后一个数字涉及的年份是 1998 年，前后相差了 4 年时间，有可能是自杀率的实际变化造成了自杀率数字上的差异，但无论是经验的考察还是理性的分析都可以告诉我们，这种情况（4 年间中国人实际自杀率上升 1 倍）发生的概率是微乎其微的。这种数字上的差异更可能是数字生产方式方面的差异所致。而那些针对同一年份或时间段的不同自杀率数字，则更只能用数字生产方式上的差异来解释。这就使我们不得不去思考这样一个问题：对于这些用不同数据生产方式生产出来的自杀率数字，我们该怎样来加以对待呢？

人们通常都认为，面对同一个问题，当存在着不同的答案时，其中应该只有一个答案是正确的，或相对而言更为正确。假如我们坚持这样一种我曾经称之为“传统实在论”的常识性看法，那么我们就不得不问：在上述这样一些关于中国人近年（譬如，1995—1999 年）自杀率的数据中，尤其是那些有关相同年份或相近年份的数据中，哪一个才是正确的，或相对而言是更为正确的呢？

要回答这个问题，我们就不得不去对上述这些数字的生产过程进行一番回溯，对它们各自的合理性进行分析，看看我们最终到底是否能够判断出在那些关于同一时期中国人自杀率的不同数字中哪一个数字才是正确的，或相对而言是更为正确的。

1. 编号 1 自杀率数字的“正确性”

参照费立鹏等人在《中国的自杀率：1995—1999 年》一文中的叙述，编号 1 的自杀率数据是以中国卫生部统计信息中心下属的死亡登记系统提供的 1995—1999 年人口死亡率资料中所获的属于自杀范畴的人口数据为基础计算出来的。不过，由于发现卫生部统计信息中心下属的死亡登记系统覆盖的城市人口与农村人口的比例（57∶43）与国家统计局数据显示的同期城乡人口比例（22∶78）有较大出入，费立鹏等人在计算中国居民的自杀率之前，根据国家统计局报告的 1995—1999 年人口数据，对该登记系统每年的死亡率数据按性别、年龄组以及城乡人口比例进行了调整，并根据国家统计局 1995 年 1% 抽样调查的结果分配 72 组人群中每组人口所占的比例，使该样本人口能代表全国的情况。因此，编号 1 的自杀率数字至少在以下条件存在时才可能是可靠的或“正确的”：中国卫生部统计信息中心下属的死亡登记系统提供的 1995—1999 年人口死亡率资料中所获的属于自杀范畴的人口数据是准确无误的（至少没有漏报和错报现象）。但费立鹏等人后续的一些研究则警示我们，这一条件很可能是不存在的。

2. 编号 2 自杀率数字的“正确性”

编号 2 的自杀率数字是费立鹏团队的研究人员判断中国卫生部

统计信息中心下属的死亡登记系统提供的 1995—1999 年人口死亡资料可能会有漏报现象后,对其进行了进一步的调整后计算出来的。调整的具体方法和步骤是:采用国家统计局报告的年死亡率估计值来推算卫生部死亡登记系统漏报的死亡率。作者将国家统计局报告的每年的死亡总数按比例分配到 72 组人群,来推算每组人群的预期死亡人数;根据 1995 年 1%抽样调查中每组人群死亡人数占死亡总数(死亡总人数为 79 619 人)的比例来分配研究中每组死亡人数占总死亡人数的比例。然后,通过比较每组人群的预期死亡人数(根据国家统计局的数据)以及根据卫生部资料中每组人群总的粗死亡率计算出的死亡人数,来推算卫生部死亡登记系统每年每个年龄组、男女、城市与农村人群的漏报的死亡率。最后,根据计算出的漏报的死亡率对卫生部的自杀率数据进行调整,然后根据调整后的自杀率以及每一年每组人群的相应人口数推算出每年每组人群的自杀人数。正如费立鹏等人已经意识到的那样,用这种方法对卫生部死亡登记系统的数据进行调整,实际上也是以一些隐含的假设为前提的。譬如,首先,必须假定国家统计局报告的死亡率估计值比卫生部和 DSP 报告的死亡率数据更为准确(否则就没有任何理由拿国家统计局报告的死亡率估计值来做参照);其次,必须假定每组人群中各种死亡原因漏报的死亡率均一样;再次,必须假定国家统计局的人口数据系统和卫生部或 DSP 的数据系统所使用的一些基本概念,如"城市人口""农村人口"定义完全或大体相同;等等。但事实上,这些假设也并不一定能够成立。譬如,就像费立鹏等人认识到的那样,首先,我们并无什么充分的根据来断定国家统计局报告的死亡率估计值比卫生部和 DSP 报告的死亡率数据更为准确。其次,在实际情况中,每组人群中各种死因的死亡漏报率是很难完全一样的。而且,更大的困难在于,我们实际上根本无法来判断按照上述方法推算出来的各种死因的死亡漏报率与实际的漏报率到底有多大的差别(因为"实际漏报率”本身就是一个有待探究并将充满争议的未知数)。再次,费立鹏等人也已经发现,至少就他们所考察的这个时间段而言,卫生部和DSP两个死亡登记系统所采用的“城市人口”与“农村人口”的定义与国家统计局的定义有所不同:国家统计局将城市和城镇人口作为城市人口,卫生部和DSP系统则将大、中型城市的“非农业人口”作为城市人口,将县和城镇人口作为“农村人口”。因此,费等人也不得不承认,将卫生部的城市死亡率数据推广至国家统计局报告的城市人口,将卫生部的农村死亡率数据推广至国家统计局报告的城镇和县人口,显然“不是完美无缺的”。

3. 编号3和编号4自杀率数字的“正确性”

按照前面的叙述,我们可以知道,编号3和编号4的自杀率数字若要能够成立,必须以下列假设为前提:

第一,GBD和WHO报告的作者应用来对估算期内的中国人口数据进行调整并估计此一时期内总死亡人数的统计方法——一般增长—平衡方法——具有无可争议的可靠性;

第二,GBD和WHO对DSP数据所做的另一个调整,即将DSP数据中编码为“意外死亡,外部原因不明”和“其他种类的暴力死亡”的许多案例看作自杀案例,这一做法具有无可争议的合理性。

如果以上两个前提存在,那么编号3和编号4的自杀率数字就可以被认为具有无可争议的“正确性”;反之,我们就不能不得出不同的答案。

对于上述第一个假设,费立鹏等人曾经认为有一定合理性。他们认为国家统计局通过在抽样调查中询问每个被调查者在过去一年中该户家庭中死亡人数的方法来获得人口死亡的数据,这种做法可能会有一些问题。因为“这些调查存在回忆偏倚,因此可能会低估总的死亡人数,特别是孩子的死亡”。对此,我们首先可以提出以下质疑:人口死亡(无论是成人的死亡还是孩子的死亡)不是一个普通事件,很难相信一个被调查者对自己家中仅仅“过去一年”中的死亡人数都会有“回忆偏倚”。其次,即使我们同意费立鹏等人的判断(入户调查中的调查对象在回忆前一年家中的死亡人数时会有“偏倚”),但我们也很难确定 GBD 和 WHO 报告的作者应用一般增长—平衡方法来对估算期内的中国人口数据所做的调整以及对此时期总死亡人数所做的估计是否一定与“实际”情况相一致(因为“实际情况”本身也是一个有待探究并将永远充满争议的未知数)。

对于上述第二个假设,我们也没有办法来判断是否一定成立还是不成立。GBD 的研究人员在以 DSP 数据为基础估算 1990 年中国自杀率的过程中,将许多原本被登记为“意外死亡,外部原因不明”和“其他种类的暴力死亡”的死亡案例重新归入自杀案例,必定有其认为适当的判定标准。只有当这个标准能够被(过去、现在、将来的)所有人都接受为合理的标准时,GBD 研究人员的做法才可以被认定为具有绝对的或确定的“正确性”;反之则否。虽然由于资料的缺乏,我们无法对此做出详细的讨论,但根据以往的研究经验,我们可以确定,这样一种能够让所有人都接受为“正确”的自杀判定标准是不存在的。因此,即使 GBD 的研究人员在对死亡案例的属性重新加以判定时严格遵守了判定标准,其结果的“正确性”也只能是在该标准赖以引申出来的话语体系中得到确定。对于受其他不同话语体系引导和约束的研究人员来说,由于可能会形成不同的自杀判定标准,GBD 研究人员工作结果的“正确性”就可能会饱受质疑。但反过来,我们也不能斩钉截铁地说 GBD 研究人员的工作结果绝对缺乏“正确性”(只要 GBD 研究人员在对死亡案例的属性重新加以判定时严格遵守了判定标准)。因为按照 GBD 研究人员所属的话语体系,他们所遵守的判定标准可能是完全合理的。

4. 编号 5 和编号 6 自杀率数字的“正确性”

编号 5 的自杀率数字是费立鹏等人判断无论是卫生部统计信息

中心的死亡记录，还是中国疾病监测（DSP）系统的死亡记录，都还可能存在着一定的错报现象后，通过采用心理解剖法对伤害死亡案例进行研究的方法来对 1995 年 8 月至 2000 年 8 月间 DSP 系统关于中国人群自杀死亡数据进行评估和调整后初步计算出来的。和前面几个数字类似，这一数字的可靠性完全取决于费立鹏等人采用心理解剖法来对从 DSP 系统中抽调出来的 1653 个相关死亡案例的死因报告进行评估时，对每个案例死因重新做判断的可靠性。

那么，费立鹏等人在对 1653 个死亡案例的死因重新加以评估时所做的判断是否“正确”或“可靠”呢？为了回答这个问题，我们需要对费立鹏等人在从事这项工作时所完成的每个案例的死因判断过程本身进行分析。而为了能够进行这种分析，我们又需要获得记录了每个案例死因判断过程的那些文字材料（相关调查问卷、相关访谈记录、参与现场调查的 1—3 名调查员在完成调查后根据该被试者提供的所有资料对该案例属于自杀的可能性进行判断的讨论记录、未参与现场调查的 1—3 名负责质量监督的研究者在详细了解每个案例的两种调查资料之后对该案例属于自杀的可能性独立加以评估的分析报告、在上述研究者的判断出现分歧的情况下课题负责人与调查员深入讨论后对这些案例是否属于自杀加以判断的报告等）。然而，遗憾的是，我们目前没有能够搜集到这样一些资料，因此，也无法在这里实际展开这种分析。但是，和刚才我们碰到的情况一样，根据国内外以往的一些研究经验①，我们同样可以确定，即使我们获得了这些资料，我们也只能对费立鹏等人在对 1653 个死亡案例的死因重新加以评估时所依据的判断标准（自杀死亡的判断标准、非自杀死亡的判断标准）、推理思路以及这些标准和推理赖以成立的话语系统有一个初步的了解，并以此为基础，对费立鹏等人所做的每项死亡案例

---

① 参见 D. Douglas, *The Social Meanings of Suicide*, Princeton: Princeton University Press, 1967; H. Garfinkel, *Studies in Ethnomethodology*, Cambridge: Polity Press, 1967。

评估结果在该话语系统之下的“正确性”进行判断：若严格遵循统一的标准、推理过程严谨、理由充足，就是“正确”的，否则就是不“正确”的。然而，尽管如此，这种合理性也只是一种相对的“正确性”，而非绝对的“正确性”：对于受其他不同话语体系引导和约束的研究人员来说，这些评估结果就可能被认为是不“正确”的。而对于这样一些分歧，我们是没有办法来对它们之间的是非对错做出终极判断的。

编号6的自杀率数字则是费立鹏等人在编号5的基础上，参照全国疾病监测点系统1998年报告的漏报率(22.46%)，对编号5数字进行校正后得出的。因此，除了编号5数字的可靠性问题外，编号6数字的可靠性还取决于全国疾病监测点系统1998年所报告之漏报率的可靠性。

5. 编号7和编号8自杀率数字的“正确性”

编号7和编号8的自杀率数字是何兆雄以世界卫生组织公布的有关资料为依据，用两种有所不同的方法推算出来的。因此，这两个自杀率数字的“正确性”首先就取决于世界卫生组织公布的相关资料的“正确性”及何兆雄所用推算方法的“正确性”。而根据前述相关文献提供的信息我们又可以发现，世界卫生组织公布的中国自杀率数字又是以中国疾病监测中心(DSP)的数据加以修订后推算而来。世界卫生组织在以DSP的自杀数据为基础推算中国相关年份自杀率时至少对DSP的数据进行了两个环节的调整：首先，运用一般增长—平衡方法对估算期内中国人口数据进行调整并估计此一时期内总死亡人数；其次，对DSP数据中编码为“意外死亡，外部原因不明”和“其他种类的暴力死亡”的许多案例重新判定为自杀案例。我们前面说过，世界卫生组织在这两个环节上对DSP自杀数据所做调整之结果的可靠性取决于其所用调整方法的可靠性。而我们前面的分析试图表明，对于这种可靠性，我们既没有办法加以保证，也没有办法加以否认。就此而言,对于编号7和编号8自杀率数字的可靠性,我们也只能采取一种将信将疑的态度。①

四、结 语

综上所述,我们可以看到,像当前中国居民收入分配的基尼系数等数据一样,对于当前中国人的自杀率,不同的研究文献也提供了非常不同的一些数字。这些数字之间的差别,既源于不同文献作者所用原始数据方面的差异,也源于这些作者对原始数据进行调整和修订时所用方法方面的差异。由于我们对于这些原始数据的"正确性"以及不同作者对原始数据进行调整和修订时所用方法及相关前提的"正确性"难以做出绝对的判断,因此,对于这些作者所提供的不同自杀率数字的"正确性",我们也就无法做出绝对的判断。对于这些不同的自杀率数字,我们只能将其视为文献作者在一些特定的前提条件下所完成的一些关于当前中国人自杀率的话语建构。在它们各自设定的前提条件成立的情况下,它们都可能是可靠的;而在它们各自设定的前提条件受到怀疑的情况下,它们就都可能是不可靠的。因此,对于这些不同"话语建构"结果的"正确性"(或"谬误性"),我们

① 不仅编号7和编号8这两个数字的"正确性"难以判定,对于何兆雄提供的其他几个自杀率数字,我们也无法确定其"正确性"。例如,他在《自杀病学》第148页按照"将已知的若干省自杀占意外死亡数的百分比,进行加权平均,然后推算出全国的及各省的自杀率"的方法推算出全国自杀死亡率为18.40/10万,其推算方法就可以被质疑:其所使用的各省自杀占意外死亡的百分比数据和各省人口数据,以及最后使用的全国意外死亡率数据都不是同一个年份的。因此,即使我们假定这些不同省份、不同时间段上的自杀案例(及意外死亡案例)是按照完全相同的标准和操作程序来加以确定的(若非如此,则按这种加权平均法得出的结论就没有任何实际意义——感谢匿名评审人对此点的提醒;但鉴于我们并没有任何确定的材料来质疑这一点,我们权且假定这一条件是被满足的),以这样一些并非同一时间点上的数据来进行全国自杀死亡率的推算,不仅其可靠性值得质疑,而且其含义也难以确定。所用各省自杀死亡率数据的最早对应时间点为1973—1975年,最晚对应时间点为1981—1985年,全国意外死亡率数据的对应时间点则为1973—1977年,那么,用这些数据最后推算出的全国自杀死亡率数据其对应时间段到底是哪一时间段呢?是1973—1977年,还是1973—1985年,抑或其他时间段?此外,他借助1989年和1990年《世界卫生统计年报》所公布的两性自杀率数字推算出来的全国居民自杀率数字,也有与编号7和编号8自杀率数字同样可以质疑的地方。

只能做出一种相对的判断,而无法做出一种绝对的判断。一句话,对于我们前面提出的“众多文献所提供的那些中国自杀率数字到底哪一个才是最可信的?”或者“当前中国的自杀率到底有多高?”这样一些问题,我们也无法获得一个绝对可靠的终极性答案。通过上述分析,本文为“多元话语分析”方法在经验社会研究领域的适用性提供了另一个案例。

当代中国社会的阶级或阶层结构到底发生了怎样的变化?①

阶级或阶层分析是社会学研究中的一个核心问题。在《多元话语分析:以社会分层研究为例》一文中②,笔者曾经从理论层面对"客观主义社会分层模式""主观主义社会分层模式""多元话语分析的社会分层模式"三者进行了比较分析,试图通过这种比较分析来说明多元话语分析在社会分层研究方面所具有的特征。但那里的分析只是局限在理论层面上,没有将多元话语分析实际运用于具体的社会分层研究(尤其是当代中国的社会分层研究)中,从而未能使多元话语

① 本文曾以《当代中国的阶级或阶层结构:两种不同话语系统的"真实性"辨析》为题发表于《山东社会科学》2016 年第 3 期。

② 谢立中:《多元话语分析:以社会分层研究为例》,《社会学研究》2008 年第 1 期。另见拙著《走向多元话语分析:后现代思潮的社会学意涵》(北京:中国人民大学出版社 2009 年版)一书第三章。

分析在具体社会分层研究实践中的潜力和特点得到具体的呈现。在本文中,我们将从多元话语分析的立场出发,来对当代中国社会分层研究领域中发生的一些分歧和争论进行讨论,以期弥补这一缺憾。

一、当代中国社会的阶级或阶层结构到底发生了怎样的变化?

改革开放以来,随着社会转型的逐步深入,中国社会的"阶级(层)结构"也在发生巨大的变化。这是当前人们普遍认可的一个看法。然而,中国社会的"阶级(层)结构"到底发生了怎样的变化?对于这个问题,人们的看法却很不一致。

2002年,北京大学阎志民教授主持的课题组出版了一本题为《中国现阶段阶级阶层研究》的书。在这本书中,阎志民等人从传统马克思主义的阶级分析框架出发来对当代中国的社会分层结构进行观察、描述和分析。作者们从以下几个方面对当代中国社会的阶级阶层状况进行了描述。

(1)"两大阶级的基本格局没有改变,但每个阶级内部发生了重大变化。"

"所谓阶级的基本格局没有改变,是指我国的阶级和十一届三中全会以前一样,是两大阶级:一个是工人阶级,一个是农民阶级。如果说有什么变化的话,那就是在十一届三中全会以前,我们强调知识分子是一个独立的阶层,而且由于受'左'的思想干扰,认为他们中的大多数基本上属于资产阶级知识分子。现在我们认为知识分子是工人阶级的一部分,而且是工人阶级中文化素质较高的部分,是先进生产力的开拓者。"①

虽然两大阶级的基本格局未变,但无论是工人阶级还是农民阶级本身都发生了重要变化。随着改革开放的深入,工人阶级不

---

① 阎志民主编:《中国现阶段阶级阶层研究》,北京:中共中央党校出版社2002年版,第25页。

仅迅速发展壮大，内部也呈现出明显的分层化趋势，大致可以分为五个阶层：①体力劳动工人；②办公室工作人员；③文化教育和体育卫生工作者；④科学技术人员；⑤党政机关和国有企事业单位领导干部。农民阶级既是我国当前人数最多的阶级，也是处于急剧分解和变化的阶级。农民阶级已经分成与过去不同的七个阶层：①农业劳动者；②林牧渔业劳动者；③农民企业家；④乡镇企业（包括集体、私营、个体企业）工人；⑤外出打工农民；⑥农村知识分子；⑦农村党政干部。①

（2）"随着改革开放的发展，出现了若干新的社会阶层。"包括：民营科技企业的创业人员和科技人员；受聘于外资企业的管理技术人员；个体户；私营企业主；中介组织的从业人员；自由职业者。②

（3）"以发展生产力为共同任务，形成了三个大的利益群体。""根据人们在发展生产力过程中所处地位的不同，所发挥的作用不同，所取得的收益不同，我们可以把全社会的人群分为三大利益群体：普通劳动者。他们在发展生产力和社会主义现代化建设中是作为劳动力这个生产要素而发挥作用的，他们取得收入的主要源泉，是付出劳动所获得的报酬。这个利益群体又可分为四个较小的群体：工人、农民、知识分子、个体劳动者。""经营管理者。他们在发展生产和社会主义现代化建设中，也是主要依靠自己所付出的劳动而取得收入或报酬的，从这一点讲，他们与普通劳动者没有多大的区别。但他们在社会分工中处于领导和指挥的地位，他们所从事的工作主要是经营和管理，他们地位的升降和收入的高低都与他们经营管理的能力和业绩紧密地联系在一起。……这个利益群体主要包括两部分人：一部分是党政机关和事业单位的领导和管理干部，另一部分是企业的经营管理干部。""生产要素所有者。所谓生产要素所有者，是指除劳动力以外的非国有的资金、技术、信息等生产要素的所有者。他

① 阎志民主编：《中国现阶段阶级阶层研究》，第26—27页。

② 同上书，第27—29页。

们包括股份制、股份合作制企业中的股东和董事会的董事，私营企业主，股息、红息、利息收益者，港澳台投资者，专利、技术、信息的拥有者等。他们把资金、技术、信息等生产要素投入生产和经营领域，以获得利润为主要收入来源。"①

在《现阶段中国社会阶级阶层分析》一书中，吴波则根据自己的阶级划分标准，对"现阶段中国社会基本阶级阶层结构"的基本轮廓做出了自己的描述。他认为现阶段中国社会有三大组成部分：工人阶级、资产者阶层、中间阶层。"工人阶级主要包括：国有和集体企业工人；国有和集体企业管理和技术人员；雇佣工人；雇佣管理人员和技术人员；官员；国有和集体企业经营管理者；知识分子。""资产者主要包括：私营企业主；有剥削行为的官员；有剥削行为的国有和集体企业管理者；有剥削行为的雇佣管理和技术人员；有剥削行为的个体工商业和服务业经营者；有剥削行为的个体农业劳动者。"中间阶层则指那些"有自己的生产资料，自己劳动，既不剥削人，又不受人剥削的社会群体。……在现阶段中国社会，无剥削行为的个体农业劳动者和无剥削行为的个体工商业和服务业经营者共同构成了现阶段中国社会的中间阶层"。②

2002年，中国社会科学院社会学研究所陆学艺研究员领导的"当代中国社会结构变迁研究"课题组"在广泛调查研究的基础上"出版了一本题为《当代中国社会阶层研究报告》的书，"扼要概括了现阶段中国社会阶层结构的基本构造与特征，初步分析了其中存在的问题及其成因，并根据培育合理的现代化社会阶层结构的基本要求，提出了一些解决问题的思路与对策"。③ 和上述文献的作者们不

---

① 阎志民主编：《中国现阶段阶级阶层研究》，第29—30页。

② 吴波：《现阶段中国社会阶级阶层分析》，北京：清华大学出版社2004年版，第104页。

③ 陆学艺主编：《当代中国社会阶层研究报告》，北京：社会科学文献出版社2002年版，第4页。另见李春玲：《断裂与碎片：当代中国社会阶层分化实证分析》，北京：社会科学文献出版社2005年版。

同,在这本书中,陆学艺等人提出了一个以职业分类为基础,以组织资源、经济资源和文化资源的占有状况为标准来划分当代中国社会阶层结构的理论框架,并根据此标准按照社会地位的高低依次将当代中国社会划分为“国家与社会管理者阶层”“经理人员阶层”“私营企业主阶层”“专业技术人员阶层”“办事人员阶层”“个体工商户阶层”“商业服务人员阶层”“产业工人阶层”“农业劳动者阶层”“城乡无业、失业和半失业人员阶层”十大阶层,并依据各个阶层所拥有的资源(组织资源、经济资源、文化资源)量将这十大阶层的成员排列出“上层”“中上层”“中中层”“中下层”“底层”五大“社会经济地位等级”。其中“上层”包括高层领导干部、大企业经理人员、高级专业人员及大私营企业主,“中上层”包括中低层领导干部、大企业中层管理人员、中小企业经理人员、中级专业技术人员及中等企业主,“中中层”包括初级专业技术人员、小企业主、办事人员、个体工商户、中高级技工、农业经营大户,“中下层”包括个体劳动者、一般商业服务业人员、工人、农民,“底层”包括生活处于贫困状态并缺乏就业保障的工人、农民和无业、失业、半失业者。①

2006年,杨继绳在《中国当代社会各阶层分析》一书中讨论到“中国当代社会阶层结构模型”时指出:“当前中国正处于社会变革时期,社会结构和社会阶层还在变动之中。有些社会阶层还没有成形,有些社会阶层还在分化,在这样的情况下很难做出一个比较成形的模型。”但尽管如此,他认为“比较粗略一点的模型还是可以做出来的”②。他吸收了社会阶层五等级模型的优点,“考虑各个阶层的职业内容,以财富(收入)为基础,再参照权力、声望因素,直观地将当前中国社会分为以下几个阶层”,并根据2004年全国就业总人数(75 200万人)计算出各个阶层占总人口的比重:①上等阶层。包

① 陆学艺主编:《当代中国社会阶层研究报告》,第4页。

② 杨继绳:《中国当代社会各阶层分析》,兰州:甘肃人民出版社2006年版,第340页。

括政府高级官员、国家银行及其他国有大型事业单位负责人，国有大型企业或大型股份公司经理、大中型私有企业主等，总人数在 1100 万左右，约占全国从业人员的 1.5%。他们构成了这个社会金字塔的顶端。②中上阶层。包括高级知识分子、中高层干部、中型企业经理和大型企业的高层管理人员、中型私有企业主、外资企业的白领雇员、国家垄断行业的职工等，总共约 2580 万人，占全国从业人员总数的 3.4%左右。③中等阶层。包括专业技术人员、高中专任教师、普通高校专任教师、科学家和工程师、一般文艺工作者、一般新闻工作者、律师、会计、党政机关公务员、企业中下层管理人员、小型私营企业主、个体工商业者、其他处于中等地位者，约 9254 万人，占全国从业者总数的 12.3%。④中下阶层。包括农民阶层、城乡两栖阶层、工人阶层、批发零售贸易和餐饮业从业人员等约 48 730 万人，占全国从业人员的 64.8%。⑤下等阶层。包括城乡贫困人口，如农村无地、无业者和城市下岗、失业人员，约 13 500 万人，占总从业人数的 17.9%。①

也有一些人如李强教授等认为，现阶段中国的各个社会利益群体尚在分化、解组与"重新整合"过程之中，社会分层结构呈现碎片化状态，尚未层化、定型，因此，使用"阶级""阶层"这样一些用于描述地位相对稳定之社会群体的概念来刻画当前中国的社会分层结构可能不太恰当。因此，李强认为以"利益群体"概念来描述并区分现阶段中国社会不同利益诉求者及其关系比较合适，并根据改革以来人们利益获得和利益受损的状况将现阶段中国社会成员分为 4 个利益群体或利益集团，即特殊获益者群体、普通获益者群体、利益相对受损群体和社会底层群体（或"利益绝对受损群体"）。②

我们可以将除李强外前述四位作者对当前中国社会分层状况的描述简要概括如下：

---

① 杨继绳：《中国当代社会各阶层分析》，第 341—344 页。

② 李强：《社会分层与贫富差别》，厦门：鹭江出版社 2000 年版，第五章。

表1　四位作者对当前中国社会分层状况的描述

作者	阎志民(A)	吴波(B)	陆学艺(C)	杨继绳(D)
对当代中国社会分层的描述	1.工人阶级： (1)体力劳动工人； (2)办公室工作人员； (3)文化教育和体育卫生工作者； (4)科学技术人员； (5)党政机关和国有企事业单位领导干部 2.农民阶级： (1)农业劳动者； (2)林牧渔业劳动者； (3)农民企业家； (4)乡镇企业(包括集体、私营、个体企业)工人； (5)外出打工农民； (6)农村知识分子； (7)农村党政干部 3.新社会阶层： (1)民营科技企业的创业人员和科技人员； (2)受聘于外资企业的管理技术人员； (3)个体户； (4)私营企业主； (5)中介组织的从业人员； (6)自由职业者	1.工人阶级： (1)国有和集体企业工人； (2)国有和集体企业管理和技术人员； (3)雇佣工人； (4)雇佣管理人员和技术人员； (5)官员； (6)国有和集体企业经营管理者； (7)知识分子 2.资产阶级： (1)私营企业主； (2)有剥削行为的官员； (3)有剥削行为的国有和集体企业管理者； (4)有剥削行为的雇佣管理和技术人员； (5)有剥削行为的个体工商业和服务业经营者； (6)有剥削行为的个体农业劳动者 3.中间阶层： (1)无剥削行为的个体农业劳动者；	十大阶层： 1.国家与社会管理者阶层； 2.经理人员阶层； 3.私营企业主阶层； 4.专业技术人员阶层； 5.办事人员阶层； 6.个体工商户阶层； 7.商业服务人员阶层； 8.产业工人阶层； 9.农业劳动者阶层； 10.城乡无业、失业和半失业人员阶层 五个社会经济地位等级： 1.上层：含高层领导干部、大企业经理人员、高级专业人员及大私营企业主； 2.中上层：含中低层领导干部、大企业中层管理人员、中小企业经理人员、中级专业技术人员及中等企业主；	1.上等阶层：含政府高级官员、国家银行及其他国有大型事业单位负责人,国有大型企业或大型股份公司经理、大中型私有企业主等 2.中上阶层：含高级知识分子、中高层干部、中型企业经理和大型企业的高层管理人员、中型私有企业主、外资企业的白领雇员、国家垄断行业的职工等 3.中等阶层：含专业技术人员、高中专任教师、普通高校专任教师、科学家和工程师、一般文艺工作者、一般新闻工作者、律师、会计、党政机关公务员、企业中下层管理人员、小型私营企业主、个体工商业者、其他处于中等地位者

续表

作者	阎志民(A)	吴波(B)	陆学艺(C)	杨继绳(D)
		(2)无剥削行为的个体工商业和服务业经营者	3.中中层:含初级专业技术人员、小企业主、办事人员、个体工商户、中高级技工、农业经营大户; 4.中下层:含个体劳动者、一般商业服务业人员、工人、农民; 5.底层:含生活处于贫困状态并缺乏就业保障的工人、农民和无业、失业、半失业者	4.中下阶层:含农民阶层、城乡两栖阶层、工人阶层、批发零售贸易和餐饮业从业人员等 5.下等阶层:含城乡贫困人口,如农村无地、无业者和城市下岗、失业人员

现在的问题是:我们该怎么看待上述这些文献作者对于当前中国社会分层状况所做的不同描述?在这些文献作者对当前中国社会分层状况所做的不同描述中,哪一种描述更为真实、准确地反映了当代中国社会分层的现实状况呢?

二、何种社会分层模式更真实地反映了当前中国的社会现实?

按照传统的实在论观点,在上述对于当前中国社会分层状况所做的不同描述中,必有也只有一种才是最为"正确的",这就是相对而言最为真实、准确地再现了当前中国社会分层现实的那种描述。按照这种观点,我们在当前中国社会分层研究领域中需要做的一项重要工作,就是通过进一步的研究来对上述不同的当代中国社会分层模型进行检验,看其中哪一种才相对最真实、准确地再现了当前中国社会分层的现实。例如,陆学艺课题组的主要成员、《当代中国社会阶层研究报告》一书主要撰稿人之一的李春玲博士在其所著《断裂与碎片:当代中国社会阶层分化实证分析》一书中就为自己设定了这样一项任务。作者在该书中写道:"对于当前社会是否存在阶级或阶层,部分学者和理论家有不同的看法。观点之争属于正常现象,要判断哪一种观点更具说服力,需要用数据资料来加以验证。"该书的主要任务之一就是要"通过数据分析,展现社会阶层在经济地位、社会地位、消费及生活方式、身份认同及社会态度等方面的差异,以及各阶层的社会流动模式,以检验这一阶层分类框架①对于当前的社会经济不平等现象是否具有解释力,以及划分出来的这些阶层在现实社会中是否真的存在"。②

那么,我们到底有没有可能像李春玲博士所期待的那样,通过进一步的考察(主要是将科学判断与经验观察相对照)来对上述关于当前中国社会分层状况不同模型之间的是非问题做出一个终极性判断呢？我的回答是:不能。

我们可以首先来看一下李春玲博士在她的著作《断裂与碎片:当代中国社会阶层分化实证分析》中是否能够做到她自己所期待做到的事情:用数据资料来验证,在有关当前中国社会分层的不同模式中,"哪一种观点更具说服力";或"通过数据分析,展现社会阶层在经济地位、社会地位、消费及生活方式、身份认同及社会态度等方面的差异,以及各阶层的社会流动模式",以检验陆学艺课题组提出的阶层分类框架"对于当前的社会经济不平等现象是否具有解释力,以及划分出来的这些阶层在现实社会中是否真的存在"。

---

① 即陆学艺课题组提出的十大社会阶层分类框架。

② 李春玲:《断裂与碎片:当代中国社会阶层分化实证分析》,北京:社会科学文献出版社 2005 年版,第 127 页。首先需要加以肯定的是,李春玲博士撰写的这本书是国内研究当代中国社会分层问题的著作中,对自己使用的分层模型不仅从理论层面,而且从经验事实层面上进行了最为细致论证的一部,当为研究当代中国社会分层问题的学者必读之书。

在《断裂与碎片:当代中国社会阶层分化实证分析》一书中,李春玲主要从以下几个方面来对陆学艺课题组提出的社会阶层模式进行检验。

(1) 各社会阶层的经济地位差异。李春玲在书中写道:“要检验理论上划分出的十个阶层在现实社会中是否真的存在,首先需要证实社会阶层之间是否存在经济地位的显著差异。”①因此,作者试图“通过数据分析,考察十个社会阶层的经济地位状况,并从这一视角把握当前经济分化的基本形态和主要特征”。作者选择了收入、福利和工作稳定性三个指标来判断人们的经济地位高低。通过对入户问卷调查得来的数据资料进行分析,作者发现,十大社会阶层之间确实存在着经济地位(收入、福利和工作稳定性)方面的差异。其中,农业劳动者阶层和其他阶层之间、体力劳动者(产业工人阶层和商业服务业员工阶层)和非体力劳动者(办事人员阶层、专业技术人员阶层、私营企业主阶层、经理人员阶层、国家与社会管理者阶层、个体工商户阶层)之间、拥有较多经济资本(私营企业主阶层、经理人员阶层)的人与没有经济资本的人(办事人员阶层、专业技术人员阶层、国家与社会管理者阶层、个体工商户阶层)之间存在着显著的收入差异,从而将十大社会阶层进一步区分为一个四层次的收入等级。

(2) 各社会阶层的社会地位差异。除了经济地位之外,李春玲在书中还试图通过十个社会阶层在“社会地位”方面的差异来检验这十大阶层是否真的存在,因为“人与人之间的社会地位或者说社会声望的高低不同体现了社会分层的一个重要方面”②。作者选择了职业声望、社会经济地位指数和个人主观地位评价三个方面的数据资料,来对十大阶层的社会地位差异进行分析,以考察“在当前的中国社会,人们之间的社会地位或社会声望的差异是否已表现出了系统

① 李春玲:《断裂与碎片:当代中国社会阶层分化实证分析》,第 129 页。

② 同上书,第 166 页。

分层的特征”,“我们所划分出的十个社会阶层是否存在社会声望的差异”。通过对数据进行的分析,作者发现,十大社会阶层之间确实也存在着社会地位(职业声望、社会经济地位、个人主观地位评价)方面的差异。首先,不同阶层的职业群体在声望分层中的位置有明显差异。其次,不同阶层的社会经济地位指数也存在着差异,但其排序和经济地位排序略有不同。其中,国家与社会管理者阶层、经理人员阶层、专业技术人员阶层、私营企业主阶层分列第一、二、三、四位(私营企业主阶层在经济地位排序中位列第一),办事人员阶层、个体工商户阶层、商业服务业员工阶层、产业工人阶层分列第五、六、七、八位,城乡无业失业半失业者阶层和农业劳动者阶层分列第九、十位。再次,在个人的自我主观地位评价方面,白领阶层与蓝领阶层的自我评价之间,蓝领阶层中的商业服务业员工阶层、产业工人阶层、城乡无业失业半失业者阶层和农业劳动者阶层、个体工商户阶层的自我评价之间存在显著差异。

(3) 各社会阶层的消费差异。李春玲指出,在当代社会,消费也已经成为决定人们社会分层位置的重要因素,因而是社会分层的一个重要维度,因为消费实践活动对人们的身份认同、社会态度取向和行为方式选择有着越来越重要的影响。虽然中国还不是一个典型意义上的消费社会,但考察人们在消费和生活方式上的差异对理解当前中国社会分层具有重要意义。李春玲从家庭耐用品拥有状况、家庭生活消费水平、消费行为模式等方面来对十个社会阶层的消费差异进行考察,发现尽管目前消费领域中阶层分化现象不如经济分层和声望分层那么突出,或者说,人们在消费水平和消费行为方面的差异和经济、社会地位方面的差异并不完全一致,但两者之间还是有着一定的关联性,“阶层地位较高的人更可能处于消费分层的上层,而阶层地位较低的人更可能位于消费分层的下层”①。

① 李春玲:《断裂与碎片:当代中国社会阶层分化实证分析》,第263页。

(4) 各社会阶层的阶层意识与社会态度。李春玲指出，在许多阶级阶层分析家看来，阶层意识和社会态度是我们可以用来检验社会分层状况的另一个重要指标，通过测量和比较各个社会的阶级身份与价值态度的关联程度，以说明此社会是否存在阶级、阶级区分界限是否明确以及阶级现象的结构化程度。① 尽管陆学艺课题组划分出的十大社会阶层是20世纪90年代以来才逐渐显现的，至今尚未完全定型，阶层认同还有待于发展，但"我们仍需要考察社会阶层与价值态度之间的关系，并通过考察两者之间的关联程度，检验我们所划分的十个社会阶层是否存在以及阶层结构化的程度"②。通过考察，李春玲发现，虽然"总体来看，人们对许多方面的价值态度，具有跨阶层的一致性认识"，但"数据分析也显示出，阶层地位对价值态度有部分影响，而且，从年代比较来看，价值态度的阶层差异自20世纪90年代以后逐步明显，这从一个侧面反映了阶层分化趋势的增强，以及阶层现象趋向于结构化。这也就是说，阶层分化不仅体现在客观的社会经济地位方面，同时也逐步显现在价值态度方面"。数据分析还显示，"阶层成员的身份认同率高还是低，取决于各阶层所处的地位状态。处于社会顶层和社会底层的阶层，身份认同的一致性程度较高，而处于社会中间位置的阶层，身份认同的一致性程度较低"。③

以上几个方面的考察似乎表明，陆学艺课题组提出来的十大社会阶层"在经济地位、社会地位、消费及生活方式、身份认同及社会态度等方面"的确存在着差异，"这一阶层分类框架对于当前中国的社会经济不平等现象"的确具有一定的解释力，陆学艺课题组划分出来的这些阶层在当前中国社会的确存在。但是，这到底证明了什么呢？

① 李春玲：《断裂与碎片：当代中国社会阶层分化实证分析》，第266页。
② 同上书，第267页。
③ 同上书，第339页。

按照李春玲在该书第二章小结中所设定的首要目标[①]，是要运用数据资料对学者们就"当前中国社会是否存在阶级或阶层"这个问题所提出的不同观点进行检验，以"判断哪一种观点更具说服力"。那么，李春玲所做的上述考察工作是否可以帮助我们达到她所设定的这个目标呢？

我认为，李春玲在《断裂与碎片：当代中国社会阶层分化实证分析》一书中所做的上述检验工作，在最好的情况下（如数据无误、概念清晰、逻辑严谨等），充其量也只是"证明"了"陆学艺课题组提出来的十大社会阶层在当前中国社会的确存在"[②]，但这并不意味着，只

---

① 除了运用数据资料对学者们就"当前中国社会是否存在阶级或阶层"这个问题所提出的不同观点进行检验，以"判断哪一种观点更具说服力"这一目标之外，李著还试图"在这些数据分析的基础上，……考察学者们对当前社会经济分化趋势得出的相互对立的基本判断，即：当前中国社会结构变迁的主要趋势到底是'断裂化'（两极分化）还是'中间层化'（两端缩小中间层扩大）；是'结构化'（资源分配及利益关系趋同化）还是'碎片化'（资源分配和利益关系异质化）"。（李春玲：《断裂与碎片：当代中国社会阶层分化实证分析》，第127页）但正如作者所说的那样，后一目标是建立在前一目标完成后的基础之上的，前一目标才是首要的、基础性质的。

② 我隐约觉得李春玲博士在《断裂与碎片：当代中国社会阶层分化实证分析》一书中对十大阶层是否存在的论证逻辑有些可以讨论的地方。按照李春玲在该书以及陆学艺课题组在《当代中国社会阶层研究报告》一书中的交代，划分十大阶层的依据是当代中国社会成员在经济资源、组织资源和文化资源三个方面的占有状况。据此，用实证研究来"证明"这十大阶层存在与否的方法就是通过实证调查得来的资料去考察被划分出来的这十大阶层在经济资源、组织资源和文化资源的占有方面是否存在着显著的差异，以至于可以将它们判定为十个阶层，而不是去考察这十大阶层在收入、声望、社会经济地位指数、消费等方面是否有显著差异。理由很简单，假如被划分出来的这十大阶层在经济资源、组织资源和文化资源的占有方面没有显著差异，那么，即使它们在后面这些方面存在显著差异，我们也不能像作者所说的那样，将它们视为是以经济、组织和文化资源占有方面的差异为基础而形成的阶层（也就是说，不是赖特新马克思主义意义上的阶级或阶层），而只能视为是基于收入、声望、社会经济地位指数、消费等方面的差异而形成的阶层（韦伯主义或新韦伯主义意义上的阶层）。反之，假如被划分出来的这十大阶层在经济资源、组织资源和文化资源的占有方面确实有显著差异，那么，即使它们在后面这些方面没有差异，我们也完全可以宣称这十大阶层确实存在。简言之，既然划分十大阶层的依据是当代中国社会成员在经济资源、组织资源和文化资源三个方面的占有状况，那么它们存在与否就只与

有陆学艺课题组提出的有关当前中国社会分层的模式才是唯一“正确”的、“真实”的，或者说，相对其他阶级或阶层模式而言，是“更具说服力”的，似乎当前中国的社会分层状况就是陆学艺课题组提出的社会阶层模式所描述的那样，而其他文献作者所提出的社会分层模式则是不“正确”的、不“真实”的、不那么具有说服力的。实际上，我们完全可以用类似或不同的方式来证明，至少在上述几种有关当前中国社会分层状况的描述中，其他几种描述也可以是“正确”的、“真实”的、具有同等说服力的。

道理其实很简单：我们只要考察一下上述关于当前中国社会分层状况的模型之间的关系，不难发现，这些模型只不过是几种不同的关于当前中国社会分层状况的概念或分类游戏而已，仅仅通过将它们分别与“客观现实”相对照的办法，是根本不可能对它们之间的是非问题进行有效判断的。这是因为，我们可以毫无悬念地做出预测：上述所有关于当前中国社会分层状况的模型都可以获得“事实”的验证，都可以从社会现实中找到充分的“事实”依据，因而都是与社会现实相符的分层模型。本书的任何一位读者，都可以毫不费力地完成下面这样一个游戏：将表1所述四种社会分层模型中的任何一种对应转换为另外三种。如：

社会成员在这三种资源占有方面的差异状况有关，而与收入、声望、社会经济地位指数、消费等方面的差异没有任何逻辑上的关联。宣称这十大阶层是依据当代中国社会成员在经济资源、组织资源和文化资源三个方面的占有状况而划分出来的，而在论证它们存在与否时却致力于表明它们在收入、声望、社会经济地位指数、消费等方面的差异，在逻辑上似乎存在容易被人诟病之处。在这方面，杨继绳在《中国当代社会各阶层分析》第十五章中对自己所提出的“中国当代社会阶层结构模型”的论证在逻辑上倒是自洽的：他宣称自己（和陆学艺课题组类似）是以职业为内容，以各职业在收入、权力、声望方面的差异为依据，区分出各职业群体的等级地位和所属阶层，而他对此模型进行说明论证的方法也确实是符合自己的分层逻辑（根据各种调查数据，按照评分法，对各个职业群体在上述三个方面的状况进行评分，然后根据各职业群体所得总分对它们做出等级排序和阶层归属）。杨著的缺点是其对各职业群体在收入、权力、声望三方面的评分只是按照作者个人的主观推断做出的，缺乏客观性。

A1≈B1+B2(2)+B2(3)

≈C1+C2'+C4'+C5'+C8

≈D1(减去“大中型私有企业主”)+D2(减去“中型私有企业主”“外资企业的白领雇员”)+D3(减去“小型私营企业主”“个体工商业者”“其他处于中等地位者”)+D4(减去“农民阶层”“城乡两栖阶层”);

A2≈B2(1)'+B2(2)'+B2(3)'+B2(4)'+B2(5)'+B2(6)+B3(1)

≈C(1)'+C(2)'+C(3)'+C(4)'+C(5)'+C8'+C9

≈D4'(农民阶层);

A3≈B1(4)'+B2(1)+B2(4)'+B2(5)+B3(2)

≈C2'+C3+C4'+C6+C7'

≈D1'(大中型私有企业主)+D2'(中型私有企业主、外资企业的白领雇员)+D3'(民营企业工作的专业技术人员、小型私营企业主、个体工商业者、其他处于中等地位者);

等等。①

按照这种方式,我们完全可能构成一个转换表,将上述四种模式所含各个社会分层范畴之间的转换关系列于其中。因此,原则上,只要统计或调查数据所提供的社会成员身份背景信息足够精细,根据这个转换表,我们就可以将上述四种社会分层模式试图描述的那个时期(例如2000年左右)某个地区(例如“中国”,也可以是“深圳市”或“河南省”等)的社会成员分配到这四种模式中任何一种的各个范畴中去(或同时分配到所有这四种分层模式的各个相应范畴中去)。

假如我们上面的分析是可以被接受的,那么,我们就可以得出以下结论:上述关于当代中国社会分层状况的几种模式,其是非对错本质上与“事实”无关,因而也不可能通过将它们与“事实”对比看谁更

① 括弧外的符号(单引号)“'”表示该范畴中的“部分”人员。如B2(1)'表示吴波提出的社会分层模式中第二个大分类范畴“资产阶级”之下第一个小分类范畴“私营企业主”的部分成员,即相当于阎志民分层模式中第2(3)项“农民企业家”的那部分社会成员。

符合“事实”(或能获得更多“事实”支持)的方法来对它们的是非对错加以判断。它们之间的差异,实质上只是几种关于社会分层之话语系统之间的差异。因此,假如我们坚持要对它们之间的是非对错加以甄别的话,那么,我们应该做的不是去将它们各自与“事实”进行对照,看谁更能够获得“事实”的支持,而是要去对隐含在这些模式当中的、引导和约束着这些模式的建构者将它们建构出来的那些话语系统进行分析,看看我们是否有能力对这些不同话语系统的是非对错做出终极性判断。假如我们能够对这些不同话语系统的是非对错做出终极性判断,那我们相应地也就能够对上述当代中国社会分层模式之间的是非对错做出终极性判断(在相对更为“正确”的那个话语系统的引导和约束下建构出来的当代中国社会分层模式,就是上述几种模式中相对更为“正确”的模式)。反之,我们就不能不接受以下这样一个看法:对于上述几种当代中国社会分层模式之间的是非对错,我们没有能力做出终极性判断。

那么,隐含在上述几种当代中国社会分层模式当中的、引导和约束着其建构者将它们建构出来的话语系统是哪些话语系统呢?对于这些话语系统之间的是非对错,我们到底是否有能力做出终极性判断呢?

三、不同的社会分层话语系统

从上述几位作者自己的陈述中,我们可以发现,引导和约束这些作者建构出自己使用的那套当代中国社会分层模式的话语系统,主要是以下两大话语系统:一是以马克思主义的阶级分析话语为基础演化而来的阶级阶层分析话语系统,二是以韦伯的相关思想为基础演化而来的社会分层话语系统。

阎志民和吴波提出的当代中国社会分层模式属于马克思主义的阶级分析话语。阎志民主编的《中国现阶段阶级阶层研究》一书虽然没有专门阐述该书在对现阶段中国社会阶级阶层结构进行分析时所采用的理论基础,但熟悉苏联和我国计划经济时期"两阶级一阶层"阶级阶层分析话语的人一看就知,阎志民等人在该书中提出的现阶段中国阶级阶层分析模型基本上就是这种"两阶级一阶层"分析模式在新形势下的扩展。而在《现阶段中国社会阶级阶层分析》一书中,吴波则对自己用来分析现阶段中国阶级阶层结构的理论基础进行了较详细的讨论。吴波明确地写道:"本书对现阶段中国社会阶级阶层结构的梳理和分析,所采用的是马克思主义的阶级观点和阶级分析方法。"①之所以要采用马克思主义的阶级分析方法来分析现阶段中国的阶级阶层状况,是因为"唯物史观最基本的方法是社会基本矛盾分析方法。在阶级社会中,社会基本矛盾表现为阶级矛盾,阶级矛盾是阶级社会发展演变的直接动力。只有进入未来共产主义社会,阶级不再存在了,社会基本矛盾虽然仍是社会发展的根本动力,但由于不再表现为阶级矛盾,马克思主义的阶级观点和阶级分析方法才丧失其存在的意义。我国正处于并将长期处于社会主义初级阶段,剥削制度已经消灭了,阶级矛盾虽然不是社会的主要矛盾但仍然在一定范围内长期存在。这不仅是因为世界上两种根本对立的社会制度的客观存在,旧社会封建主义、资本主义残余的影响,还因为社会主义社会初级阶段客观需要利用资本主义的某些东西。所以,马克思主义的阶级观点和阶级分析方法作为一种重要的社会分析方法,仍然在现阶段中国社会具有适用性"②。在马克思主义者那里,"阶级差别的基本标志,就是它们在社会生产中所处的地位,因而也就是它们对生产资料的关系"。阶级首先是依据人们对生产资料的关系划分出来的,这是马克思主义阶级概念和阶级划分标准的基点。但吴波认为,在坚持马克思主义阶级分析方法的同时,我们也要看到,虽然"以生产资料所有权的占有关系作为划分阶级的基础性标准,仍然是当代马克思主义者划分现阶段中国社会阶级的基本依据。但在处

① 吴波:《现阶段中国社会阶级阶层分析》,第XV页。

② 同上书,第XVI页。

于社会主义初级阶段的中国，由于社会阶级阶层结构状况呈现出非常复杂的特征，若直接按照这一阶级划分标准，则很难清晰地表现现阶段中国社会阶级结构的真实面貌”①。例如，在现阶段的中国社会中，虽然“国有和集体企业的工人、管理和技术人员以及经营管理者是公有制经济单位的主人，他们在理论上也拥有公有生产资料的所有权”，但事实上他们和私营企业主阶层决非属于同一个阶级。② 再如，“在现阶段中国社会，高级雇佣管理人员和雇佣工人同为雇佣劳动者，但是部分高级雇佣管理人员所得到的工资和附加收入的份额，超过相应熟练劳动力市场价格的许多倍，他们的收入所保留的只是工资的外貌”③。这些高级雇佣管理人员形式上属于雇佣劳动者，但作为所有权和管理权分离的结果，他们其实是在代替资本家管理企业，履行资本家的职能；他们虽然并不直接占有生产资料，但在市场体系中所占的地位、在社会劳动组织中所起的作用以及所领得的那份社会财富都与雇佣工人截然不同。对于这些人的阶级归属，我们该怎样加以确定？另外，现阶段中国社会还有一些依靠“化公为私”、贪污受贿等手段暴富但尚未受到制裁的政府官员和企业经营管理者，这些人的阶级属性又该怎样确定？等等。因此，我们必须对马克思主义的阶级划分标准有所超越，建构一种新形态的马克思主义阶级学说，使之符合我们今天分析中国社会阶级阶层结构的需要。吴波提出了一种修正过的马克思主义阶级划分标准，按照这一标准，划分现阶段中国社会阶级的标准不再是形式上对生产资料的占有状况，而是“剩余劳动的占有关系”：凡是其收入中隐含了利润即雇佣劳动者创造的剩余价值，因而本质上占有了剩余劳动的人，就应该被归到资产阶级的行列之中。这样，我们就可以将上述“高级雇佣管理人员”和依靠“化公为私”、贪污受贿等手段暴富但尚未受到制裁的政

① 吴波：《现阶段中国社会阶级阶层分析》，第100页。

② 同上书，第101页。

③ 同上。

府官员和企业经营管理者都判定为资产阶级。因为，就前者而言，“他们本身虽然不是资本所有者，但由于代表了资产者的利益，在收入上通过高薪分享了资产者剥削来的利润”；而就后者而言，“尽管他们并不像私营企业主一样直接剥削劳动者，但从他们致富的途径可以看出，他们本质上仍然是通过对劳动者的剥削而实现财富的占有，达到这一目的的手段是他们手中拥有的各种人民赋予的权力”。[①]吴波的现阶段中国社会阶级阶层结构模式，就是按照这一阶级阶层分析标准确定的。

陆学艺课题组在自己的有关著作中也明确地阐述了自己的社会分层理论。在《当代中国社会阶层研究报告》一书中，作者明确认为，“今天，简单地照用马克思针对19世纪早期欧洲资本主义提出的阶级分析理论，或者毛泽东针对20世纪二三十年代的中国社会提出的阶级分析理论，来分析当代中国的社会阶层问题，无疑是不够了”。我们必须解放思想，实事求是，“对（中国社会阶层结构）已经发生的深刻变化进行实证的、科学的分析，从中得出关于现阶段中国社会阶层结构的科学认识”。[②] 作者更明确提出，在分析中国现阶段社会阶层结构时，要注意“对生产资料的占有并不是划分阶层的唯一标准”。因为“当代中国社会的生产资料占有形式，与马克思和毛泽东所研究的时代已经有了很大的不同。首先，马克思和毛泽东所研究的时代的生产资料占有形式主要是个人（私人）占有，而在当代中国社会中，最重要的和最大量的生产资料是由国家和集体占有的。同时，公司制近十年来的发展也导致了许多不同于马克思和毛泽东所研究的时代的私人生产资料占有形式。其次，当代中国社会结构比较复杂，并且明显具有多元特征，这就决定了仅用生产资料占有这一指标来解释社会阶层分化是不充分的。在当代中国社会中，对物质财产的占有并不是衡量人们的社会阶层位置的唯一标准。要准确把握当代中

① 吴波：《现阶段中国社会阶级阶层分析》，第103页。

② 陆学艺主编：《当代中国社会阶层研究报告》，第4—5页。

国社会阶层结构的特征，就要重新认识传统的阶级分析理论，并加以科学的发展，形成一个更加符合变化的、现实的多元分类标准框架”。[①] 在这样一种思路的引导下，作者们提出了一个结合了赖特的新马克思主义阶级分析框架和戈德索普的新韦伯主义阶级分析框架，以职业分类为基础，以组织资源（包括行政组织资源和政治组织资源，主要指依据国家政权组织和党组织系统而拥有的支配社会资源的能力）、经济资源（对生产资料的所有权、使用权和经营权）和文化资源（对社会通过证书或资格认定所认可的知识和技能的拥有）三种资源的占有状况为标准，来对现阶段中国社会阶层结构进行划分的理论框架，并根据这一框架，勾画了由前述十大社会阶层和五种社会经济地位等级构成的当代中国社会阶层结构的基本形态。在《断裂和碎片：当代中国社会阶层分化实证分析》一书和陆学艺主编的《当代中国社会流动》一书的有关章节中，李春玲博士对所在课题组的阶层分析理论框架做了更具体的说明。李春玲告诉我们，该课题组最初确定的当代中国社会阶层划分指标，既非来源于新马克思主义或新韦伯主义理论，也非来源于列宁、斯大林、毛泽东等人的阶级理论，而是来源于调查发现的“普通民众对于当前社会性区分的主观感受”。在调查中，该课题组发现，“人们凭借于个人社会经验和主观感觉对人群进行的分类，主要是依据三个方面的标准：是否有钱（收入高低或拥有财产多少）、是否有权（在政府或企业组织中担任的职位高低）、是否有文化（学历文凭高低）。如果用学者的话来加以归纳，我们可以这么说：人们倾向于依据经济资源、权力资源和文化资源的拥有量来评判个人或群体的社会经济地位。课题组对现有的理论和经验研究结果进行的分析也得出同样的结论：在当代中国社会，经济资源、权力资源（或称之为组织资源）和文化资源的占有量决定了人们的综合性的社会经济地位，决定了他人对某一个人的社会性

① 陆学艺主编：《当代中国社会阶层研究报告》，第5页。

评价，同时也决定了个人对其自身的社会性评价”。因此，该课题组认为，“依据这三种资源的占有量来进行当代中国社会的阶层划分和分析，有助于深入理解目前社会经济分化现象，把握资源配置的基本特征”。①

杨继绳在他的著作《中国当代社会各阶层分析》中采用了和陆学艺课题组类似的阶层分析理论框架，即以职业分类为基础，按照各职业群体在权力、财富和声望资源占有方面的差异来对各职业群体的成员进行地位分层。他认为，“在做阶层结构模型时有一个排序问题，即把什么阶层放在上面，把什么阶层放在下面。通常的做法是，把每一个阶层占有的社会资源（如权力、财富、声望）的多少量化成数字，再将各种资源的占有数据以一定的权数组合成不同阶层的社会资源综合占有的数字，然后按数据排序，即把社会资源占有量多的排在上面，少的排在下面。这些量化数据应当通过科学的问卷调查取得”②。但由于他没有进行问卷调查，所以只能综合国家统计局和其他学者公布的数据，用直观判断来加以替代。杨继绳报告了他的具体做法：“为了构造中国社会阶层模型，我将财富、权力、声望都分成10个等级（最高为10，最低为1），利用现有的各种社会调查数据，将不同的职业的财富、权力、声望纳入不同的等级，并利用我所能得到的学者调查数据和实际判断，确定财富、权力、声望三种因素在决定阶层地位中的权数：财富为0.36，权力为0.38，声望为0.26。例如，高级官员的财富等级为7，权力等级为10，声望等级为9，加权综合后为8.66。高级知识分子的财富等级为7，权力等级为6，声望等级为10，加权综合后为7.40。最后按加权综合数据排序，数据大的在上，小的在下。加权综合数据7.5以上的为上等阶层，6—7.5的为上中阶层，4.5—6的为中等阶层，2—4之间的为中下

① 李春玲：《断裂与碎片：当代中国社会阶层分化实证分析》，第101页。另见陆学艺主编：《当代中国社会流动》，北京：社会科学文献出版社2004年版，第2—3页。

② 杨继绳：《中国当代社会各阶层分析》，第340页。

阶层,2 以下为下等阶层。”①

那么,上面两种类型的“阶级阶层分析”话语,哪一种才是更为“正确”或“合理”的呢?

四、何种社会分层话语系统更为“正确”或“适用”?

在《现阶段中国社会阶级阶层分析》一书中,吴波认为,马克思主义的阶级分析理论和韦伯主义的社会分层理论存在着如下几方面的本质区别。

(1) 研究的重点和目的不同。马克思寻求对阶级对立的深层本质的揭示,韦伯主义者则通过社会表层属性来研讨个人和集团的地位。马克思研究的重点是生产领域,因为在他看来,阶级对立关系的实质是剥削关系,其目的在于揭露私有制的本质和阶级对立的根源。所以他着力探讨的是资本主义生产中剩余价值的来源。韦伯的研究重点不在生产领域,因为他不想把剥削问题作为研究的主题。他所关心的是资本主义社会的经济组织和社会组织能否化解其中不断生成的各种矛盾,使整个资本主义社会制度不致被这些矛盾所消耗和化解。

(2) 历史观不同。韦伯主义的阶层分析方法是主观主义历史观在社会结构研究中的具体体现,它促使人们相信社会不平等的合理性和永恒性,以此捍卫资产阶级的利益,为资产阶级统治的合法性进行辩护。马克思则坚持唯物史观的科学态度,通过对资本主义社会结构所做的经济分析及其阶级分析,不仅揭露了资本主义社会阶级斗争的根源和实质,而且揭示了资本主义必然灭亡、社会主义必然胜利的人类社会发展的历史总趋势。

(3) 社会分层的标准不同。马克思的阶级分析方法认为人们与生产资料的关系在划分社会阶级时起决定作用,因为他认为只有从

① 杨继绳:《中国当代社会各阶层分析》,第 344 页。

人类社会纷繁复杂的社会关系中找出基本的、起决定作用的生产关系，并把这种物质性的社会关系归结为社会生产力的高度，才能够为研究社会结构奠定坚实的科学基础，也才能够对社会结构进行深刻本质的解剖。而韦伯的阶层分析则仅把表面的、派生的社会现象上的差异作为分层标准，只是对社会差别或等级存在做表面现象的描述，从而脱离了对生产关系实质的分析，并没有揭示其存在和产生的根源以及不同阶级、阶层之间最本质的关系和区别，使社会结构失去了由整个社会经济形态所奠定的基础。

（4）结论不同。韦伯及其学派宣扬的是任何社会都不可能消除社会不平等现象，社会分成若干阶层不仅是不可避免的，而且对于社会的良性运转以及每个社会个体都是有益的。他把阶级定位于市场和流通关系，一个人可以通过自己的努力上升到更高的地位，这种意义上的“阶级”是不伦不类的，没有实质性内容。马克思则认为在阶级社会中，由于存在经济利益上的根本对立，基本阶级即该社会的剥削阶级和被剥削阶级之间的冲突和斗争是不可避免的，并且是阶级社会发展的直接动力。①

从上面的论述可以看到，吴波认为，在以马克思和韦伯两人的相关论述为基础而形成的两类社会分层理论中，马克思主义的阶级分析理论更为深刻地揭示了阶级对立现象的“深层本质”，而韦伯主义的社会分层理论只是揭示了社会分层现象的“表层属性”；前者坚持唯物史观的“科学”态度，不仅揭露了资本主义社会阶级斗争的根源和实质，而且揭示了资本主义必然灭亡、社会主义必然胜利的人类社会发展的“历史总趋势”，后者则持一种主观主义历史观②，旨在捍卫资产阶级的利益，为资产阶级统治的合法性进行辩护；前者为对社会结构进行“科学”研究奠定坚实基础，能够对社会结构进行“深刻本质”的解剖，后者则只能对社会差别或等级存在做“表面现象的描

① 吴波：《现阶段中国社会阶级阶层分析》，第80—81页。

② 在马克思主义的话语系统中，“主观主义”即是反科学的代名词。

述”,不能揭示不同阶级、阶层之间最本质的关系和区别,其“阶级”概念是不伦不类的,没有实质性内容。一句话,相比于韦伯主义的社会分层理论,马克思主义的阶级分析理论显然是更为“正确”,因而也更为可取的阶级(阶层)分析理论,即使是在分析现阶段中国社会时也是如此。当然,第一,这不排除马克思主义者可以吸收韦伯主义社会分层理论中一些“合理”成分,如其中“关于社会调查、社会分层进行量化分析和数据统计等技术、技巧与方法”①;第二,如前所述,这也不排除在应用马克思主义阶级分析理论来对现阶段中国社会阶级状况进行分析时,根据现实情况对马克思主义阶级分析理论加以适当的修正。应该说,吴波的看法在坚持马克思主义阶级分析理论的学者当中具有一定程度的代表性。

与吴波等人的看法不同,陆学艺课题组的研究人员明确地认为,至少在对现阶段中国社会的阶级阶层状况进行分析时,马克思主义的阶级分析理论已经不够用了。在《当代中国社会阶层研究报告》等著作中,陆学艺课题组的作者们写道:“今天,简单地照用马克思针对19世纪早期欧洲资本主义提出的阶级分析理论,或者毛泽东针对20世纪二三十年代的这个社会提出的阶级分析理论,来分析当代中国的社会阶层问题,无疑是不够的了。”“当代中国社会的生产资料占有形式,与马克思和毛泽东所研究的时代已经有了很大的不同。……要准确把握当代中国社会阶层结构的特征,就要重新认识传统的阶级分析理论,并加以科学的发展,形成一个更加符合变化的、现实的多元分类标准框架。”②“传统的所谓马克思主义阶级理论难以解释当前的社会现实问题。”③

郑杭生教授在《社会转型加速期我国城市社会分层结构的划分》等文章中也表示了类似的看法。郑杭生教授提出要区分两种不同形

① 吴波:《现阶段中国社会阶级阶层分析》,第93页。

② 陆学艺主编:《当代中国社会阶层研究报告》,第4—5页。

③ 李春玲:《断裂与碎片:当代中国社会阶层分化实证分析》,第98页。

态的马克思主义社会学，即革命批判型的马克思主义社会学和维护建设型的马克思主义社会学，前一种形态的马克思主义社会学（包括其阶级分析理论）只适合于马克思生活的时期，不能简单地照搬到今天（尤其是今天的中国）。我们今天要根据中国的现实情况建构出一种适合于今天中国需要的维护建设型的马克思主义社会学。郑杭生教授认为："马克思主义的阶级分析和阶级斗争理论一直都是马克思分析和研究资本主义社会的理论重心，但这并不等于我们今天的社会分层研究还一定要沿用这样的理论分析手段，其中最明确的原因就是，当时的马克思主义社会学是一种革命批判型的社会学，其理论目标就是要揭露批判资本主义社会剥削的实质，揭露和批判资本主义社会的各种弊病，推翻资本主义社会。""至于消灭（了）阶级对立的公有制社会中各种社会差别的性质以及差别对社会运行的影响，特别是如何从维护建设性角度研究新社会协调发展的机制，马克思没有，也不能提出具体的看法。而这正是今天马克思主义社会学的任务。"①

对于上述两种不同的看法，我们该怎样来加以评判呢？在马克思主义和韦伯主义两种阶级（阶层）分析理论当中，到底哪一种更为合理或更为可取呢？

我们可以把上述两种看法所涉及的问题概括为以下两个小问题：第一，马克思主义的阶级分析理论是否比韦伯主义的社会分层理论能够更好地揭示阶级阶层现象的"本质"？第二，在对现阶段中国社会阶级或阶层状况进行分析时，马克思主义的阶级分析理论是否"够用"或"适用"？

首先来讨论第一个小问题：马克思主义的阶级分析理论是否比韦伯主义的社会分层理论能够更好地揭示阶级阶层现象的"本质"？如前所述，对于这个问题，坚持马克思主义阶级分析理论的人一般都

① 郑杭生、刘精明：《社会转型加速期我国城市社会分层结构的划分》，载郑杭生：《中国特色社会学理论的应用》，北京：中国人民大学出版社 2005 年版，第 193—194 页。

倾向于做出肯定的回答。然而,这种回答难以面对以下质疑:马克思主义的"阶级"概念真的揭示了一切社会分层(或阶级阶层)现象的本质吗?

所谓"本质",是相对于"现象"而言的。按照马克思主义者的理解,所谓"本质",指的是事物具有的诸多性质当中最为根本的那种性质,它通过事物的表面特点即"现象"表现出来;事物的"现象"可以是变化多样的,但其"本质"却是相对固定的;"现象"外露于事物的表面,可以被我们直接加以感受,而"本质"深藏于"现象"之后,只有通过抽象思维才能把握;事物的"本质"规定着其"现象",是"现象"存在的根据。按照对于"本质"范畴的这样一种理解,我们试问:马克思主义的"阶级"分析理论揭示了一切社会分层现象的"本质"吗?对于这个问题,我认为,回答应该是否定的。理由如下:社会分层可以有很多根源或依据,马克思主义阶级分析理论所揭示的那种基于生产资料占有方面的差别而形成的"阶级"差别只是诸多社会分层类型中的一种,而非全部。例如,非马克思主义社会分层理论所说的那些社会分层类型——收入分层、权力分层、声望分层就不能够都归到马克思主义阶级分析理论所说的"阶级"范畴之下。我们绝不能说马克思主义阶级分析理论所说的"阶级"与非马克思主义社会分层理论所说的那些社会分层类型之间是一种"本质"和"现象"之间的关系,认为前者揭示了后者的"本质",后者是前者的表现。虽然我们可以说由于生产资料占有方面的差别而形成的那种"阶级"差别,可以通过收入、权力和声望方面的差别表现出来(人们在收入、权力和声望方面的差别有一些的确是根源于生产资料占有方面的差别),但我们很难说所有收入、权力和声望方面的差别都是基于生产资料占有方面的差别而形成的那种"阶级"差别的表现,都是根源于生产资料占有方面的差别。在生产资料占有方面的差别完全消失的地方(例如计划经济时代全民所有制单位内部员工之间、市场经济条件下的每个私营企业内部员工之间等),人们之间仍然会有收入、权力和声望方面的差别，仍然会存在以这些差别为标志的社会不平等和相应的社会分层结构。因此，说马克思主义阶级分析理论揭示了由生产资料占有方面的差别而形成的那种"阶级"差别的"本质"，是完全正确的（因为这种差别也会通过收入、权力、声望等方面的差别表现出来），但说在马克思主义的阶级分析理论和韦伯主义的社会分层理论之间，前者更好地揭示了一切社会分层现象的本质，则是令人难以接受的。将那些在生产资料占有方面不存在差异的人在收入、权力和声望方面出现的差别说成是（基于生产资料占有方面的差别而形成的那种）"阶级"差别的表现，在逻辑上显然是不通的。它们可能是其他一些深层因素（如工作能力或才能发挥机会等方面的差异）的表现，但决不应该被视为马克思主义意义上的"阶级"差别的表现。马克思主义的阶级分析理论没有也不可能揭示后面这类社会分层现象的"本质"。① 恰恰相反，后面这些社会分层现象的"本质"应该是由我们今天称为"韦伯主义"的那种社会分层理论揭示出来的。

其次，我们再来讨论第二个小问题：在对现阶段中国社会阶级或阶层状况进行分析时，马克思主义的阶级分析理论是否"够用"或"适用"？

陆学艺课题组等主张传统马克思主义阶级分析理论对于分析现阶段中国社会阶级或阶层状况已不再"够用"的主要理由是，"当代

---

① 有一些希望继续按照马克思主义阶级分析理论来分析社会分层现象的学者，如美国学者赖特、我国的仇立平教授等，想通过对传统马克思主义的阶级分析理论做一些调整的办法，使马克思主义阶级分析理论对上述后面这样一些社会分层现象也能够很好地加以说明。例如，赖特提出把划分阶级的标准从对生产资料占有方面的差异扩展到对生产中可以用来形成剥削关系的四种资产——劳动力、资本资产（生产资料）、组织资产和技术资产占有方面的差异；仇立平教授也建议把马克思关于以生产资料占有关系为基础划分阶级的命题转换为以（劳动、资本、技术和管理四种）生产要素的占有关系为基础来划分阶级（仇立平：《回到马克思：对中国社会分层研究的反思》，《社会》2006 年第 4 期）。我认为，对马克思主义阶级分析理论做这样一种调整自有其理论和现实意义，但在这样做的时候，我们必须明白，经过这样一种调整之后的阶级分析理论与马克思、恩格斯、列宁等经典马克思主义者所倡导的"马克思主义"阶级分析理论已经大相径庭了，而且由此导出的一些结论，如"社会主义社会"也存在着以组织资产和技术资产为基础的剥削、共产主义社会就是要消灭以技术资产为基础的剥削等，可能也是这些经典马克思主义者无法接受的。

中国社会的生产资料占有形式，与马克思和毛泽东所研究的时代已经有了很大的不同”；“传统的所谓马克思主义阶级理论难以解释当前的社会现实问题”。作者具体指出了当代中国社会的生产资料占有形式与马克思、毛泽东时代的不同之处：“**首先**，马克思和毛泽东所研究的时代的生产资料占有形式主要是个人（私人）占有，而在当代中国社会中，最重要的和最大量的生产资料是由国家和集体占有的。同时，公司制近十年来的发展也导致了许多不同于马克思和毛泽东所研究的时代的私人生产资料占有形式。**其次**，当代中国社会结构比较复杂，并且明显具有多元特征，这就决定了仅用生产资料占有这一指标来解释社会阶层分化是不充分的。在当代中国社会中，对物质财产的占有并不是衡量人们的社会阶层位置的唯一标准。要准确把握当代中国社会阶层结构的特征，就要重新认识传统的阶级分析理论，并加以科学的发展，形成一个更加符合变化的、现实的多元分类标准框架。”[①]在前述引文中，郑杭生教授指出不能沿用古典马克思主义的阶级分析理论来分析今天中国的社会分层结构时，提出的主要理由也是认为“当时的马克思主义社会学是一种革命批判型的社会学，其理论目标就是要揭露批判资本主义社会剥削的实质，揭露和批判资本主义社会的各种弊病，推翻资本主义社会”，而我们今天进行社会分层研究的主要目的是要探讨在“消灭（了）阶级对立的公有制社会中各种社会差别的性质以及差别对社会运行的影响，特别是如何从维护建设性角度研究新社会协调发展的机制”。

我完全同意陆学艺课题组上述关于“仅用生产资料占有这一指标来解释社会阶层分化是不充分的”或“不够用”的，“应该重新认识传统的阶级分析理论”这样一些说法，但是，第一，我觉得陆学艺课题组所提出以说明“仅用生产资料占有这一指标来解释社会阶层分化是不充分的”或“不够用”的第一个理由似乎并不适当：认为“在当代

---

① 陆学艺主编：《当代中国社会阶层研究报告》，第5页。

中国社会中,最重要的和最大量的生产资料是由国家和集体占有的”,以及“公司制近十年来的发展也导致了许多不同于马克思和毛泽东所研究的时代的私人生产资料占有形式”,因此,用以“生产资料占有状况来解释社会阶层分化”的传统马克思主义阶级分析理论来描述当代中国的社会分层状况就显得不充分了,这种说法似乎与事实相冲突。由斯大林首先提出,之后也被我国各界人士沿用的“两阶级一阶层”模型就是一种以传统马克思主义阶级分析理论为依据,用来描述社会主义公有制条件下社会阶级(阶层)结构的社会分层模型。虽然按照韦伯主义的社会分层理论,在苏联及改革开放之前公有制计划经济时代的中国,这种单纯以传统马克思主义阶级分析理论为依据来对当时条件下的社会分层状况所做的描述也是不充分、不完备的,但从传统马克思主义阶级分析理论的角度来说,这种描述是完全准确、适当的。从传统马克思主义阶级分析理论的角度来说,以生产资料占有状况为依据来进行阶级分析的做法并不只适用于以生产资料私人占有为主要财产形式的条件,而是适用于一切社会条件。因为从马克思主义的理论视角来看,生产资料占有状况是一切时代人们之间的特定社会关系得以形成的主要基础。因此,离开了对生产资料占有状况的分析,就无法适当理解一切时代人们之间的社会关系。即使到了马克思主义者所设想的那种生产资料全民共有的共产主义社会,以生产资料占有方面的差异为基础而产生的阶级差别完全消失了,人们在生产资料占有方面的地位完全平等了,以生产资料占有状况为依据来进行阶级分析的做法也还是适用的。只不过从以生产资料占有状况为依据来进行阶级划分的传统马克思主义阶级分析视角来看,此时此刻社会已经进入到了一个无阶级的状态。“无阶级”状态虽然是一种人们在(由生产资料占有状况所决定的)社会地位方面平等的状态,但是,其本身也是一种特殊的社会分层状态,且是一种若不借助传统马克思主义的阶级分析理论,就难以辨识和确定的社会状态。因此说坚持以生产资料占有状况为基础来划分阶级的传统马克思主义阶级分析理论不能用来分析公有制条件下的社会分层状况,也是不适当的。且不说今天中国的生产资料占有形式已经多样化,由生产资料占有方面的差异所致的社会分层已经日趋成形并对社会生活逐渐发生越来越重要的影响,这种坚持以生产资料占有状况为基础来划分阶级的传统马克思主义阶级分析理论就更有其独特的理论和实践价值了。

郑杭生教授在说明不能沿用古典马克思主义的阶级分析理论来分析今天中国的社会分层结构时提出的主要理由,我认为也是有可商榷之处的。我觉得用什么标准来划分阶级和用这种标准划分出来的阶级之间会是或应该是一种什么样的关系状态,应该是两个不同的问题。用坚持以生产资料占有状况为基础来划分阶级的传统马克思主义阶级分析理论来分析当代中国的社会分层状况,我们可能会发现一些不同于用韦伯主义的社会分层理论来分析时所发现的社会阶级或阶层,如资产阶级、无产阶级、半无产阶级①等,我们也可能会发现这些阶级之间确实存在着紧张关系,但这并不意味着就一定会激发或应该去激发这些阶级之间的斗争。我完全同意郑杭生教授和陆学艺教授等人所说的如下看法,即我们今天进行当代中国社会分层方面的研究,其目的和马克思当年非常不一样。马克思当年从事阶级分析是为了推翻资本主义社会,而我们今天从事社会分层研究则是为了探讨当前中国社会中"各种社会差别的性质以及差别对社会运行的影响,特别是如何从维护建设性角度研究新社会协调发展的机制"②,"从而更好地协调各阶层之间的利益关系,充分调动各种社会力量的积极性,促进社会经济进一步稳定发展"③。但是,在资

① 潘毅:《阶级的失语与发声:中国打工妹研究的一种理论视角》,《开放时代》2005年第2期;潘毅、任焰:《农民工的隐喻:无法完成的无产阶级化》,《二十一世纪》2008年第6期;潘毅、陈敬慈:《阶级话语的消逝》,《开放时代》2008年第5期。

② 郑杭生、刘精明:《社会转型加速期我国城市社会分层结构的划分》,载郑杭生:《中国特色社会学理论的应用》,第194页。

③ 陆学艺主编:《当代中国社会阶层研究报告》,第7页。

产阶级、无产阶级、半无产阶级随着改革开放的深入开展被重新生产和再生产出来的情况下,出于社会经济稳定发展(而不必是出于阶级斗争①)的目的,去协调这些阶级之间的关系,不正是我们对当今中国社会进行分析时需要从事的工作之一吗?而发现这些阶级的存在不正是对这些阶级之间的关系加以协调的前提之一吗?但若不采用传统马克思主义的阶级分析理论,我们又如何能够发现这样一些阶级的存在并对他们的关系进行考察呢?运用新马克思主义、韦伯主义或新韦伯主义的社会分层理论,确实也能够帮助我们对当代中国的社会分层状况进行分析,帮助我们探讨用这些理论视角进行分析时看到的那些阶层(如国家与社会管理者阶层、经理人员阶层、私营企业主阶层、专业技术人员阶层、办事人员阶层等)之间的关系,但由此所得到的结果和用传统马克思主义阶级分析理论来对当代中国的社会分层状况进行分析时所得到的结果是非常不一样的,因而和运用后者时可以帮助我们去协调的那些阶级阶层(资产阶级和无产阶级等)关系也是非常不一样的。不运用后者,我们就"看"不见只有用后者才能"看见"的那些阶级,这些阶级就可能或处于我们的视野之外,或被混淆于我们用韦伯主义的社会分层理论所看到的那些阶级阶层之中(忽略了用这两种不同的社会分层理论对现实进行分析时所看到的那些阶级阶层在性质上的差别)。凡此,可能都会妨碍我们去对只有运用传统马克思主义阶级分析理论时才能看到的那些阶级之间的关系进行协调,从而影响社会经济的稳定发展。因此,在此方面,我比较倾向于认同仇立平和冯仕政两位教授的看法②,即若不

① 当然,这不排除有其他人会出于重新强调阶级斗争的目的去应用传统马克思主义的阶级分析理论来对当代中国的阶级状况进行分析。但这不应该也不能成为否定传统马克思主义阶级分析理论在当今时代之适用性的理由。正如菜刀可以用来切菜,也可以用来杀人,我们不能因为刀也可以用来达到杀人这一目的就否认刀的其他用途。

② 仇立平:《回到马克思:对中国社会分层研究的反思》,《社会》2006年第4期;仇立平:《阶级分层:对中国社会分层的另一种解读》,《上海大学学报(社会科学版)》2007年第2期;冯仕政:《重返阶级分析?——论中国社会不平等研究的范式转换》,《社会学研究》2008年第5期。

采用阶级分析，将会使我们对当前中国社会实际存在的阶级关系失去敏感性和洞察力，而采用阶级分析也不一定意味着强调阶级斗争，马克思主义的阶级分析理论既可以服务于阶级斗争的实践目的，也完全可以服务于促进阶级协调和阶级合作的实践目的。

明确一点说，在对现阶段中国社会阶级或阶层状况进行分析时传统马克思主义的阶级分析理论是否“够用”或“适用”这个问题上，我的看法是：第一，在任何时代，单纯只用传统马克思主义的阶级分析理论来描述和分析社会分层状况都是不充分的或“不够用”的；但是第二，在任何时代，传统马克思主义的阶级分析理论都是“适用”的。理由很简单：任何时候（理论上包括马克思主义者设想的消灭了“阶级”的共产主义社会）的社会分层状况都包括了马克思主义阶级分析理论所描述的那种以生产资料的占有状况为基础而形成的分层状况（我们将其称为“财产分层”）和韦伯主义分层理论所描述的那种以社会劳动（包括体力劳动和脑力劳动）过程中职位占有状况为基础而形成的分层状况（我们可以将其称为“职业分层”或“职能分层”）两个维度，因而都应该也需要从这两个维度来加以考察。在任何一个时代，如果我们只从传统马克思主义阶级分析理论所指出的这一个维度来加以考察，都会使我们的视野受到限制，因此都是不充分或不够用的；但在任何一个时代，传统马克思主义阶级分析理论又都是适用的，不借助于这一理论，我们的视野同样也会受到限制（如果我们只用韦伯主义社会分层理论来分析社会现实，我们就只能看到韦伯主义让我们看到的那些社会阶层）。

因此，无论从是否揭示了社会分层现象的“本质”这一方面来说，还是从是否“够用”或“适用”方面来说，传统马克思主义阶级分析理论和韦伯主义社会分层理论（以及由这两种理论演化出来的其他社会分层理论，如各种新马克思主义阶级分析理论、新韦伯主义社会分层理论等）两者之间都是难分伯仲的，用其中的一个去否定或贬斥另一个，应该都是不可取的态度。

五、结　语

行文至此,我们可以做一个很简短的结论。对于“在本文第一节所引那些文献的作者对当前中国社会分层状况所做的不同描述中,哪一种描述更为真实、准确地反映了当代中国社会分层的现实状况”这一问题,我们的回答是:无论是从这些不同描述各自可能获得的事实依据角度,还是从在这些不同描述背后起着支撑、引导和约束作用的那些话语系统的合理性、适用性角度而言,这些不同的描述之间都难分伯仲。我们很难找到充分的根据(无论是事实根据还是理论根据)来对这些不同描述的“真实性”“正确性”进行终极性判决。我们所能够做的,就是将它们视为这些文献的作者在不同社会分层话语系统的引导和约束下对当代中国的社会分层状况所做的一种话语建构,努力地去把握那些话语系统,从而对它们各自的价值(在各自所属的话语系统之下可能都是“真实的”“正确的”)和局限(从单纯地固守于其他话语系统的人看来可能都是不“真实的”、不“正确的”或有问题的)达到一种相对而言可能比较恰当的理解。

当前中国居民的收入差距到底有多严重？[①]

随着改革开放的不断深入，中国社会成员在收入等方面的差距也逐渐加大，社会的“两极分化”逐渐成为人们热烈讨论的一个重要话题，并且在最近的十几年内引起了包括学者和公众在内的人们一波又一波的激烈争论。那么，当前中国的收入不平等到底有多严重？为什么人们会认为它已经成为当前中国社会的一个严重问题？它是否真的已经成为当前中国社会的一个严重问题？本文将从多元话语分析的角度来对这些问题做一个初步的讨论，并试图由此得出一些有意义的结论。

---

① 本文发表于《社会理论学报》2013年秋季号。其中部分内容先后发表于《中国社会科学内部文稿》2013年第4期、《社会学研究》2013年第5期、《山东社会科学》2013年第8期。

一、当前中国居民之间的收入差距到底有到大？

可以用来衡量收入差距的指标很多，例如基尼系数、十分位数分布比、五分位数分布比、泰尔指数、大岛指数等，但其中比较流行的是基尼系数。在我国，不仅绝大多数研究收入差距的文献都采用了基尼系数作为衡量收入差距的主要指标，而且在公众当中影响最大的收入差距衡量指标也是基尼系数。因此，在本文中，我们也主要以基尼系数的数据为例，来对我国居民年收入分配方面的差距进行讨论。

那么，当前我国居民收入分配方面的基尼系数到底是一种什么样的状况呢？

2012 年 12 月 9 日，西南财经大学中国家庭金融调查与研究中心在北京发布《中国家庭收入不平等报告》，宣布 2010 年中国家庭收入分配的基尼系数为 0.61，大大高于 0.44 的全球基尼系数平均水平。报告开篇即陈述了 2010 年中国家庭收入基尼系数的测算结果："根据中国家庭金融调查（CHFS）的数据计算，2010 年中国家庭收入的基尼系数为 0.61，城镇家庭内部的基尼系数为 0.56，农村家庭内部的基尼系数为 0.60。"分地区看，我国"东部地区基尼系数为 0.59，中部地区的基尼系数为 0.57，而西部地区的基尼系数较低，为 0.55"。据此，报告作者明确地宣称"中国家庭的基尼系数在全世界处于较高位置"，因为"根据世界银行数据，2010 年全球基尼系数平均为0.44"。[①]"当前中国家庭收入差距巨大，……世所少见。"[②]

像近年来每当有某个学者或机构发布"当前中国居民收入分配基尼系数"时差不多都会发生的情景一样，西南财大中国家庭金融调查与研究中心公布的中国基尼系数数据再一次在学者和公众当中引起了强烈的反响。虽然有不少学者和个别网民对这一数据的准确性提出了明确的质疑，但对于多数普通公众来说，显然更倾向于将这些

① 西南财经大学中国家庭金融调查与研究中心：《中国家庭收入不平等报告》，2012 年 12 月 9 日，第 1 页。

② 同上，第17 页。

数据看作是一种对“客观事实”的反映。按照网络上公布的资料，“西南财大中国家庭金融调查与研究中心”系与中国人民银行总行金融研究所共同组建，其负责人甘犁教授系美国德克萨斯农工大学经济系教授、美国国民经济研究局研究员、中组部“千人计划”学者，对普通公众乃至诸多对基尼系数的研究文献不甚熟悉的政界、商界和学界精英分子来说，像这样一个至少从外观上看颇具权威性质的学术机构所发布的研究报告，其可靠性似乎不容置疑。再加上报告作者在陈述自己的研究结果时所使用的那种斩钉截铁、充满自信的独断论的语气和修辞方式，更是加深了这种权威性。

然而，对我国收入分配研究方面的相关文献稍微熟悉一点的人则大都知道，实际上，对于改革开放以来我国收入分配基尼系数的状况，从来就没有一个能够为所有研究人员共同接受和认可的统一答案。以下从相关文献中挑选出来的当前我国居民收入分配基尼系数的几组数据可以作为示例(参见表1-表3)。

表1　城镇居民基尼系数

年份	张东生等①	刘永军等②	周云波等③	卡恩等④	古斯塔夫森等⑤
1988	0.23(1990)	0.23	0.23	0.233	0.2444
1995	0.28	0.28	0.288	0.332	0.3390
2002	0.32	0.2957	0.3726	0.318	0.3223

① 张东生主编:《中国居民收入分配年度报告(2010)》,北京:经济科学出版社2010年版,第254页。

② 刘永军等:《中国居民收入分配差距研究》,北京:经济科学出版社2009年版,第16页。

③ 周云波、覃晏:《中国居民收入分配差距实证分析》,天津:南开大学出版社2008年版,第111页。

④ 阿齐兹·卡恩、卡尔·李思勤:《中国的收入和不均等——1988年至1995年住户收入的构成、分配和变化》,载赵人伟等主编:《中国居民收入分配再研究》,北京:中国财政经济出版社1999年版,第95页;阿齐兹·卡恩、卡尔·李思勤:《中国居民收入增长与分配》,载李实等主编:《中国居民收入分配研究Ⅲ》,北京:北京师范大学出版社2008年版,第46页。

⑤ 古斯塔夫森、李实、史泰丽、岳希明:《中国收入不平等及其地区差异》,载李实等主编:《中国居民收入分配研究Ⅲ》,第103页。

表 2　农村居民基尼系数

年份	张东生等①	刘永军等②	周云波等③	卡恩等④	古斯塔夫森等⑤
1988	0.31(1990)	0.3026	0.3028	0.338	0.3251
1995	0.34	0.3415	0.3407	0.416	0.3640
2002	0.37	0.3426	0.3839	0.375	0.3647

表 3　全国总体基尼系数

年份	陈宗胜等⑥	程永宏⑦	向书坚⑧	周文兴⑨	卡恩等⑩	古斯塔夫森等⑪
1988	0.3497	0.3384	0.3133	0.331	0.382	0.3953
1995	0.4191	0.4169	0.3515	0.373	0.452	0.4692
2002	0.4297	0.4297		0.404	0.45	0.4682

① 张东生主编:《中国居民收入分配年度报告(2010)》,第 254 页。

② 刘永军等:《中国居民收入分配差距研究》,第 16 页。

③ 周云波、覃晏:《中国居民收入分配差距实证分析》,第 166 页。

④ 阿齐兹·卡恩、卡尔·李思勤:《中国的收入和不均等——1988 年至 1995 年住户收入的构成、分配和变化》,载赵人伟等主编:《中国居民收入分配再研究》,第 89 页;阿齐兹·卡恩、卡尔·李思勤:《中国居民收入增长与分配》,载李实等主编:《中国居民收入分配研究Ⅲ》,第 40 页。

⑤ 古斯塔夫森、李实、史泰丽、岳希明:《中国收入不平等及其地区差异》,载李实等主编:《中国居民收入分配研究Ⅲ》,第 103 页。

⑥ 陈宗胜、周云波:《再论改革与发展中的收入分配》,北京:经济科学出版社 2002 年版,第 27 页。

⑦ 程永宏:《改革以来全国总体基尼系数的演变及其城乡分解》,《中国社会科学》2007 年第 4 期,第 52 页。

⑧ 向书坚:《全国居民收入分配基尼系数的测算与回归分析》,《财经理论与实践》1998 年第 1 期,第 76 页。

⑨ 周文兴:《中国:收入分配不平等与经济增长——公共经济与公共管理的制度创新基础》,北京:北京大学出版社 2005 年版,第 47 页。

⑩ 阿齐兹·卡恩、卡尔·李思勤:《中国的收入和不均等——1988 年至 1995 年住户收入的构成、分配和变化》,载赵人伟等主编:《中国居民收入分配再研究》,第 100 页;阿齐兹·卡恩、卡尔·李思勤:《中国居民收入增长与分配》,载李实等主编:《中国居民收入分配研究Ⅲ》,第 51 页。

⑪ 古斯塔夫森、李实、史泰丽、岳希明:《中国收入不平等及其地区差异》,载李实等主编:《中国居民收入分配研究Ⅲ》,第 100 页。

表1和表2选用了张东生主编的《中国居民收入分配年度报告(2010)》一书,刘永军等人所著《中国居民收入分配差距研究》一书,周云波、覃晏所著《中国居民收入分配差距实证分析》一书和李实等主编的《中国居民收入分配研究Ⅲ》一书所公布的数据。表3则选用了陈宗胜、周云波所著《再论改革与发展中的收入分配》一书等6篇相关文献所公布的数据。从以上三个表格的数据我们可以看到,对于我国居民在1988年、1995年和2002年这几个年份的收入分配差距到底有多大这个问题①,相关文献的作者并没有一个统一的答案。不仅有些文献作者对同一年份相关居民群体(城市居民、农村居民、全国居民总体)内部收入分配差距之基尼系数的计算结果有较大差异,而且有些文献提供的历年数据呈现出来的基尼系数演变趋势也完全不同。具体说来:

(1) 对1988年、1995年和2002年历年我国相关居民群体内部收入差距之基尼系数的研究,不同文献所得到的结果差异不小,甚至很大。

①就城镇居民基尼系数而言,虽然对1988年基尼系数的测算结果四份文献没有差别,但对1995年基尼系数的测算结果,卡恩等人的数据要明显高于其他三份文献的数据(高出约5个百分点);对2002年基尼系数的测算结果,卡恩等人的数据又和张东生等人的数据比较接近,刘永军等人的数据明显低于其他人的数据,周云波等人的数据则明显高于其他人的数据(比卡恩和张的数据高出近5个百分点,比刘的数据高出近7个百分点)。

② 就农村居民基尼系数而言,对1988年基尼系数的测算结果,卡恩等人的数据一开始就比其他人的数据高出近3个百分点;对1995年基尼系数的测算结果,卡恩等人的数据也要比其他人的数据高出近7个百分点;对2002年基尼系数的测算结果,刘永军等人的

---

① 之所以选择这几个年份的数据,主要是因为我们能够在这几个年份上找到具有重要比较价值的数据。

数据则比其他人的数据要低近 3 个百分点，其他三份文献的数据则趋于接近。

③ 就全国居民总体基尼系数而言，对 1988 年基尼系数的测算结果，陈宗胜、程永宏、周文兴三人的数据比较接近（其中陈宗胜的数据比后两人的数据略高 1 个百分点），向书坚的数据偏低，卡恩等人的数据则明显高于他人（比前三人的数据高出 3 至 5 个百分点，比向书坚的数据高出约 7 个百分点）；对 1995 年基尼系数的测算结果，我们所引用的 6 份文献之间的差别更大，最低数据（0.3515）与最高数据（0.452）之间的差距竟然达到近 10 个百分点（要知道按照流行的说法，基尼系数在 0.2 以下被认为收入分配处于高度平等状态，在0.4以上即被认为处于高度不平等状态，可供基尼系数在安全范围内波动的幅度仅有 20 个百分点而已，10 个百分点的测算差距当可视为“非常大”）；对 2002 年基尼系数的测算结果，我们所引用的三份文献，最低数据与最高数据之间的差异也达到近 7 个百分点。

（2）有关文献提供的 1988 年至 2002 年我国居民收入差距之基尼系数数据所呈现出来的演变趋势也有很大差别。从上述 3 个表格的数据中我们可以看到，除了卡恩等人和古斯塔夫森等人提供的数据外，其他所有文献提供的数据都显示：我国城乡居民内部收入分配的基尼系数和全国居民总体收入分配的基尼系数自 1988 年到 1995 年再到 2002 年都一直呈直线上升趋势。古斯塔夫森等人提供的数据则向我们显示：只有农村居民收入分配的基尼系数自 1988 年到 1995 年再到 2002 年一直呈直线上升趋势，城镇居民内部收入分配基尼系数和全国居民总体收入分配的基尼系数则都是呈现（自 1988 年至 1995 年）先上升，然后（自 1995 年至 2002 年）略微下降的趋势。而卡恩等人提供的数据则向我们呈现了另外一种态势：无论是我国城、乡居民内部收入分配的基尼系数，还是我国居民总体收入分配的基尼系数，都呈现出一种（自 1988 年至 1995 年）先上升，然后（自 1995 年至 2002 年）再下降的趋势。

可见，对于当前我国居民收入分配的基尼系数到底有多大这样一个问题，确实没有一个能够为所有人接受的统一答案。无论是普通公众，还是学者、官员，一旦发现这一现实，都不能不感到十分困惑。

迄今为止，一旦发现上述困境，多数公众的反应是对有关政府部门（如国家统计局）和学者进行批评和指责，学者的反应则是采取各种措施来努力改进基尼系数的测算工作，试图尽可能地提高基尼系数测算的准确性、客观性，期待通过这种改进最终使我们能够获得一个可以为所有人接受的、客观准确地反映了我国居民收入分配状况的基尼系数值。但本文作者试图要讨论的问题是，这一最终目标是否能够实现呢？

二、造成不同基尼系数计算结果的主要原因

为了回答上述问题，我们首先需要来了解一下，对于我国居民收入分配基尼系数的研究而言，导致不同研究文献的作者得出不同基尼系数计算结果的主要原因到底是什么。带着这个问题，我对近年来有关我国居民收入分配之基尼系数的诸多研究文献进行了仔细的梳理和分析。结果发现，至少就当前我国居民收入分配基尼系数的研究而言，导致不同研究人员得出不同基尼系数计算结果的原因主要有以下几个。

1. “收入”概念的内涵与外延不同

导致不同研究人员在对当前我国居民收入分配之基尼系数进行计算时得出不同结果的最主要原因之一，就是不同研究人员在调查收集我国居民收入分配的状况时，采用了不太相同的“收入”概念。

参照赵人伟等人在《中国居民收入分配研究》等书中的说明①和

① 赵人伟、格里芬主编：《中国居民收入分配研究》，北京：中国社会科学出版社 1994 年版。

李实、罗楚亮在《中国收入差距究竟有多大?》一文中的介绍,在现有的当前中国收入分配研究文献中所使用的收入定义至少有以下几种①:

一是国家统计局主持进行的住户调查中所使用的"城镇可支配收入"或"农村纯收入"定义,也可称为我国的官方收入定义(以下简称定义1)。除了中国社会科学院经济研究所"中国居民收入分配课题组"(CHIP)之外,绝大部分现有中国收入分配问题研究文献采用的都是这一收入定义,因为这些文献使用的收入分配数据都是国家统计局公布的住户调查数据。这一定义下我国居民的收入主要包括以下收入项目:工薪收入、经营性收入、财产性收入和转移性收入等。其中,城镇居民可支配收入具体包括以下项目:(1)工资收入:工资及补贴、其他劳动收入;(2)经营性净收入;(3)财产收入:利息和红利、其他财产租金、出售财物收入;(4)转移性收入:离退休金、救济保险收入及其他;(5)借贷收入:收回借出性收入、贷款收入及其他;(6)其他收入;等等。农村居民纯收入则具体包括以下项目:(1)农业收入;(2)非农业收入:在本地非企业或企业就业所获工资、外出就业所获工资、非农经营收入;(3)财产性收入:利息、股息、租金及其他;(4)转移性收入:退休(养老)金、救济抚恤金及其他;以及(5)亲友赠送收入等。

二是美国加州大学河边分校名誉教授卡恩(Khan)的收入定义(以下简称定义2)。简单来说,该收入定义是在国家统计局住户调查收入定义基础上增加了三项收入:一是公有住房的实物性租金补贴,二是私有住房的折算租金(imputed rent),三是各种实物收入(如单位发放的食品、日用品等实物和有价证券)的市场价值。其中,城镇居民的可支配收入具体包括以下项目:(1)在职职工的工资性货币收入、离退休人员返聘货币收入、非就业(含离退休和非离退休)人员

---

① 李实、罗楚亮:《中国收入差距究竟有多大?》,《经济研究》2011年第4期。

收入（含退休金、福利收入等）；（2）补贴（票证补贴、住房补贴和其他补贴等）和实物收入；（3）自有住房折旧金；（4）个体、私营企业主收入；（5）资产收入（利息、红利、出租房屋或其他物品的收入等）；（6）其他收入（如转移收入）。[①] 农村居民可支配收入具体包括以下项目：（1）家庭生产经营收入（包括出售农业、工业、副业产品所取得的现金收入和自产自销产品的估算收入）；（2）个人工资性收入（包括工资、退休金等现金收入，以及单位发放的实物收入）；（3）自有房产折旧金；（4）从集体和企业获得的非工资收入（奖金、红利、福利等）；（5）财产收入（存款利息、出租土地或其他财产所得收入等）；（6）净补贴（救济金和以市场价格计算的救济粮等）；（7）其他收入（如转移收入）等。[②] 中国社会科学院经济研究所中国居民收入分配课题组对我国城乡居民进行的收入分配入户调查，都是按这一收入定义来进行的。课题组成员所完成的大部分研究论文自然也都使用了这一收入定义。[③]

三是李实、罗楚亮等人在《中国收入差距究竟有多大？》一文中所建议使用的收入定义（以下简称定义3）。李实、罗楚亮称这一定义为“福祉含义的收入定义”，它是在卡恩的收入定义基础上进一步做两方面的调整：一是增加了给城乡居民带来实际福祉的社会保障和社会福利的市场价值，二是将所有的名义收入折算成统一可比的实

---

① 赵人伟、格里芬主编：《中国居民收入分配研究》，第9页。原文中“补贴和实物收入”一句为“补贴和货币收入”，疑有误。更详细的说明见第45页。

② 赵人伟、格里芬主编：《中国居民收入分配研究》，第21页。更详细的说明见第43—44页。

③ 赵人伟等人对此有过明确说明：“国家统计局住户收入调查所使用的收入定义与我们所用的定义有些不同。国家统计局的城市居民收入主要是货币收入。我们所用的收入还包括实物收入和根据市场价格估算的住房补贴等各种补贴。我们与国家统计局在农村居民收入定义上的不同主要是，我们的收入定义包括了农村居民自有住房的折旧金；此外，我们对自我消费的那部分农产品的价值是按市场价格估算的。”见赵人伟、格里芬主编：《中国居民收入分配研究》，第6页，注释2。

际收入。①

实际上,除了上述三种收入定义之外,在现有研究我国收入分配差距的文献中,还有其他一些收入定义(以下简称定义4)。例如,古斯塔夫森、李实等人在《中国收入不平等及其地区差异》一文中就使用过一个不同于上述三个定义的收入定义,即在国家统计局住户调查收入定义的基础上加上住房补贴和自有住房折算租金(但没有包括实物收入,也没有将名义收入折算为实际购买力)。②

在前面3个表格所引用的数据中,卡恩等人在论文中使用的收入定义属于上述定义2,古斯塔夫森等人在论文中使用的收入定义属于定义4,其他人在其论文中使用的收入定义则属于定义1。他们在论文中所提供的相关基尼系数数值之间的差别,首先就来源于其所使用的收入定义不同而造成的收入数据方面的差别。对此,我们可以参照他们自己的解释稍微多做一点说明。

(1) 1988年中国城乡居民收入

根据卡恩等人的说明,中国社会科学院经济研究所中国居民收入分配课题组(CHIP)1988年入户调查的结果,"农村人均收入为760元,比国家统计局545元的估算数字高39%"。作者们认为,"两个数字的差别几乎完全由定义不同而不是计算不同造成的"。证据是如果运用国家统计局的收入定义来计算课题组农村调查样本的平

① 卡恩等人补充说明:"虽然我们的收入定义比国家统计局运用的定义更全面,但重要的是我们的定义也有局限性。它主要表现在衡量农村生产活动的收入方面,我们已经注意到了这样一个问题:我们的方法不能直接估算来自生产活动的农业净收入的部门构成情况。另一个问题是没有考虑到存量的变化(销售产品的价值和自己消费产品的价值相加,得到生产性收入。这就是说,我们假设库存保持不变)。第三个问题是忽略了作为成本因素的资本的折旧问题。"赵人伟、格里芬主编:《中国居民收入分配研究》,第46—47页。

② 古斯塔夫森、李实、史泰丽、岳希明:《中国收入不平等及其地区差异》,载李实等主编:《中国居民收入分配研究Ⅲ》,第98页。

均收入则为548元,与国家统计局的数字相差无几。① 作者们认为,"两者差额的相当部分可归于我们的估算中包括了住房的租价"。然而,即使忽略不计住房租价这个因素,课题组的估算还是比国家统计局的数字高出26%。作者解释说,"这个差额在很大程度上是因为我们的调查包括了更多的'补贴'(包括单位发放的物品实付价格与市场价格之差以及其他实物收入),而且在计算收入的构成要素时比较细致。"②因此,"从整体来看,实际上中国农户人均收入看来比国家统计局的估算高出五分之二。低估数量的三分之一是因为官方估算忽略了住房的租价。余下的部分是由于低估了实物收入和'补贴',而且在计算自我消费时使用了较低的国家收购价"③。

同样,在1988年的调查中,CHIP课题组估算的城镇住户人均可支配收入是1842元,比国家统计局1192元的估算值高出55%。根据课题组的分析,"两个数字差别的62%可归于住房补贴和私有住房的租价,国家统计局的收入定义中不包含这两项。即使略去住房这一项不计,我们的估算值仍比国家统计局的高20%。原因是我们在调查中力求比国家统计局更多地考虑和更恰当地计算补贴和实物收入这两项"④。

(2) 1995年中国城乡居民收入

CHIP 1995年入户调查的结果,中国农村居民的人均收入为2309元,也要比国家统计局估算的数字1578元高出46%("这意味着国家统计局对1995年农村收入的低估程度要高于1988年")。造成两种估算之差距的"主要但不是唯一的"原因也是"国家统计局没

---

① 卡恩、格里芬、李思勤、赵人伟:《中国居民户的收入及其分配》,载赵人伟、格里芬主编:《中国居民收入分配研究》,第49页。作者们做了如下进一步说明:由于该课题组的样本取自国家统计局的大样本,并由国家统计局的调查员协助进行调查,因此,调查员很可能获得过国家统计局同年的调查问卷,并根据国家统计局的收入定义来填写该课题组样本调查户的有关情况,因而导致最终数据方面的接近。见该页注释2。

② 同上。

③ 同上书,第50页。

④ 同上书,第52—53页。

有计算快速增长的自有房屋的估算租金因素”。① 具体收入项目估算数字的对比可见表4。

表4 对1995年农村收入的不同估算(元人民币)②

1995年农村居民人均净收入	(1)SSB	(2)CHIP	(2)/(1)
总计	1578	2309	1.46
劳动报酬	354	517	1.46
家庭经营收入:			
农业	937	1072	1.14
非农业	188	224	1.19
转移和财产性收入	98	99	1.01
SSB包括的各种收入来源总值	1578	1912	1.12
CHIP调查包括但SSB不包含的收入来源的价值		397	

从表4可以看到,虽然CHIP估算的农村收入的所有项目都要高于国家统计局,但其中最主要的差异在于以下两项:一是表中最后一行所示“CHIP调查包括但SSB不包含的收入”(主要是自有房屋的估算租金收入)。这一项收入人均达397元人民币,但在国家统计局的调查中完全被忽略(数据为零)。二是对工资等劳动报酬的估算。国家统计局估算的人均工资等劳动报酬仅为354元,而CHIP的估算值却达517元。按照卡恩等人的分析,这也主要是因为CHIP的“劳动报酬”概念比国家统计局的同类概念包含的收入项目要更加宽泛。后者主要包括劳动者“从工作单位得到的固定收入和非固定收入”,而前者还包括除劳动者“从工作单位得到的固定收入和非固定收入”以外的其他收入项目,如劳动者“从其他职业得到的现金收入、失业救济金、实物收入”,“乡村干部取得的收入和其他家庭经营收

① 赵人伟、李实、卡尔·李思勤:《中国居民收入分配再研究》,北京:中国财政经济出版社1999年版,第85页。

② 同上书,第85页。

入”等。①

按照 CHIP 1995 年入户调查的结果,当年中国城镇居民人均收入为 5706 元,比国家统计局估算的数字 4288 元要高 33%。卡恩说:“其中原因还是由于一些国家统计局忽略而我们却采用了的收入构成,在总收入中所占比例下降了。所有的补贴可以解释 1995 年我们的估算与统计局的估算结果之间差异的 90%。”②具体收入分项估算数字的比较可见表 5。

表 5　对 1995 年城镇收入的不同估算(元人民币)③

1995 年城镇居民人均净收入	(1)SSB	(2)CHIP	(2)/(1)
总计	4288	5706	1.33
工资	3324	3498	1.05
个体企业/兼职收入	91	30	0.33
利息、股息和租金	90	72	0.80
离退休人员再就业收入	43	49	0.95
离退休金、转移收入和特殊收入	740	780	1.15
SSB 包括的各种收入来源总值	4288	4429	1.03
CHIP 包括但 SSB 不包含的收入来源的价值		1277	

(3) 2002 年中国城乡居民收入

2002 年 CHIP 对农村居民收入调查的结果也与此前类似:国家统计局估算的农村人均收入为 2475.6 元,而根据 CHIP 调查结果估算出来的数据则是 3302.4 元。CHIP 的数字比国家统计局的数字依然要高出 33%。

① 卡恩等人说:“[我们推断]国家统计局[的收入概念]不包括这些收入的看法建立在两个事实基础上。一是《中国统计年鉴 1997》(第 313 页)没有明确提到这些收入,二是他们对劳动者报酬收入的估计与我们的固定工资和非固定工资之和的估计值非常接近。我们把退休金归为工资性收入,而国家统计局[则]可能把它划入转移收入。”赵人伟、李实、卡尔·李思勤:《中国居民收入分配再研究》,第 86 页,注释 1。方括号内文字为本书作者所加,下同。

② 同上书,第 87 页。

③ 同上。

2002年国家统计局估算的中国城镇人均收入为7702.8元，而根据CHIP调查结果估算出来的数据则是9765.9元。CHIP的数字比国家统计局的数字要高出29%。“在我们的估算数据和国家统计局的估算数据两者之间的差异中，93%的部分都是由于为我们所包含但被国家统计局排除掉的项目——实物补贴和房屋租金价值——所引起的。对于两个收入定义中都包含的分项收入来说，差异非常之小，我们的计算数值比国家统计局的计算数值高了不到2%。”[①]卡恩这样解释说。

收入数据估算方面的差异，对居民收入分配差距，譬如基尼系数的测算可能会有很大影响。当然，收入数据估算方面的差异并非必然导致基尼系数等收入分配差距计算方面的差异。如果两个收入定义之间相互有别的那些收入项目（或者说，定义A包含但定义B不包含的那些收入项目，例如CHIP课题组的收入定义中包含但国家统计局的收入定义不包含的“自有房屋租金价值”和“实物补贴”两个项目），其在居民之间的分配状况与两个收入定义（如CHIP课题组的收入定义和国家统计局的收入定义）相互一致的那些收入项目在居民之间的分配状况大体相同，那么收入定义及其数值上的差别并不一定会导致按这两种数据来计算的收入分配差距（如基尼系数）的差异。但是，如果两个收入定义之间相互有别的那些收入项目在居民之间的分配状况与两个收入定义相互一致的那些收入项目在居民之间的分配状况不同，那么按这两种数据来分别计算的基尼系数等收入分配差距指数就一定会不同。[②] 毫无疑问，前一种可能性更多

---

① 阿齐兹·卡恩、卡尔·李思勤：《中国居民收入增长与分配》，载李实等主编：《中国居民收入分配研究Ⅲ》，第42页。

② 举例说明：假设收入定义1包含a、b两个项目，它们在家庭x中都是100元，在家庭y中都是200元。此时家庭x的总收入为a+b=100+100=200元，家庭y的总收入为a+b=200+200=400元，家庭x和家庭y之间的收入差距为1∶2。假设收入定义2包含a、b、c三个项目（比收入定义1多了一个项目c），收入项目c在家庭x和家庭y的分配状况分别为100元和500元。则此时家庭x的总收入为a+b+c=100+100+100=300元，家庭y的总收入为a+b+c=200+200+500=900元，家庭x和家庭y之间的收入差距为1∶3。

的只是存在于理论中,在现实生活中,实际存在的情况常常是后者。这就是前一节中我们引用的那些基尼系数数值会产生差异的主要原因之一。正如CHIP课题后期主持人李实教授所总结的那样:对基尼系数"不同的估计结果说明了在估算收入差距时最为重要的是选择合理的收入定义,所谓合理的收入定义是指收入能够更加真实地反映居民的实际福祉"①。

---

① 李实、史泰丽、古斯塔夫森主编:《中国居民收入分配研究Ⅲ》,第6页。以下是收入定义影响到基尼系数估算的另一个例子:"如果将居民个人收入定义为'明收入'和'暗收入'两部分,那么我们现在估计的城乡之间的收入差距和全国收入差距都是就'明收入'而言的,而没有充分考虑到'暗收入'的部分。'暗收入'主要指居民享受的各种实物性补贴和社会保障项目的货币价值。不言而喻,'暗收入'在城乡居民之间的差异是非常大的。从城乡居民收入定义的一致性和可比性来说,在估算城乡之间和全国的收入差距时,只考虑'明收入'是不够的,还应该对'暗收入'进行估算并将其放入到居民个人总收入。按照这个思路,本书第六章对2002年的城乡居民的'暗收入'进行了估计,并在此基础上重新估算了城乡之间的收入差距和全国收入差距的基尼系数。在考虑公共医疗、养老、教育补贴等社会福利项目后,2002年城镇居民的人均'暗收入'大约为4200元,而农村居民为250元。如果将这部分收入分别记入到城乡居民的平均收入中,那么城乡之间的收入比率会上升到4.35∶1,全国的基尼系数将是0.5左右。"(李实、史泰丽、古斯塔夫森主编:《中国居民收入分配研究Ⅲ》,第16页。)收入数据的差异不仅会导致对某一年度居民收入分配差距的不同测算,而且会导致对时间序列上居民收入差距演变趋势的不同描述。例如,"中国官方的估算表明,从1988年到1995年城乡人均实际收入差异急剧地上升了20%。中国的城乡收入差距超过了亚洲大多数发展中国家。我们1988年调查的结果表明国家统计局低估了城乡之间不平等的程度。然而1995年调查的结果表明的却恰恰相反:国家统计局高估了城乡收入差距,其原因是它夸大了城镇收入的增长率和低估了农村收入水平。与此相反,我们调查估算得出的城镇名义收入增长率只比农村名义收入增长率稍高一点。按实际收入,城镇人均收入与农村人均收入的比率略有下降,从1988年的2.42%下降到1995年的2.38%。"(赵人伟、李实、卡尔·李思勤:《中国居民收入分配再研究》,第104页。)又如,对于1995—2002年期间城镇内部收入差距的变化,按照CHIP课题组的调查和估算,"收入差距并没有像人们所想象的那样出现了急剧扩大"。例如,"在考虑了实物性收入、公有住房的实物性补贴和私有住房估算的租金之后,2002年的城镇内部收入差距的基尼系数比1995年不仅没有上升,而且还下降了大约1.5个百分点。这一结果与利用国家统计局数据估算的结果有所不同,二者的差别主要在于1995年基尼系数的估计上,国家统计局估计出来的1995年的城镇基尼系数为0.28,比本课题估计出来的基尼系数低近5个百分点。这种差异主要来自于二者采用了不同的收入定义。本课题的收入定义更加宽泛,不仅包括了现金收入,也包括了实物性收入和补贴。这种收入定义更加接近于国际学术界通用的住户可支配收入的概念。我们的一些分析表明,利用本课题的数据,如果采用国家统计局的收入定义,计算出来的1995年的基尼系数与利用国家统计局数据计算的结果相差不大。"(李实、史泰丽、古斯塔夫森主编:《中国居民收入分配研究Ⅲ》,第4页。)

2. 数据估算结果方面的差别

迄今为止,无论是国内还是国外,计算家庭人均收入基尼系数所需要的所有收入信息都是通过入户调查时直接向调查对象进行询问的方式获得的。在入户调查过程中,调查者以问卷形式向调查对象询问其收入及其结构。在中国,除了国家统计局的住户调查采用了让调查对象进行日常记账的方式来帮助形成问卷所需要的收支数据,以及 CHIP 课题组的住户调查也在一定程度上利用了国家统计局的调查对象和记账数据外,在很多情况下,调查人员都只是或只能让调查对象凭自己的记忆和大致估计的收入数据加以应答。

由于以下几方面的原因,这种主要由调查对象自己对问卷中相关问题的回答得来的居民收入信息会有一定程度甚至相当程度的不一致性。

(1) 数据回忆或估计结果的不一致性

这大致包括以下几种情况:

首先是数据回忆结果的不一致性这一问题。前面提到,除了国家统计局以及 CHIP 课题组的入户调查以外,很多有关中国居民收入分配的住户调查(例如西南财大中国家庭金融调查)都是让调查对象凭自己记忆的收入数据来对相关的问卷项目加以应答。很多人认为,这种依赖调查对象的记忆获得的收入数据,与实际情况很难完全相符。岳希明、李实在对西南财大中国家庭金融调查的结果进行评论时就曾经提到这一点。他们明确认为:"国家统计局通过日记账方式收集样本户收入和支出信息,比西南财大采取的一次性回忆的数据收集方法更为准确。"①尽管对这种看法仍存有争议,但有一点应该是多数人都会认同的,这就是采用凭调查对象的记忆这种方式来获得收入数据,其唯一性是很难保证的。这就非常容易造成收入数据的不一致性。

① 岳希明、李实:《我们更应该相信谁的基尼系数?》,http://ciid.bnu.edu.cn/news/201301/20130123092800706.html。

其次是数据估计结果的不一致性这一问题。即使是像国家统计局住户调查这样主要借助于调查对象日常收支记录来进行的家庭收入入户调查,以及 CHIP 这种大量借助于国家统计局的调查对象和记账数据来进行的家庭收入入户调查,也免不了有许多收入项目无法从住户的日常账目中获得,而只能通过估算的办法来形成相关收入数据。例如,对自有房屋租金的折算就是重要一例。卡恩等人曾经说明过 CHIP 1988 年住户调查中城乡居民自有住房租金的估算方法。按照他们的说明,"城市住房的价值,是把各省每平方米的平均造价乘以房屋面积间接估算出来的。农村住房的价值是调查户直接估算出来的"①。类似地,在 CHIP 1995 年进行的调查中,城镇居民"公有住房补贴和自有房屋估算租金价值的估计值是根据被调查人对其住房的市场价值的估算得出的"。卡恩等人明确承认这种估算会有偏差。他们写道:"中国城镇的房产市场是否发达到人们可以得出准确的估计仍是一个值得讨论的问题。主观的估计可能会产生很大的误差。"②

例如,按照卡恩等人的说明,在 CHIP 1988 年的农村住户调查中,对农村居民人均自有住房折算租金的估算值为 73.49 元人民币。虽然国家统计局没有将自有住房折算租金列入农村居民收入范围之内而是列入了支出范围之内,但他们在当年的农村住户调查中也对农民自有住房的折算租金有过一个估算,其估算值为 71.1 元人民币,比 CHIP 的估算值少了 2.39 元。因此,即使国家统计局事后对收入定义进行修改,将农民自有住房折旧金计入农民收入范围,他们对农民收入的估算值与 CHIP 的估算值之间也会有一定差异。卡恩等人认为:"这种差异肯定是由于国家统计局和我们估算房租价时运用

① 赵人伟、格里芬主编:《中国居民收入分配研究》,第 52 页,注释 2。

② 赵人伟、李实、卡尔·李思勤:《中国居民收入分配再研究》,第 98 页。

的方法不同造成的。”①

除了自有住房租金估算方面可能产生的差异之外，还有一些其他收入项目也存在着估算差异的问题。卡恩等人回顾说，1995 年，“我们[CHIP]对[农村]家庭生产性收入的估计值比国家统计局的高出 15%。它是 14%的农业收入差异和 19%的非农收入差异的平均值。而且，我们对家庭生产毛收入的估计结果比国家统计局高出 5%，这表明我们之间的估计结果的部分不同是由于生产费用计算方法的差异”②。卡恩等进一步具体解释道：这可能是因为“我们在问卷中问了包括雇用劳动费用在内的生产总成本，然后将其从毛收入中减掉，也许这会造成对成本的低估”③。

（2）问卷设计方面的差异

岳希明在对西南财大中国家庭金融调查与研究中心最新公布的《中国家庭收入不平等报告》进行评论时就指出：该中心在进行入户调查时，用问卷的第三部分（“三、家庭成员的工作和收入信息”）调查家庭成员的工资等相关收入（或者说能够界定为每个家庭成员的收入），在调查表的抬头给出这样的提示，“注意：除受访者和配偶，其他家庭成员只询问 A3003 及 A3006”，而问卷 A3003 是关于工作性质的问项（A3003 该工作的性质是？），A3006 询问的是家庭从业人员的行业属性（A3006 属于什么行业？）。问卷把家庭中“最了解家里财务状况的人”定为受访人（参见[A1013]），也就是“调查”中回答调查员问题的家庭成员。根据上面的提示，“调查”并没有搜集除了受访者和配偶之外的收入，这将低估有三人以上从业人员家庭的收入。不仅如此，如果家庭主要劳力（如夫妻）外出打工，而家中只留下年老的父母和年幼子女的话，该家庭的收入可能几乎为零（可能有少量的

---

① 卡恩、格里芬、李思勤、赵人伟：《中国居民户的收入及其分配》，赵人伟、格里芬：《中国居民收入分配研究》，第 56 页。

② 赵人伟、李实、卡尔・李思勤：《中国居民收入分配再研究》，第 86 页。

③ 同上书，第 86 页注释 2。

农业收入),对于外出务工越来越多的农村住户来说,这一提示的影响会相当严重。[①] 这也意味着,即使是对同一户家庭的入户调查,如果调查者在问卷中对类似问题的设计有差别,那么其所得到的信息也会有差别。

(3) 刻意瞒报收入造成的数据差异

这也可能包括以下几种情况:

① 被访者出于各种动机而采取的刻意瞒报行为。这些动机可能是:第一,高收入者出于财产安全或偷税漏税等方面的动机而不想让别人知道自己的真实收入;第二,某些享受着"最低生活保障金"或"失业救济金"等政府福利待遇的低收入者出于维持这些只有低收入者才能享有的特殊待遇的目的而不想让他人知道自己的真实收入。大多数现有研究文献都已经指出了前一种类型的收入瞒报动机,但对后一种类型的收入瞒报动机大多付诸阙如。

② 被访者因担心泄露不法收入或灰色收入而采取的刻意瞒报行为。

有人曾经以浙江省 2003 年的统计数据为例来说明入户调查所得居民收入数字(以及依此数字计算出来的基尼系数)是如何的不可靠。这位作者首先利用该省 2003 年统计年鉴公布的城镇居民入户调查分组收入数据和农村居民入户调查分组收入数据,计算了当年浙江省全省居民基尼系数,计算结果为 0.3749。然而,当他进一步考察与城乡居民收入、消费和储蓄有关的一些数据时,却获得了一个意外的发现:2003 年该省城镇居民人均收入为 14 295 元,人均支出为 13 692 元,人均当有节余 603 元;农村居民人均收入为 6709.24 元,人均支出为 5908.32 元,人均当有节余 800.92 元;分别以当年该省城镇人口总数和农村人口总数乘以城、乡各自的人均节余额,该省居民当年节余总额应为 341 亿元人民币。可是,按照同一本统计年鉴公布

① 岳希明:《西南财经大学 0.61 基尼系数不可信!》,http://ciid.bnu.edu.cn/news/201212/20121228134128706.html。

的数据，该省2003年底拥有的城乡居民储蓄总额为6452.21亿元，减去2002年底该省城乡居民拥有的储蓄余额5233.73亿元，可以看到2003年该省城乡居民新增储蓄额应是1218.48亿元。与“341亿元”这个数字相比，多了877.48亿元。该作者假定，这多出来的877.48亿元储蓄款应该都是城镇居民所有（因为按前面的数据该省2003年城镇居民人均节余额比农村居民人均节余额还少，作者认为这显然不合理），用877.48亿这个数字去除以当年该省城镇居民总数（1157.5万人），得到的结果是：2003年该省城镇人均少计算的收入达7581元人民币。这也就意味着，城镇人口在入户调查中人均隐瞒了7581元人民币的收入。再假定城镇人口中收入最低的20%人口完全没有必要隐瞒自己的收入，因此这些被隐瞒的收入当为城镇中其他80%的人口所有。据此重新计算该省2003年全省人口的收入分配基尼系数，结果是高达0.4783。①

因此，在对调查对象的收入状况进行调查时，有没有考虑到调查对象有可能瞒报收入，以及在考虑到这一情况后采用什么样的方法消除这一问题，都可能会导致所得收入数据的差异。

3. 价格指标不同

这里也至少存在两个问题。

第一个问题是：在把农村居民自产自销的那部分农产品作为收入来进行计算时，到底是以市场价格来进行计算呢，还是以国家确定的合同收购价格进行计算？在CHIP 1988年进行的农村居民收入调查中，CHIP“仅从生产活动中所得农村收入一项就比国家统计局对各种来源的农村收入的估算高出3.5%”②。按照卡恩等人的解释，导致这一差异的“一个原因是衡量自产自销农产品价格的方法不

① 胡祖光：《基尼系数和统计数据：以浙江省为例》，《浙江社会科学》2005年第4期。

② 卡恩、格里芬、李思勤、赵人伟：《中国居民户的收入及其分配》，赵人伟、格里芬主编：《中国居民收入分配研究》，第49页。

同”。CHIP 的计算是基于当年农产品的市场价格，而国家统计局的计算是基于当年农产品的合同收购价格（包括粮食），因为大部分农产品是由国家按合同收购的。在 1988 年，合同价格低于市场价格。这就使得国家统计局对农业生产收入的计算要少于 CHIP 的计算值。不过，卡恩等人也承认：“在像中国这样一个市场受约束的经济中，很难找到哪种价格‘正确’这个由来已久的问题的理想答案，我们认为使用市场价格比使用完全任意确定的国家收购价格为好。然而，我们必须承认自留的产品与出售的产品很可能在质量上不同，因此运用市场价格也可能造成误差。”①显然，在到底是应该按照市场价格还是应该按照国家合同收购价格来计算国家合同价存在时期农民的农产品收入这一问题上，人们难以取得一致意见。这就势必使得持不同观点的人，在对同一户农民家庭的同一收入项目进行计算时，会得出不同的计算结果。

第二个问题是：在计算居民收入时到底是应该按名义收入（未以各地消费品价格指数调整过的收入数字）来进行呢，还是应该按实际收入（以各地消费品价格指数调整过的收入数字）来进行？

如果说，前面一个问题更多只是涉及中国农村居民这样一个特定人群在价格“双轨制”存在的特定时期内收入计算方面的问题的话，那么后面这个问题则是一个普遍性程度更高的问题。

一份世界银行的研究报告显示，在考察中国的收入差距问题时，“如果对城乡之间和地区之间的生活费用差异加以调整，那么全国的收入差距会有不同程度的降低。例如，在不对生活费用差异加以调整的情况下，2001 年全国的基尼系数被估计为 0.447，而在对生活费用差异加以调整以后，该年的基尼系数则降低为 0.395。也就是说，对城乡之间生活费用差异调整后估计出来的城乡居民的实际收入差

① 赵人伟、格里芬主编：《中国居民收入分配研究》，第 50 页。

距并没有超过 0.4”①。李实等人也“利用加拿大多伦多大学的 Brandt 和 Holz 对中国不同省份城乡生活费用的估计结果,对城乡之间收入差距进行了重新估计”,结果发现,“在考虑到不同地区和城乡之间生活费用差异后,2002 年城乡居民的实际收入比值降低到 2.27 : 1,而该年的城乡之间的名义收入比值为 3.18 : 1。而且,经过城乡生活费用指数调整以后,1995 年至 2002 年期间的城乡之间收入差距的扩大幅度也有所下降,仅仅扩大了 3 个百分点”②。此外,李实等人的研究还表明,在考虑公共医疗、养老、教育补贴等社会福利项目后,2002 年城镇居民的人均“暗收入”大约为 4200 元,而农村居民为 250 元。如果将这部分收入分别计入城乡居民的平均收入中,那么城乡之间的收入比率会上升到 4.35 : 1,全国的基尼系数将是 0.5 左右。但如果按照城乡生活费用指数的调整办法,上述估计结果将分别被修正为:城乡之间的收入比率为 3.1 : 1;全国的基尼系数将是 0.44。③

国内也有其他学者试图运用地区之间可比的价格指数来估计由于生活费用差异引起的地区之间收入差距的高估程度。江小涓和李辉以国家发改委价格监测中心网站发布的国内 36 个城市 2005 年 2 月各自的价格数据为依据,对这 36 个城市该月各自的价格指数进行了计算,然后以这些价格指数对 36 个城市居民的 2003 年的人均收入数字进行了调整。结果发现,调整后 36 个城市居民之间的收入差距明显缩小。例如,按人均名义收入计算时,收入最高的深圳市分别是人均收入最低的西宁市、兰州市和银川市的 3.39 倍、3.37 倍和 3.24 倍。按人均实际收入水平计算,深圳市与西宁、兰州和银川三市的收

---

① Martin Ravallion, Shaohua Chen, China's (Uneven) Progress Against Poverty, World Bank, June 16, 2004. 转引自李实、史泰丽、古斯塔夫森主编:《中国居民收入分配研究Ⅲ》,北京:北京师范大学出版社 2008 年版,第 14 页。

② 同上书,第 14—15 页。

③ 同上书,第 16 页。

入差距分别缩小到1.75倍、1.40倍和1.67倍。[1] 北京大学中国经济研究中心宏观组的研究人员也曾经依照购买力平价的思想，编制了国内36个城市和25个省、自治区农村地区之间的价格指数，并运用这些价格指数将各地居民的名义收入转换为实际收入，重新测算36个城市之间和25个省、自治区之间收入分配的基尼系数。结果同样显示，中国各地区之间价格水平差异较大，因此，各地居民实际收入差距小于名义收入差距，以居民实际收入测算的基尼系数较小。例如，36个城市之间以居民名义收入计算的基尼系数为0.16，而以居民实际收入计算的基尼系数为0.11，降低了31%；25个省、自治区农村地区之间以居民名义收入计算的基尼系数为0.13，而以居民实际收入计算的基尼系数也为0.11，降低了15%。由于该项考察所用样本区域覆盖范围广（36个城市分布于中国各个省区，所考察的农村地区也涵盖除了西藏之外的所有省区），同时统计分析也表明无论是在城市地区还是在农村地区，物价水平均与居民收入成正比，因此可以推断，全国各地的实际收入差距都应该是小于名义收入差距的。剔除了各地价格水平方面的差异后所计算出来的全国居民基尼系数也会比未剔除价格水平差异前的计算结果小。[2]

这些研究表明，在对居民收入及其差距（如基尼系数）进行计算时，即使人们在所有收入项目的原始（名义收入）数据方面都没有争议，但如果有人坚持按名义收入的数据信息来对收入差距基尼系数进行计算，而另一些人则坚持按实际收入信息来进行计算的话，那么，两类人最终计算出来的基尼系数结果自然也就会是不一样的。

4. 基尼系数的计算方法不同

基尼系数的原理虽然简单明了，但计算基尼系数的具体方法是

---

① 江小涓、李辉：《我国地区之间实际收入差距小于名义收入差距——加入地区间价格差异后的一项研究》，《经济研究》2005年第9期，第15页。

② 北京大学中国经济研究中心宏观组：《以购买力平价测算基尼系数的尝试》，《经济学（季刊）》2006年第1期。

多种多样的。按照徐宽的归纳，基尼系数的计算方法至少包括几何法（又包括切块法、拟合曲线法、弓形面积法等）、相对平均差方法、斜方差方法、矩阵方法等不同方法[1]；按照梁纪尧等人的归纳，基尼系数的计算方法也有直接计算法、分组法（又包括城乡分组分算综合法、收入分组法、人口分组法、连带分组法等）、回归—积分二步法及人口、收入比重差值法等不同方法[2]。在收入分配数据相同，但所用基尼系数计算方法不同的情况下，计算出来的基尼系数数据也可能会有所不同。

具体到中国当前的情境当中，一个引起更多争议的问题是：如何利用国家统计局公布的收入数据计算全国居民的总体性收入差距基尼系数？

虽然对当前中国居民收入分配状况进行入户调查的团队不限于国家统计局，很多学者也都组织过这方面的调查，但是，众所周知，连续多年对中国城乡居民收入状况不间断地进行大规模入户调查并对主要调查数据加以公布的机构，只有国家统计局一家。因此，第一，对于那些也想对中国收入分配状况进行考察但又没有条件或能力去组织自己的入户调查的人来说，利用国家统计局公布的数据资料来进行研究就成为成本最低的一项选择；第二，对于许多想对中国全国居民总体收入分配基尼系数进行时间序列上的连续考察的人来说，也只能选择利用国家统计局所公开发布的数据。然而，正如李实、赵人伟等人曾经描述的那样：问题是“由于国家统计局的城镇和农村的住户调查是分开进行的，分组的数据也是分开发表的，至今没有看到他们对全国基尼系数的估计数值。现今所看到的有关全国的基尼系数……大多是根据国家统计局的城镇和农村的收入分组数据，应用

① 徐宽：《基尼系数的研究文献在过去八十年是如何拓展的》，《经济学（季刊）》2003 年第 4 期。

② 梁纪尧、宋青梅：《基尼系数估算方法述评及科学估算方法的选择》，《山东财政学院学报》2007 年第 1 期。

卡可瓦尼(Kakwani)的内推法进行估算的。然而,从1990年开始,国家统计局不再发表城镇住户的收入分组数据,只发表等分组数据。而农村住户调查数据仍是收入分组数据。这样就很难将两套数据合成为一套统一的全国收入分组或等分组数据。因而也就无从根据它们对全国的基尼系数进行估计"①。为了解决这个问题,许多研究收入分配的学者不得不想方设法对国家统计局公布的城乡居民收入两套数据进行整合,以计算出全国居民收入分配基尼系数,而不同学者设计出来的不同数据整合方法,也有可能造成全国居民收入分配基尼系数计算结果上的差异。

我们以表6中的数据来对上述看法进行说明。

表6 中国居民总体基尼系数

年份	陈宗胜②	向书坚③	程永宏④
1981	0.2635	0.2780	0.2927
1982	0.2525	0.2494	0.2769
1983	0.2865	0.2641	0.2709
1984	0.2705	0.2684	0.2773
1985	0.2875	0.2656	0.3073
1986	0.2875	0.2968	0.3239
1987	0.2924	0.3052	0.3247
1988	0.2961(0.3497)	0.3133	0.3384
1989	0.3697	0.3214	0.3529
1990	0.3469	0.3063	0.3587

① 赵人伟、李实、卡尔·李思勤:《中国居民收入分配再研究》,第143页。

② 陈宗胜:《经济发展中的收入分配》,上海:上海三联书店1994年版,第244页;陈宗胜、周云波:《再论改革与发展中的收入分配》,北京:经济科学出版社2002年版,第27页。

③ 向书坚:《全国居民收入分配基尼系数的测算与回归分析》,《财经理论与实践》1998年第1期,第76页。

④ 程永宏:《改革以来全国总体基尼系数的演变及其城乡分解》,《中国社会科学》2007年第4期,第52页。

续表

年份	陈宗胜	向书坚	程永宏
1991	0.3690	0.3240	N. A.
1992	0.3772	0.3396	0.3993
1993	0.4017	0.3592	0.4183
1994	0.4356	0.3621	0.4300
1995	0.4191	0.3515	0.4169
1996	0.4058		0.3946
1997	0.4027		0.3964
1998	0.4026		0.4001
1999	0.4129		0.4124

从表中的数据我们可以看到，三份文献所给出的基尼系数数据在很多年份上都有明显不同（见数字带有下划线的年份）。然而，需要说明的是，在以上三种基尼系数的计算过程中，三份文献的作者所用原始收入数据完全相同，都是来自于《中国统计年鉴》等官方资料所公布的国家统计局住户调查数据，但各自在以国家统计局历年公布的城乡住户收入调查两套数据为基础来计算全国居民收入分配基尼系数时所使用的方法不同：

陈宗胜的计算方法是“分层加权法”，其公式可以简单概述如下：

$$P_i = P_{Ai}\, P_A' + P_{Ni}\, P_N';\ i = (1, 2, \cdots, n)$$

$$P_1 + P_2 + \cdots + P_i = 100;$$

$$y_i = Y_i\, P_i / (\sum Y_i\, P_i);$$

$$y_1 + y_2 + \cdots + y_n = 100;$$

$$Y_i \in \{Y_1, Y_2, \cdots, Y_n\};$$

$$Y_1 \leqslant Y_2 \leqslant Y_3, \cdots, \leqslant Y_n。$$

式中，Y_i 为各阶层平均收入，y_i 为各阶层的收入比重，P_i 为各阶层人口比重，P_{Ai}为农村各阶层人口比重，P_{Ni}为城市各阶层人口比重，

P_A'为农村平均人口比重，P_N'为城市平均人口比重，n 为按 Y_i 排列的阶层数。

具体计算步骤是：(1)将已知的城乡各收入层次的人口比重按人均收入水平高低顺序列出；(2)以城乡人口比重为权数算出全国各收入层次的人口比重；(3)利用各收入层次的人均收入和人口比重计算出全国各层次的收入比重；(4)利用人口、收入比重计算出中国全国居民的人口/收入基尼系数。①

向书坚使用的计算方法是“分组加权法”，其公式也可以简单概述如下：

$$G=P_1^2\frac{\mu_1}{\mu}G_1+P_2^2\frac{\mu_2}{\mu}G_2+P_1P_2\left|\frac{\mu_2-\mu_1}{\mu}\right|$$

式中，G 表示全国居民的收入分配基尼系数，G_1 和 G_2 分别表示农村居民和城镇居民收入分配基尼系数，P_1 和 P_2 分别表示农村居民和城镇居民占总人口的比重；μ_1 和 μ_2 分别表示农村居民和城镇居民的人均收入；μ 表示全体居民的人均收入。② 这些数据都可以根据国家统计局公布的相关数字推算得出。

程永宏使用的计算方法是“城乡混合分解法”，其公式可以简单概述如下：

$$G_n=\theta G_1+(1-\theta)G_2+\alpha\beta G_3$$

其中，G_n、G_1、G_2 分别为全国总体基尼系数、农村基尼系数、城镇基尼系数，α 和 β 分别为农村和城镇人口份额，θ 和 $(1-\theta)$ 分别为农村和城镇收入份额；G_3 是包含组内差距的相对城乡差距指标。G_3 的

---

① 陈宗胜：《经济发展中的收入分配》，上海：上海三联书店 1994 年版，第 240—241 页；陈宗胜、周云波：《再论改革与发展中的收入分配》，北京：经济科学出版社 2002 年版，第 26—27 页。

② 向书坚：《全国居民收入分配基尼系数的测算与回归分析》，《财经理论与实践》1998 年第 1 期。

计算公式为：$G_3 = D/\mu$。其中，μ 为全国平均收入，D 表示绝对城乡差距。① 这些数据也都可以根据国家统计局公布的相关数字推算得出。

表 6 中所引三份文献在全国居民总体基尼系数计算方面的差异都是来自于各自使用的基尼系数计算方法方面的不同。可见，计算方法上的不同也是导致基尼系数计算结果不同的一个重要原因。即使所用收入分配的原始数据完全相同，只要在计算基尼系数时所采用的计算方法不同，其计算结果也会有一定的甚至很大的差异。

5. 抽样结果不同

从理论上说，在对中国居民的收入差距进行入户调查时，应该严格按照中国总人口在城乡、男女、地区、行业等之间的分布比例来进行抽样。但事实上，由于各种因素（成本费用方面的限制、调查主题方面的相互冲突等）的影响，不同的调查团队在实施调查时对这一原则的遵循也并不完全一致。有的可能比较严格地遵循了这一原则，有的则可能未能严格按照这一原则来进行抽样。其结果，也有可能导致所得收入数据方面的差异。

例如，卡恩等人认为 CHIP 调查中城镇居民人均收入数据与国家统计局住户调查中城镇人均收入数据之间的差异，部分原因就在于双方抽样方法不同以及测量方面的误差。②

这次西南财大中国家庭金融调查与研究中心公布的中国 2010 年全国居民总体收入差距基尼系数为 0.61，不论是与国家统计局公布的同一年份同类基尼系数（0.481）相比，还是与有关学者如李实等人以自己的调查数据为基础计算得出的基尼系数 0.48（2007 年）相比，都显得偏高。李实、岳希明等人在对这一基尼系数计算结果进行评论时，也都指出过造成这一差异的主要原因是该中心在抽样方面

---

① 程永宏：《改革以来全国总体基尼系数的演变及其城乡分解》，《中国社会科学》2007 年第 4 期。

② 卡恩、格里芬、李思勤、赵人伟：《中国居民户的收入及其分配》，赵人伟、格里芬主编：《中国居民收入分配研究》，第 56 页。

的误差。例如,岳希明就认为,CHFS报告对收入水平及其分散估计值出现了系统性偏差。而之所以会出现系统性偏差,主要原因又在于抽样样本的偏差。“仔细观察《CHFS抽样调查设计说明》不难发现,‘调查’的抽样过程明显存在向高收入群体倾斜的偏差,以及高估收入差距的偏差。‘调查’采取了三阶段PPS抽样方法,抽样的第一阶段是从全国2585个市县中抽取80个样本市县;第二阶段从样本市县中抽取320个居/村委会;第三阶段从样本居/村委会抽取住户。第一阶段的80个市县来自25个省,诸如西藏、新疆、内蒙古等低收入省份不在25个省之列。80个市县中来自东中西三个地区的个数分别是32、27、21,占比分别为40%、33.75%、26.25%,而全国2585个市县的东中西分布分别是34.3%、27.2%、38.4%。显然,东部县市样本明显偏多,西部样本比重显著偏低。第二阶段抽样中,‘调查’在把80个样本市县按非农人口比重标准五等分组的基础之上,从非农人口比重最低组到最高组,村委会与居委会抽取的个数比率依次为4∶0、3∶2、2∶3、1∶3、0∶4。村委会和居民会的抽取直接关系到住户样本的城乡比,在下述的第三阶段抽样中,从村委会抽取的住户为农村住户样本,从居委会抽取的住户为城镇样本。这种村/居委会样本的抽取办法最终导致从非农人口比重最低组(16个市县)仅仅抽取农村住户,相反在非农人口最高比重最高组(同样为16个市县)只抽取城镇住户。如此的抽样方法忽视了[非农人口比重]最低组中的城镇住户和最高组中的农村住户,而这两部分住户的收入大致处于中等程度,对这部分住户抽样不足,以及相应扩大落后地区(非农人口比重较低市县)和发达地区(非农人口比重较高市县)的比重不可避免地高估收入差距。”“第三阶段抽样是从村/居委会样本中抽取住户样本。‘调查’在住户样本上有意识地多抽取了城镇样本,相应地减少了农村住户样本数。具体地说,每个村委会均抽取20户农户。对于居委会,在把居委会按平均住房价格分成四组后,从属于房价最高一组居委会中(每个居委会)抽取50户,次高组抽取45户,最后的两组依次是40户和35户。如此偏重于城镇住户尤其是高房价住户的住户抽取办法,不可避免地高估了家庭财产的持有量,由于财产持有量与收入水平有着密切的关系,同时也高估了高收入人群的权重,从而高估了居民收入差距。”据此,岳希明认为,“‘调查’的抽样以及从此得到的收入水平及其差距、家庭资产保有量等估计值完全没有全国代表性,‘报告’中0.61的基尼系数不是中国居民收入不平等水平的可信估计值”。① 李实、罗楚亮等人在相应的文章中也做出了类似的分析。②

对于李实等人所提出的批评,西南财大中国家庭金融调查与研究中心甘犁教授撰文进行了争辩,认为自己的抽样设计是没有问题的。③ 对于他们之间的这种争论,我们在这里暂不加以讨论。这里只是要借助于这个案例来说明一点,即抽样设计方面的差异也可以成为导致不同研究人员在收入分配数据及其基尼系数计算结果方面出现差异的重要原因。

三、“真实”的基尼系数最终是否可得?

在上面两节中,我们具体展示了在有关当前我国居民收入分配基尼系数的研究文献中,不同文献的作者所计算出来的结果如何有所不同,而且初步地概括了导致这种不同的主要原因。现在,我们来

---

① 岳希明:《西南财经大学0.61基尼系数不可信!》,http://ciid.bnu.edu.cn/news/201212/20121228134128706.html。

② 参见以下文献:李实:《为什么基尼系数会高估?》,http://ciid.bnu.edu.cn/news/201212/20121227000408706.html;岳希明、李实:《我们更应该相信谁的基尼系数?》,http://ciid.bnu.edu.cn/news/201301/20130123092800706.html;罗楚亮:《对〈中国家庭收入不平等报告〉的评论》,http://ciid.bnu.edu.cn/news/201212/20121226133704706.html;《不是基尼系数不能说明中国,而是0.61根本不靠谱》,长溪岭09876的博客,http://blog.people.com.cn/article/3/1355731168068.html;李实、万海远:《提高我国基尼系数估算的可信度——与〈中国家庭金融调查报告〉作者商榷》,http://ciid.bnu.edu.cn/news/201301/20130112230640706.html。

③ 甘犁:《以公开科学的抽样调查揭示真实的中国》,《华尔街日报》中文网,2013年1月25日。

进一步考察前面提出的那个问题:我们有可能消除现有相关文献中所呈现出来的上述差异,从而获得一个能够为所有人共同接受和认可的、可以"客观真实地"反映当前我国居民收入分配差异的、唯一"可靠"的基尼系数吗?

毫无疑问,参照我们上面所进行的分析,我们可以看到,对上述问题的回答又进一步取决于对以下几个具体问题的回答。

(1)我们最终是否可以得到一个能够为所有人接受的、统一的"收入"定义?

(2)我们最终是否可以得到一套能够完全真实地反映居民"实际"收入状况的入户调查居民收入数据?

(3)对于"到底是以实际收入为基础计算出的基尼系数能够更真实地反映居民之间的收入差距,还是以名义收入为基础计算出的基尼系数能够更真实地反映居民之间的收入差距"这个问题,我们能否做出最终的回答?

(4)我们最终是否能够找到一个为大家公认的基尼系数最佳计算方式?

(5)我们最终能否消除抽样因素带来的计算差别?

我认为,对于上述五个问题中的最后两个问题,通过对计算公式和抽样技术的改进,应该还是能够解决的。[①] 但是,对于前面三个问题,解决起来恐怕就没有那么简单了。至少在目前,我认为这三个问题不存在被最终解决的可能性。具体分析如下:

(1)我们最终是否可以得到一个能够为所有人都接受的、统一的"收入"定义?

如前所述,收入定义方面的差别是导致不同研究人员在测算收入差距基尼系数时得出不同结果的重要原因之一。如果我们能够通

① 国家统计局决定自2013年起采用新的城乡一体化住户调查方案,这将使学者们无须再采用特定的方法来对国家统计局历年公布的城乡住户收入调查两套数据进行整合,从而消除由此而产生的基尼系数计算差异。

过自由平等的讨论,来获得一个为所有人(所有研究人员、政府官员、公众等)认可和接受的统一的收入定义,那么,导致收入差距基尼系数计算时产生差异的一个重要因素就被消除了。我们就可能在通向获得一个能够为所有人共同接受和认可的、可以“客观真实地”反映当前我国居民收入分配差异的、唯一“可靠”的基尼系数方面前进了一步。

但问题是,我们能够通过自由平等的讨论的方式来获得这样一个可以为所有人认可和接受的收入定义吗?下面的分析表明,要想获得这样一个收入定义,即使不好断言说不可能,但也是非常困难的。

譬如说,在截至2012年底国家统计局住户调查所采用的收入定义中,都没有计算“自有住房的市场化折算净租金”[①]这一收入项目,而只是将“购房与建房支出”“归还为购置住房的银行款”等列入居民消费支出的一部分。[②] 那么,到底应不应该将自有住房的市场化折算净租金包括在收入之内呢?自有住房的市场化估算租金到底是应该像卡恩等人所做的那样计算成居民的收入项目之一,还是应该像国家统计局至2012年底一直以来所做的那样计算成居民的消费支出项目呢?[③]

迄今为止,对这一问题进行深入讨论的文献并不多。在众多相关文献中,笔者只发现陈宗胜对自己在收入定义方面的选择理由做过一个简单的说明。对于“到底应不应该将自有住房的市场化估算租金包括在收入之内”这个问题,陈宗胜坚持认为不应该。他指出:“我们[的收入概念中]没有包括房屋租金的市场化估算,其理由是

① 自有住房年度折算净租金=自有住房年度折算租金-购建房年度分摊成本

② 卡恩、格里芬、李思勤、赵人伟:《中国居民户的收入及其分配》,赵人伟、格里芬主编:《中国居民收入分配研究》,第56页。

③ 国家统计局已经宣布建立统一的城乡收支调查框架并对居民收入定义进行修正。修正后的收入定义将向国际标准靠拢,如把自有住房估算净租金视为居民收入项目之一。这就使得我们这里对收入定义的讨论变得更加有必要了。

房屋租金的估算往往是由住户按当地市场价格估算的，因此这部分收入是按购买力进行折算。然而由于收入中的其他部分都是按当地实际收入统计的，并未按购买力进行折算，因而就出现不统一了。这样的估算表面看来更全一些，本质上却因概念不统一而造成更大的矛盾，结果往往导致对收入差别的夸大。所以……我们暂时没有把房屋租金包括进来。按我们的推算，不包括这一部分收入，比将其包括进来却因此造成收入概念不统一而导致对收入差别的影响误差要小得多。"①除此之外，无论是国家统计局公布的相关文献，还是CHIP课题组成员发表的相关文献，都只是简单地陈述了自己所使用的收入定义，以及自己与其他人所用收入定义之间的差别，而没有具体地说明为什么自己使用的收入定义更为合理。因此，我们只能大致推测他们各自的理由。

为什么自有住房的市场化估算租金应该被算作居民的收入项目而不是消费支出项目呢？从目前能够找到的一些相关文献来看②，我推论其理由大致如下：住房是一种和其他耐用消费品不同的耐用消费品，即它不仅耐用，而且在其使用价值消失之前还可能有增值功能（其自身价值能够像储蓄那样随时间增加而增长）。因此，在某种程度上，我们可以视住房为一种投资品。拥有一定量的住房就等于拥有了一定量的投资，尽管是自己使用，但随时可以通过在市场上变现而获得一笔净收益（当然从理论上说这笔收益也可以是负数，但更为经常的情况是正数）。所以，我们应该把自有住房同其他耐用消费品区别开来，将它列为居民的收入项目之一。

现在的问题是，这一理由是否成立呢？我的看法是：既成立又不成立。从市场经济条件下的自有住房在多数情况下确实具有增值功

① 陈宗胜、周云波：《再论改革与发展中的收入分配》，北京：经济科学出版社2002年版，第10页。

② 国家统计局：《全国城乡住户调查一体化改革总体方案》（国统字〔2012〕22号）；联合国：《国民经济核算体系2008》（System of National Account 2008），第392页；等等。

能(这也确是许多人购建住房时的重要动机之一)这一点来说,将其增值部分计算进住房所有者的收入之中,确实是合乎情理的。但是,反过来看,认为不应该将其计入居民收入的看法也是有道理的。因为虽然自有住房在其使用价值消失之前始终具有潜在的增值功能,但对于很多人来说,这种增值功能很可能始终只是一种潜在的可能性,而不具有现实性。对于绝大多数人来说,住房都是一种必要消费品,他们可能永远不会将自有住房变卖为现金(或其他收入形式),尽管他们的自有住房从理论上来说具有这种可变卖增值的价值。对于这些人来说,他们的自有住房尽管可以有一定的市场化估算价值,但作为一项收入其价值实际为零。硬要将这种虽然在理论上存在但可能始终未实现的增加值计入其所有者的收入当中,是不是让人感到有点牵强?因此,合理的做法似乎应该是将确已变现而非虚拟的自有住房增加值计入居民当年收入(但可以将自有住房市场化年度折算租金计入居民消费支出)。

不过,也有人会说,虽然确实像你所说的那样,可能有很多人终其一生都不会将自有住房变换成现金等形式的收入,但他们不是随时可以变现吗?从实物变换到现金不只是一种收入形态的转换吗?我想这种说法当然也有其道理。但如果要这样来思考问题的话,那就应该更彻底一点,将所有具有潜在增值功能的资源,譬如农民所承包土地的收益权①,居民所拥有的金银首饰、名人字画等,都计入居民收入账目。

再举一例来看:农村居民家庭自产自销的那部分农产品的估算值是否应该算进农村居民的收入?对于这个问题,无论是国家统计局,还是赵人伟、李实、卡恩等国内外专门从事居民收入分配问题研究的学者,以及联合国《国民经济核算体系 2008》的相关作者,都一致做出了肯定的回答。但这里隐含的一个问题就是:既然农民自产

① 如果城乡居民自有住房的市场化估算净租金应该被算成是收入,那么农民对所承包土地的收益权显然更应该被计入收入范围。

自销的那部分农产品估算值应该被计算进农村居民收入，那么，居民（尤其是城市居民）"自产自销"的其他一些"产品（或服务）"，如洗衣做饭、打扫卫生、教育子女、抚养幼儿或赡养老人等各种家务劳动的市场化估算值，是不是也应该被计入居民的收入呢？如果说，将自产自销的那部分农产品算进农村居民的收入之中，是因为这部分产品如果农村居民自己不消费，就可以拿到市场上去销售从而获得一笔收入，或者农村居民就必须再花一笔等值的金额到市场上去购买这些产品，那么对于刚才列举的那些家务劳动来说，情况不也是一样吗？即，如果城乡居民自己不从事这些家务劳动（消费自己在这些家务方面的服务性劳动），那他们耗费在这些家务活动上的劳动不也是可以拿到劳动力市场上去销售从而获得一笔等值的收入，或者他们就必须花一笔等值的金额到市场上去购买这些服务吗？

联合国制定的《国民经济核算体系 2008》在讨论到为什么要将农民自产自销的那部分农产品计入农民收入账户，却将"为住户自身最终消费而进行的全部服务生产"，例如"自有住房者为自身最终消费所进行的住房服务的生产"，"供同一住户内消费的家庭服务和个人服务的生产，包括做饭、照顾和培育儿童、清洗、修理等"，排除在生产（同时即收入和消费①）范围之外时，解释说：之所以要这样做，是因为自产自销的那部分农产品属于货物形态的东西，"生产者可以在[这些]货物被生产出来之后再确定是将其出售还是自用"；而后者则属于服务形态的东西，"在提供这些服务之前，生产者已经明确该服务是用于住户内部消费的"。②

---

① "如何界定 SNA 生产范围，其影响远远超出了生产账户本身。生产范围决定了所记录的增加值数额，从而决定了生产所形成的收入总量。住户最终消费支出和实际消费中所涵盖的货物服务的范围，也要受生产范围的制约。例如，这些支出应该包括自产自用的农产品的估计价值，也包括自有住房服务的价值，但不包括自己动手修理和维护车辆或家庭耐用品、清扫住宅、看护培育儿童的价值，以及类似地为自身最终消费而生产的家庭和个人服务价值，只有用于这些目的所消耗的货物支出（例如清洁材料）才包括在住户最终消费支出中。"联合国：《国民经济核算体系 2008》，第 6 页。

② 联合国：《国民经济核算体系 2008》，第 5 页。

这种解释固然有理,但我们还是可以争辩说:上述区别其实也只是反映了实物产品和服务产品在消费决策时间上的区别。由于实物产品的生产和消费过程是分开的,它须先被生产出来然后才能被消费,因此对实物产品的消费决策可以在该产品被生产出来之后再进行;而服务产品的生产过程同时就是其被消费的过程,因此对服务产品的消费决策则须与其生产决策的制定同时进行。但这并不影响居民在对这两类不同产品进行"是将其出售还是自用"的决策时拥有同样的自主空间,只不过在服务产品的消费方面必须将"出售还是自用"的决策时间提前而已(在家务劳动开始之前就确定好是将自己的劳动时间用于从事自家家务,还是用于从事具有市场收入的活动)。从这样一个角度来思考问题,结论就应该是:对于"本来能够通过市场提供给其他单位,但实际上生产者却留作自用的那部分"产品,无论是实物形态的货物,还是非实物形态的服务,其估算值要么都计入居民收入之中,要么就都不计入。而不应该像现在这样,有些计入,有些不计入。

事实上,联合国《国民经济核算体系 2008》的制定者也已经感受到上述矛盾。一方面,该体系的制定者期待通过该体系的制定来"在广泛范围内满足分析和政策的需要",因此,"需要使账户的核算范围尽可能地全面"。这就要求把所有"本来能够通过市场提供给其他单位,但实际上生产者却留作自用的那部分货物服务的生产活动"统计在内。但另一方面,该体系的制定又主要是为了描述和分析市场经济的运作,因此"又要防止用于市场行为和市场失衡分析的流量数据受到非货币价值的影响"。这两个目标之间存在着一定的矛盾:虽然从经济角度看,"本来能够通过市场提供给其他单位,但实际上生产者却留作自用的那部分货物服务的生产活动"也是生产性活动,然而,如果把这些活动纳入该核算体系,则会产生一系列问题。除了如何准确估计这些活动产出之货币价值的问题外,另一个问题是,"如果给这些产出赋予价值,则也就给其生产所形成的收入以及产出的消费分配赋予了价值。显然,这些流量的经济意义完全不同于货币流量。例如,其所形成的收入将自动地与所生产的货物服务的消费相联系,而与经济中的通货膨胀、通货紧缩或其他失衡现象的分析几乎没有任何关联。将大量的这类非货币流量与货币流量一起纳入账户,会使市场上发生的问题含糊不清,并降低数据的分析效果"。还有,在劳动力统计中,"如果将生产范围扩展为包括住户成员为其自身最终消费所从事的个人和家庭服务的生产,那么所有从事这些活动的人口都将是自雇人口,这将导致无法对失业做出定义"。① 该体系制定者认为,考虑到这样一些问题,生产、收入等核算范围的确定就需要在这两种需求之间寻求平衡和妥协。将居民为自身最终消费所生产的各种实物产品(农产品、住宅、食物和服装等)计入居民收入,而将各种服务产品排除在外,就是这样"一种妥协"。② 而我们上面的分析表明,这种妥协虽然回避了矛盾,但并没有解决矛盾。它仍然为理论上的争论留下了充分的余地。

(2)入户调查所得到的收入数据与居民"实际"收入之间的误差是否可能被消除?

前面说过,人们一般都认为,单凭调查对象回忆的方式来获得被访家庭的收入数据,存在着较高程度的数据失真问题。但是通过固定被调查户记录日常收支台账的方式是否就有可能消除收入数据的不可靠性呢?

西南财经大学中国家庭金融调查与研究中心主任甘犁教授在回应人们对其主持的家庭金融调查结果的质疑时,就曾经明确提出记账数据并不一定比回忆数据更准确,认为"通过日记账方式收集样本户的收入信息,比采取一次性回忆的数据收集方法更为准确"这种说法毫无事实根据。他明确地说:从收入指标统计的全面性和准确性上看,日记账数据收集方式与回忆式问卷数据收集方式孰好孰坏并

---

① 联合国:《国民经济核算体系 2008》,第 5—6 页。
② 同上,第 5 页。

无定论,也没有研究对二者的优劣进行系统论证。相反,在调查和统计领域中,回忆性数据收集方法是主流,而日记账的方式很少采用。究其原因,除了成本问题外,还在于日记账方式存在如下缺陷:

"第一,记账式调查的拒访率高,引起很大的样本偏差。年轻家庭和高收入家庭群体的自我保护意识较强,不愿接受或没时间进行日记账调查的比例非常高。同样,干部家庭、私营企业主等收入信息隐秘性较强的家庭,更是难以接受日记账式的调查。此外,也很难想象高收入家庭会很好地配合日记账的调查方式。因此,以日记账为调查方式的住户调查往往将高收入群体排除在外,其样本代表性存在很大的问题。

第二,对记账指标的理解不一致会造成较大的数据偏差。由于日记账的方式没有访员在现场对指标进行讲解和梳理,也没有计算机系统对前后不一致的信息进行自动提示,因此受访者很容易出现理解偏差,进而引起指标的不准确。而对于文化程度较低的农村居民,该现象会更为严重。

第三,日记账的数据缺乏监督机制,更容易产生数据错报。由于记账指标繁杂且记账时间较长,受访户往往由于记账负担过重而少报或胡乱报,严重影响数据收集的质量。"

甘犁认为,在回忆式调查中,日记账式存在的上述问题都能够在一定程度上得到控制:"一方面,CHFS 访员具有熟练的入户技巧和坚持不懈的精神,CHFS 的拒访率,尤其是城市拒访率相当低,抽样的随机性在较大程度上得以保持;另一方面,CHFS 的访员经过了严格的访问技巧培训,具有熟练的访问技巧和认真负责的访问态度,能够将非抽样误差尽可能降低,从而保证数据质量。"

正因为如此,"国内外绝大部分主流调研都采取了回忆式的数据收集方式。以美国为例,消费者金融数据调查(SCF)和消费者消费情况调查(CEX)以及有追踪调查'标杆'之称的美国收入动态跟踪调查(PSID),均采用了回忆式数据收集方式。而中国的大部分社会调查,如中国家庭动态跟踪调查(CFPS)、中国综合社会调查(CGSS)和中国健康与养老跟踪调查(CHARLS)同样采用了回忆式的数据收集方式”。与这些大型社会调查相似,CHFS也选用了回忆式数据收集方式收集样本户的收入和支出信息,从而确保得到更准确、更具代表性的数据。甘犁认为人们针对回忆式数据收集方式的质疑只是反映了他们对调查方法的片面理解。①

针对甘犁的看法,岳希明、李实等人提出了反驳意见。在《缺少说服力的回应——对西南财大住户调查项目公布的基尼系数再质疑》一文中,作者认为甘犁“对日记账种种缺陷的大部分讨论属于直觉猜测,经不住推敲”,原因在于甘“对国内住户调查的记账系统和操作过程不甚了解”。两位作者解释说,由于记账是由调查员(辅助调查员)协助调查户进行的,既不会出现甘犁所认为的“对记账指标的理解不一致会造成较大的数据偏差”一类问题,也不会出现“受访户往往由于记账负担过重而少报或胡乱报,严重影响数据收集的质量”这种情况。而且,由于记账原则上是每天进行的,因此记账负担并没有想象的那样重。“相反,由于人的记忆力的局限性,一次性回忆的数据收集方式客观上会丢失很多信息,在收集收入和消费等信息方面尤其如此。”国家统计局采用的记账调查这种方式在发达国家确实不流行,但原因可能不是这种方式效果不好,而是因为成本太高导致他们做不了。但正是这种高成本在一定程度上保证了数据的准确性。②

对于上述争论,我的看法是:两方都说出了一些道理。通过固定调查户记录日常收支台账的方式来调查居民收入,只要组织得当,的确有可能消除被调查户在收支数字记忆失真方面存在的问题;但尽

① 甘犁:《以公开科学的抽样调查揭示真实的中国》,《华尔街日报》中文网,2013年1月25日。

② 岳希明、李实:《缺少说服力的回应——对西南财大住户调查项目公布的基尼系数再质疑》,http://ciid.bnu.edu.cn/news/201302/20130203104343706.html。

管如此,也的确如甘犁所说的那样,无法从根本上消除入户调查中存在的对非货币收入的估算不准确、高收入阶层低报收入、瞒报灰色收入等问题所引起的数据失真现象。[①] 那么,我们有没有可能通过其他方法来解决后面这些问题呢?

陈宗胜[②]、周云波[③]、李实[④]、王小鲁[⑤]等人都曾经试图通过一些特殊的收入调查或推算方法来估算通过一般家户调查难以获得的"非正常收入"或"灰色收入"的数量,以及这些"非正常收入"或"灰色收入"的分配状况和对居民收入差距的影响。但这些调查和推算方法也都是以一系列的假设为前提的,其推算结果的可靠性高度依赖这些假设。而这些假设当中的许多其本身能否成立则常常是人们争论不休、难以形成共识的难题,这就使得依靠这些假设而推算出来的那些结果难以成为被人们普遍接受的定论或共识。[⑥]

(3) 以名义收入和实际收入两者计算所得的基尼系数何者能够更好地反映居民收入差距的真实情况?

对于这个问题,在学术界也有一定的争论。不少文献作者认为:

---

① 需要讨论的一点是,人们通常倾向于认为只有高收入户在调查过程中才会有低报收入的现象,而认为低收入户不会有这样的行为。这种看法并无切实依据。从理论上说,低收入并不缺乏低报实际收入的动机,在收入水平与社会保障、社会福利收益挂钩的制度下就更是如此。

② 陈宗胜:《经济发展中的收入分配》,第 263—278 页;陈宗胜、周云波:《再论改革与发展中的收入分配》,第 337—442 页。

③ 周云波、覃晏:《中国居民收入分配差距实证分析》,第 207—219 页。

④ 李实、罗楚亮:《中国收入差距究竟有多大?》,《经济研究》2011 年第 4 期。

⑤ 王小鲁:《我国的灰色收入与居民收入差距》,《比较》总第 31 辑,北京:中信出版社 2007 年版;《灰色收入与国民收入分配》,《比较》总第 48 辑,北京:中信出版社 2010 年版(另载宋晓梧等主编:《中国收入分配:探究与争论》,北京:中国经济出版社 2011 年版)。

⑥ 王有捐:《也谈城镇居民收入的统计与调查方法——与王小鲁博士及其课题组关于调查推算方法的商榷》;施发启:《也评王小鲁博士的〈灰色收入与国民收入分配〉》;王小鲁:《搞清收入分配现状是统计机关和学者的共同责任——答王有捐、施发启对灰色收入研究的商榷》;罗楚亮、岳希明、李实:《对王小鲁的灰色收入估算的质疑》(均见宋晓梧等主编:《中国收入分配:探究与争论》,北京:中国经济出版社 2011 年版)。王小鲁:《灰色收入被夸大了吗? ——答罗楚亮、岳希明、李实的质疑》,《比较》总第 54 辑,北京:中信出版社 2011 年版。

"以居民实际收入测算的基尼系数反映了居民实际生活水平的差距。""通过编制横截面价格指数,以居民实际收入测算基尼系数在理论上是可行的,并且新基尼系数能够更加真实地反映各地居民的实际生活水平。"①"由于人均实际收入反映各个城市居民实际消费能力,因此比较准确地反映了不同城市生活水平的差距。"②

但同样也有不少人对认为按名义收入计算的基尼系数偏离按实际收入计算的基尼系数这种看法提出了质疑。例如,洪兴建就明确提出如下问题:"我国按名义收入计算的基尼系数是否很大程度上偏离于实际的收入差距呢?"洪的回答是:"这得具体分析我国各地的消费品零售价格。对于住房以外的大量生活必需品而言,全国各地的价格差异不是很大,应该说不同地区的名义收入差距与实际收入差距不会偏离很多。不可否认,我国各地的住房价格差别很大,但住房价格的巨大差异背后隐含了很多附加服务价值,比如完善的城市基础设施、良好的工作环境,甚至子女入学和养老保险等种种优惠服务。因此,就住房价格而言,它其实是包括了很多其他服务的综合体现,仅仅以房地产价格对名义收入进行换算是不科学的。如果真要按可比价格进行测算,那么北京现有住房的价格应该剔除一些附带服务的价格才是住房的真实价格,因为这些附带服务在小县城里是享受不到或者享受的是较低质量的,如此计算出的基尼系数是否一定小于名义收入的基尼系数就很难确定了。当然一些城市公共服务是很难准确定价的,它只是告诉我们,住房价格的简单对比是没有意义的,此外,目前我国的人口流动比较便捷,收入和消费很难固定在某一个特定区域内,这无疑给实际收入的计算带来一定困难,同时也表明了实际收入和名义收入的偏差不可能持续很大。如果我们从城

① 北京大学中国经济研究中心宏观组:《以购买力平价测算基尼系数的尝试》,《经济学(季刊)》2006年第1期,第103页。

② 江小涓、李辉:《我国地区之间实际收入差距小于名义收入差距——加入地区间价格差异后的一项研究》,《经济研究》2005年第9期,第15页。

乡居民收入角度来分析这个问题，名义收入计算的基尼系数可能要小于实际的基尼系数，这是因为农村居民收入的很大一部分要用于来年的生产经营，而城镇居民仍然享受了一些农村居民所不能享受的福利。”①

针对以“实际收入差异”来代替“名义收入差异”的做法，程永宏也质问：“有没有足够的理由提出这样的要求或假设——计算总体基尼系数的时候必须剔除地区间价格差异的因素？是否只能用当地价格指数调整当地名义收入？总体基尼系数有没有必要分为‘实际’的和‘名义’的？”程认为，这一系列问题的答案似乎不那么简单。“我们必须正视以下两个问题。第一，持肯定意见者只考虑到，地区间价格差异会导致各地名义收入在各自本地实际购买力的差距缩小，但忽略了以下事实：贫穷地区的居民不可能永远只在贫穷地区消费，富裕地区的居民也不可能永远只在富裕地区消费；一旦贫穷地区居民进入到富裕地区消费，或者富裕地区居民进入贫穷地区消费，则考虑地区间价格差异不仅不会缩小名义收入的实际购买力的差距，反而会扩大名义收入的实际购买力的差距。因为贫穷地区居民名义收入在富裕地区的实际购买力会下降，富裕地区居民名义收入在贫穷地区的实际购买力会上升，这会导致基尼系数不仅不会下降，反而会上升。这意味着没有理由只允许用本地价格指数调整本地名义收入。忽略这一事实，实际上就取消了贫穷地区居民进入富裕地区消费的权利，也取消了富裕地区居民进入贫穷地区消费的权利，这没有任何法律或经济学上的依据；这种情况所暗含的市场分割假设恰恰是与市场经济原理不相容的。实际上，当前中国居民消费在地区间流动是极为常见的现象，例如，西部地区居民往往要到北京、上海等大城市看病、旅行，北京、上海等大城市居民也会到西部地区旅游、投资。第二，同一时点、同一国家，地区间价格指数之所以存在差异，恰恰是

---

① 洪兴建：《对基尼系数若干批判的质疑》，《中国统计》2007年第6期，第48页。

地区间收入差距造成的。因此,一般说来,地区间价格指数差异可以看作地区间收入差距的线性增函数(至少可以认为二者具有正相关关系)。这样,如果仅用当地价格指数将当地名义收入折算为实际收入,再以这种实际收入计算全国总体基尼系数,实质上就等于人为地剔除了一部分地区间差距。”据此,程永宏明确提出:“基尼系数没有必要区分为‘实际的’和‘名义的’,也从来没有任何严肃的学术文献提出过这种区分。”①

事实上,除了上述争论之外,我们还可以提出以下质疑:通过编制各地横截面价格指数,以各地价格指数来对各地居民收入进行调整所得到的居民收入数字是否真的就能准确地反映各地居民的“实际收入”?我的看法是:不一定。这里存在的一个重要难题就是:我们编制出来的价格指数本身并不一定就是各地居民生活消费实际价格水平的准确反映。仔细分析一下各地价格指数的计算方法就能够明了这一点。计算各地消费价格指数的大致程序和方法是:首先,从待比较的地区选出若干共同的消费项目作为代表规格品,然后对这些规格品的单位价格进行加总,再从待比较的地区中任选一个地区作为基准地区,以该地区的消费价格去除以各地的消费价格,从而得出各地的消费价格指数。

这里需要加以处理的问题是:

① 选取哪些商品和服务作为代表规格品?一种做法是选取待比较的各个地区居民共同消费的若干类商品和服务作为代表规格品(目的是使所选取的商品和服务项目在各个地区之间具有可比性),另一种做法则是选取待比较的地区各自具有代表性的商品和服务项目作为代表规格品。

② 如何确定各类商品或服务的权重?一种做法是对各种商品和服务做等权处理,另一种做法则是以各地居民消费支出中各类消

---

① 程永宏:《改革以来全国总体基尼系数的演变及其城乡分解》,《中国社会科学》2007年第4期,第57页。

费项目支出所占比重为权数。

在处理这两个问题时,各做何种选择才是更为合理的呢？对此,我们也实在难以回答,因为两种选择都各有道理。

综合上面的讨论,我们最终应该可以得出结论说,无论我们如何从技术等方面加以改进,要想获得一个能够为所有人共同接受和认可的、可以"客观真实地"反映当前我国居民收入分配差异的、唯一"可靠"的基尼系数基本上是不可能的。原因很简单:至少在上述三个方面的每一方面,我们都可以有两种以上的选择;而每一种选择都可能有其自身的合理性和价值。想要通过"实事求是"(哪一种选择能够更客观准确地再现社会现实的真实情况)一类的标准来判断何种选择是唯一"正确"的,在逻辑上是无法实现的。当然,这并不是说,我们无法得到一个"统一"的基尼系数计算结果;而只是说,我们大概无法通过哈贝马斯所设想的那种平等沟通、协商讨论的办法来获得这样一个计算结果。我们当然完全可以通过平等协商之外的其他方式,例如,通过借助行政权威的方式等,来得到一个唯一被人们所遵守或接受的"收入"定义、唯一被人们所使用的居民收入分配差距数据、唯一被人们使用的基尼系数计算方法等,从而得到一个唯一被人们所接受的居民收入差距基尼系数值。但我们必须明白,即使如此,我们所得到的这个被人们所唯一接受的基尼系数,也并不是对我国居民收入分配差距的唯一"真实"反映,而只是人们在(借助特定行政权威的力量所形成的)特定话语系统("收入"定义、原始收入数据的产生方式、价格指数、计算公式等)的引导和约束下所完成的一种关于我国居民收入分配差距的话语建构而已。

四、当前中国的收入差距为何会成为一个热点问题?

尽管准确的收入差别数据很难获得,但是在对能够收集到的相关文献做了一个梳理以后,我们还是可以发现:不同的作者以不同的数据或者不同的方法计算出来的基尼系数相互之间虽然有差异,但多数计算结果还是显示出了一个大体相同的趋势,即近三十年来中国居民的收入差距一直是在扩大的。这从目前来看是个不争的事实。但是,为什么我们如此关注收入差距扩大这个事实呢?我们觉得收入差距不断扩大是个问题,但把它问题化的理由是什么呢?在本文的最后部分,我们尝试来对此问题做一个初步的探讨。

1. 将收入分化现象问题化的两种理由

梳理现有的相关文献,我们可以发现,大部分文献作者之所以关注收入分化问题、将收入差距扩大现象问题化,主要是以两个方面的理由为据:第一个理由就是从特定价值观念出发来对收入分化不断扩大这个现象进行质疑。譬如,有的人从平等主义的信念出发,认为一个理想的或者说"好"的社会应该是在分配结果方面完全平等或者至少是接近于完全平等的社会。这些人认为收入差距即使不能消灭,也应该维持在一个比较低的水平上;收入差距如果扩大了,就有违公平、正义的原则,就不是一个理想的或"好"的社会。这是一种特定的价值立场,即平等主义的价值立场。在当前的中国社会,有一些人正是从这样一种价值理念出发来对改革开放以来中国社会出现的收入差距进行批评的,并主张回到计划经济时代。这些人认为只要收入差距在不断扩大,就意味着这个社会正在日益变得不公平、不正义、不"好"了。因此,我们应该赶紧想办法去矫正这种趋势。这是把收入分化现象问题化的一种角度或者理由。

与此不同,另外一些人则不是从某种特定价值理念出发,而是从工具理性或功利主义的角度出发来对收入差距扩大现象加以质疑。这些人往往认为收入分配差距是一种必要的社会结构安排,一个社会必须要有一定的收入差距,完全把收入差距拉平是不应该的。比如社会学中的结构功能主义者,以及经济学界的很多学者,都认为一个社会的成员在收入或其他地位方面必须有一定的差距。一个成员之间没有收入和地位差距的社会将会是死水一潭,缺乏发展进步的动力。从这个角度出发,他们不会随便地去质疑收入差距,但他们也会从经验方面感觉到收入差距不能太大。他们并不认为收入差距扩大将有违公平、正义、平等原则，而是担心收入差距扩大到一定程度以后，将会导致经济危机和社会冲突，会使整个社会陷入无序之中。例如，他们认为，收入差距扩大到一定程度就会导致经济危机。因为大部分中下层社会成员的收入减少了，内需就会减少；内需减少了，就有可能会引起生产过剩，引发经济危机。此外，他们也担心，收入不平等程度过高会造成贫富的对立、劳资的对立，在许多社会成员中激起仇富心理，造成严重的社会失序，使得包括富人在内的大多数社会成员都不得安宁。所以，从这个角度讲，他们认为，收入差距虽然要有，但不能让它扩大到一定程度，要适可而止。这是从一种功利主义或工具理性的角度来对收入差距达到一定程度可能导致的后果进行质疑。①

以上就是两种对当前中国收入差距扩大现象表示忧虑、提出质

---

① “收入不平等已经成为当今国际社会最关注的话题之一。……尤其在东亚一些发展中国家，伴随着经济的高速增长而带来的收入分配不平等问题十分突出，已经由经济问题逐渐演变为严重的政治与社会问题。缅甸的反政府暴动、泰国政权的频繁更迭以及中国不断增多的劳动争议、抗议游行、犯罪案件等都是代表性的例证。”（薛进军编著：《中国的不平等——收入分配差距研究》，北京：社会科学文献出版社 2008 年版，前言，第 1 页。）“在收入分配领域中，居民收入分配差距偏大，尤其是劳动收入和资本收入差距、行业收入差距、居民城乡收入差距以及区域居民收入差距悬殊，已经成为令人无法忽视的严峻事实，引起了广泛关注。这种收入分配差距如果任其发展下去，将会引发一系列社会和经济问题。首先，它会降低广大人民群众的生活质量，损害社会公平，影响和谐社会的构建。其次，收入分配差距偏大已经成为导致社会有效需求不足的直接因素之一，若不妥善解决，将会影响国民经济的持续、稳定、健康发展。因此，解析我国居民收入分配差距产生的机制，探寻解决办法，是事关人民生活和社会经济发展的一个重大课题。”（刘永军、梁泳梅等：《中国居民收入分配差距研究》，北京：经济科学出版社 2009 年版，前言，第 1 页。）“以史为鉴，收入差距问题如果得不到解决的话将有可能演变成为社会、政治不安定的因素。……为了维持持续的经济发展，中国政府有必要十分重视收入分配差距问题，将缩小城乡差距、地区差距、农村内部和城市内部的贫富差距列为头等重要的课题加以解决。”（薛进军编著：《中国的不平等——收入分配差距研究》，前言，第 19 页。）“由于收入分配差距以及由此造成的贫富差距不断扩大，引起一系列的社会矛盾，并且越来越尖锐。可以说，忽视收入分配差距问题，将危及国家和民族的生存、发展和长治久安。”（于国安：《我国现阶段收入分配问题研究》，北京：中国财政经济出版社 2010 年版，第 3 页。）“不断扩大的收入差距以及收入分配不公的问题，已经严重影响到我国的经济发展和社会稳定。”（谭伟：《中国收入差距：增长“奇迹”背后的利益分享》，北京：中国发展出版社 2009 年版，第2 页。）

疑,将这个现象问题化的角度。两种角度目前都存在,如果说要按左、中、右来划分理论立场的话,可能左派更多的会从价值立场或角度出发去质疑收入分化,而自由派或者是其他的一些派别可能更多的会从工具理性的角度去质疑收入差距扩大。

那么,我们该怎样来评价将收入差距问题化的这两种不同理论视角呢?

2. 对这两种问题化方式的讨论

对于上述两种观点的第一种,我不想过多地加以讨论,因为它主要是从收入不平等现象的外部来批评收入不平等的。对于持不同价值观的人来说,这种批评不一定能成立。按照韦伯的说法,对于不同的价值理念,我们很难判断孰是孰非。譬如,对于“理想的社会应该是收入方面尽可能平等的社会”这样一种价值理念,我们就很难说它是“正确”或是“错误”的。如果有人从这种价值理念出发来批评当前的收入差距扩大现象,我们可以认为他有充分的理由,但是这种理由只能为他自己所接受。对于那些认为收入差距应该存在,而且应该达到一定程度才好的人来说,这种理由是根本不成立的。对于这部分人,除了改变他的价值理念之外,任何人都没有办法让他来接受前者的价值理念,因为这是一种“萝卜白菜,各有所爱”的选择。

对于上述观点中的第二种,即从功利主义、工具理性的角度来对当前的收入分化问题加以质疑,我们可以尝试着讨论一下。

首先,这些人认为,收入不平等达到一定程度就会导致内需过小、生产过剩,引发经济危机。这个理由成不成立?对于这个问题,有一些经济学家做过回答,他们认为这个理由并不是很充分。这个理由可以成为理由之一,但并不是一个很充分的理由。这些经济学家认为,收入差距大到一定程度,有可能导致内需减少,引发生产过剩,但也有可能不引发。在收入差距过大和内需减少、生产过剩与经济危机这两者之间没有必然的逻辑联系,前者可能成为后者的原因之一,但不是必然的。为什么不是必然的呢?原因是,比如说:

第一，由于市场总需求等于消费需求加投资需求，因此，假如富人所占比重较大，但如果富人的投资意愿比较强，并且也能找到投资去向，那么所形成的投资需求就有可能会把由于贫困阶层消费能力降低所减少的那部分市场需求冲抵了。如果增加的投资需求和减少的消费需求两者相抵，总的供求还是平衡的，那么供大于求的情况也就不会出现。

第二，如果有预支消费一类的制度存在，那么，也可以把需求在一定时间内冲抵掉，从而把生产过剩的经济危机往后推延。从理论上讲，如果一直这样的话，就可以将生产过剩的危机无穷无尽地推延下去。当然，事实上会有其他的限度存在。

第三，还可以通过将物价下调的方式来扩大市场需求。例如现在房子卖不出去，你把房价降下来不就卖出去了嘛！我们假定由于内需减少导致了生产过剩，导致老百姓没钱买房，但这时你把房屋价格降下来，老百姓不就买得起了吗？内需无形中不就扩大了吗？所以，如果物价可以下降到一定程度，使得市场无形中增加到某个程度，那也不会有生产过剩。

当上面这些因素存在的时候，收入不平等程度即使很高也不一定会导致生产过剩。当然，如果这些因素不存在，不能够因为这些因素的作用使得减少的内需得到弥补，那就有可能会引发生产过剩。注意，他们说的是"不一定"，并不是说收入差距扩大一定不会引发生产过剩的经济危机。只是说你单纯用收入不平等程度过高来作为引发生产过剩、经济危机的全部理由是不够的，它只是可能会而不是一定会引发生产过剩的经济危机。

其次，收入不平等扩大到一定程度，是否一定会引发阶级对抗或者社会不稳定呢？回答可能也是不一定。为什么不一定？因为：

第一，收入不平等本身不会引发阶级对抗或者社会不稳定。在阶级社会中，任何时候都有收入差别，但我们并没有看到任何时候都存在阶级对抗。收入不平等本身不会直接引发阶级或社会对抗，强调公平、平等的那些学者也没有说要完全拉平收入差距。他们也承认可以有一定的差距,只是差距不要拉得太大。

第二,收入不平等扩大到一定程度的时候,有**可能**会引发阶级对抗或者社会不稳定,从经验上我们可以做这么一个推断。但是,收入差距达到什么程度才会引发阶级冲突和社会不稳定,则是需要进一步探讨的。我认为,收入的差距达到什么程度才会引发阶级冲突和社会不稳定,在很大程度上取决于底层群众对于收入差距的解释。底层群众,就是认为自己钱少、感觉到相对被剥夺的那部分人,他们对目前看到的收入差距的认知和心理承受能力很重要。需要记住我们这里讲的不是绝对贫困,而是相对贫困,是收入差距的问题。绝对贫困当然是另外一回事。我根本就没饭吃了,那我还不反抗?当然得反抗了。而相对贫困是个收入差距的问题。但收入差距在我心里是不是一定会引发不平衡?也不一定。如果这些人(底层群众)认为这个差距是合理的,认为是因为人家有本事我没本事,那他心里可能不会觉得不公平,他不会觉得特别愤怒。相反,如果他认为这个收入差距不公平、不合理,他可能就要起来反抗了。所以收入差距的扩大是否会引起阶级对抗或社会不稳定,在很大程度上取决于底层群众对收入差距的认知能力,取决于他对这个差距的解释。

所以收入不平等程度和社会秩序这两个现象之间也不是直接相关的,它们之间应该还有一个中间变量,即公众对于收入差距的解释。这里其实已经涉及怎么看待收入分化和社会秩序这两者之间关系的问题。长期以来流传的一种观点是说只要测量收入差距的基尼系数达到0.4了,就意味着这个社会要出现冲突和失序了,也就是把收入分化的现象跟社会冲突、社会失序这个结果直接联系起来,认为一定程度的收入分化一定会导致社会冲突或社会失序。收入差距达到一定程度,超过一个关节点,也就是我们所讲的0.4,就一定会引发社会冲突;在这个0.4以下,社会就一定安定,或者说基本安定。按照我们刚才的说法,这个观点有点失之过简。在收入分化现象和社会冲突或社会失序现象这两者之间应该有一个中间变量,即公众对收入分化状况的理解和解释。

我们认为前一种观点是实证主义的观点。实证主义社会学就是这么研究问题的,即在两个客观现象之间建立起直接的因果关系。但是我们知道像韦伯这样的诠释社会学家不会这么看,他们认为人对外界的反应不是简单的刺激—反应。人们在对任何外部刺激做出反应之前,都有一个对外部刺激怎么解释的问题。对这个外部刺激的解释不一样,对外部刺激赋予的意义不一样,他的行为反应就不一样。这是韦伯诠释社会学的基本观点。如果我们把这个观点用到收入分化和社会冲突或社会失序之间的关系上去,应该增加一个中间变量,即公众对收入分化的解释。面对类似的收入分化程度,公众对收入分化的解释,如对它产生的原因、导致的结果等有关问题的理解、解释不同,公众做出的行动反应就会不一样。当前很多文献的作者并没有做这么一个研究,而是直接从 0.3 或 0.4 的基尼系数得出社会形势很危险的判断。我认为,他们的判断即使是对的,其理由也是不充分的。

3. 基尼系数超过 0.4 是否一定就会导致社会动荡?

当前有很多人,甚至可以说我们能够找到的关于收入分配差距问题的多数文献都引用了前面提到的这样一个观点,即基尼系数不能超过 0.4。0.4 的基尼系数值被认为是收入分配的警戒线。一个社会、一个地区收入分配的基尼系数若在 0.4 以下,相对来说被认为是比较安定的、比较安全的;若超过 0.4,就可能会出现社会失序的危险了。那么,0.4 的基尼系数值是不是就一定是收入分配的警戒线呢?我们现在来讨论一下这个问题。

我认为,觉得基尼系数值超过 0.4 就会导致社会冲突和社会失序,正是我们刚才讲的实证主义者有关收入分化与社会冲突间关系模式的一个具体案例。现在很多学者、政府官员、公众之所以对当前中国居民收入差距拉大感到忧心、提出质疑,一个很重要的原因就在于大家都相信了这个说法。

基尼系数超过0.4是否一定会导致社会的动荡呢？一些学者所提供的研究结果表明，并不存在固定的基尼系数警戒线。一个叫曾国安的学者就写了篇文章，提供了一些数据来表明不存在固定的基尼系数警戒线。①

第一，他提供的数据表明，从各国的经验来看，基尼系数超过0.4的一些国家并不比基尼系数低于0.4的那些国家社会秩序更不稳定。比如说在经济发达国家当中，美国和新西兰的基尼系数超过了0.4，但并不能说这两个国家的不稳定程度就一定高于法国、英国、意大利。有一半以上的发展中国家基尼系数值达到或者超过了0.4，但是这些国家的社会稳定程度并不比基尼系数值低于0.4的国家更低。所以，社会不稳定既存在于基尼系数高于0.4的国家，也存在于基尼系数低于0.4的国家。社会不稳定跟基尼系数高于还是低于0.4没什么关系，没有直接相关性。

第二，基尼系数相近的国家社会稳定程度并不同。比如说20世纪90年代，突尼斯和圭亚那的基尼系数都是0.402，但是它们的社会稳定程度差别很大。几内亚、特立尼达和多巴哥基尼系数都是0.403，但是它们的社会稳定程度也不同。韩国和巴基斯坦的基尼系数只差0.004，可以忽略不计，但是韩国和巴基斯坦的社会稳定程度也不可相提并论。斯里兰卡和澳大利亚基尼系数只相差0.008，但是斯里兰卡和澳大利亚的社会稳定程度也不可相比。所以，基尼系数值相同的国家，社会稳定程度并不一样，这也说明社会稳定程度跟基尼系数没有直接相关性。

第三，同一个国家在不同时期的基尼系数可能不一样，但社会稳定程度却可能没有太大变化，基尼系数值大的时候社会稳定程度并不一定比基尼系数值小的时候的社会稳定程度更低。比如，美国20

---

① 曾国安：《关于居民收入差距的几个问题的思考》，《当代财经》2002年第6期，第6页。

世纪70年代基尼系数值小于0.4,80年代后超过0.4,1997年达到0.459了,但是很难说美国的社会稳定程度会随着基尼系数的上升越来越低。60年代美国反抗运动风起云涌,但它的基尼系数那个时候并不一定很高。①

所以,横向与纵向的比较都表明,基尼系数值越低的社会并不一定是越稳定。从20世纪八九十年代世界各国的情况来看,很多基尼系数低的国家社会极不稳定,而很多基尼系数高的国家社会稳定程度并不太低。所以,经验事实并没有提供0.4的基尼系数值作为居民收入分配警戒线的充分证据,在基尼系数和社会秩序两个现象之间没有直接的相关性。

我认为,曾国安的上述研究还是有一些瑕疵的。正如我们前面分析过的那样,在中国,不同的学者或不同的机构在对居民收入进行入户调查时,对"收入"概念的定义、计算收入时所使用的价格指数、计算基尼系数时所采用的方法或公式都不尽相同,从而使得不同学者或机构计算出来的基尼系数值缺乏可比性。那么,全世界这么多国家,不同的学者或机构在对居民的收入进行调查统计时所使用的"收入"定义会是一样的吗?它们在计算居民收入时使用的价格指数是一样的吗?它们在计算基尼系数时所采纳的计算方法或公式是一样的吗?对于所有这些关键问题,我们的回答只能是:不知道。也许是,也许不是,因为曾国安的论文里面没有提供这方面的信息。这样,我们就无从判断。但是如果不是的话,上述比较就有问题。因为假如这些国家的收入概念是不一样的,那么不同国家的收入差距计算结果(无论是用基尼系数来衡量还是用其他指标来衡量)就没有可比性。因此,我们现在试着撇开曾国安提供的那套数据,单纯就"基尼系数超过0.4可能导致社会不稳定"这个陈述本身来看看,它是否可以被简单地推广运用到中国。

---

① 当然,最近美国出现了占领华盛顿运动,是不是说明它的社会在动荡?这有待于进一步的分析。

“基尼系数超过0.4可能导致社会不稳定”这个说法据说是世界银行的一份报告所提供的。这份报告的作者得出结论说，基尼系数超过0.4就有可能引发社会的不安定，引发社会的冲突。许多文献的作者都引用了这个说法，但他们都没标明这一说法的出处。这两年由于做这方面的研究，我很想知道这个说法出自哪里，这份世界银行报告的作者到底是怎么说的，但就是找不到这份文献。到目前为止，我也没有找到到底是世界银行的哪一份报告提供了这个说法。

假定世界银行的那份报告我们能找到。找到之后，我们可以去看一看，世界银行的报告肯定计算了很多国家的基尼系数，以及很多国家不同年代的基尼系数。然后作者可能又收集了这些国家不同年代的社会稳定指标，比如犯罪率、社会冲突、罢工示威游行等这样一些数据。然后对基尼系数和这些数据之间的关系进行统计分析，得到一些经验的结果，说明0.4的基尼系数值是一个关键点：基尼系数值低于0.4的国家其社会秩序就比较稳定，高于0.4的国家其社会秩序就不太稳定，等等。假如这份文献使用的各个国家不同时期的基尼系数数据是用统一的收入定义、统一的计算方法、统一的价格指数计算出来的，所使用的犯罪率、社会冲突、罢工示威游行等数据也是按统一的定义和方式得到的，那么我们应该说这个研究结果是严谨的，因为研究所采用的不同国家不同时期的基尼系数和社会秩序数据都是可比的。但是，即使如此，那也仅意味着只有严格按照这篇报告所采用的收入定义、所使用的基尼系数计算方法以及所采用的价格调和指数来计算各个国家的基尼系数，以及严格按照这篇报告所采用的定义和形成方式来构成有关社会秩序的那些指标数据，它的研究结论才有参考价值。如果我们国家的学者或机构所公布的基尼系数不是按照那篇报告的收入定义，不是按照那篇报告的价格指数来调整数据，也不是按照那篇报告的计算方法计算基尼系数，那就意味着我们计算出的基尼系数跟报告所计算出的基尼系数之间是不可比的。所以，世界银行的那份文献研究出来的结果，对我们来说就没有严格的参考价值。即使我们承认世界银行报告的研究结果在它的报告里是有科学依据的，但也不能够随随便便就套到中国来。换言之，要想知道这份报告的相关研究结论是否对我们有参考价值，我们就要先去考察中国学者计算基尼系数时用的收入定义、计算方法、价格指数跟那篇报告是否差不多。如果是，那这个报告的研究结论对我们来说可能就有参考价值，否则就可能没有参考价值，其研究结论（“基尼系数超过0.4可能导致社会不稳定”）对我们来说就没有意义。

所以我的看法是：基尼系数值超过0.4可能导致社会不稳定这个结论本身，是世界银行那个报告的作者在他特定的收入定义、特定的价格指数调整方法、特定的基尼系数计算公式等前提条件约束下——或者用我喜欢的话来说——在特定的基尼系数话语系统的约束、引导下完成的一种话语建构。因为只要换一个收入定义，换一种价格指数，换一种基尼系数计算方法，结果就可能是不一样的。当然，只要你承认某个收入定义、某种价格指数、某种基尼系数计算方法是有道理的，那么按这个收入定义、这种价格指数和这种基尼系数计算方法计算出来的基尼系数结果就是有道理的，就是不可随便否定的。同样，按照其他的收入定义、价格指数、基尼系数计算方法计算出来的结果也是有道理的，只要你承认那个收入定义、那种价格指数、那种基尼系数计算方法的合理性。在这些不同的收入定义、不同的价格调整指数、不同的基尼系数计算方法条件之下得到的结论，我们很难说其中哪一个是更合理的，哪一个是更不合理的。它们都是合理的，也都是不合理的：在它们得以产生的收入定义、价格调整指数、基尼系数计算方法的前提之下，它们可能都是合理、可取的；但是如果你不承认它的收入定义、价格调整指数、基尼系数计算方法是合理的，那它可能就不是合理、可取的。它们的合理性、可取性完全依赖于我们对它们赖以形成的收入定义、有关数据、计算方法等的认知。所以，我们说它们是一种话语建构的产物。

总而言之,我们的基本看法是:收入不平等这种现象本身是否成为一个问题可能在很大程度上取决于人们的观念。如果你是从某种特定的价值理念出发来看待收入差距现象——譬如,认为没有收入差距或收入差距很小的社会才是合理的、可以接受的,那么即使收入差距按基尼系数来测量只有 0.2 的水平,你也可能会觉得它是个问题。而假如你从功利主义出发来看收入差距,那么收入差距大到何种程度才算是一个严重问题,则也在很大程度上取决于你对于收入差距的来源、性质、结果的认知和解释。如果现在人们认为当前中国的收入差距确实已经成为一个严重问题——这的的确确是很多人对当前中国居民收入差距所持的一种看法(包括我自己,在一两年前也认为当前中国的收入差距已经成为一个很严重的问题)——如果是这样,那么这种看法很大程度上不是单纯来源于收入差距这个"事实"本身,而是来源于我们对这种差距的解释。譬如说,是因为我们脑子里有一个所谓的"世界银行报告"在这里放着,它告诉我们说基尼系数值超过 0.4,就会带来社会的不安定。我们大多数人都是以此为理由,去对当前中国收入差距的现状做一个判断,认为当前中国的收入差距已经很严重了。我们都是以这个"世界银行报告"所提供的观点为依据,来对当前中国的收入差距状况进行解释和判断。而如果我们脑子里面有一些不同的观念,我们对当前中国的收入差距就可能会有不同的评价和判断。

因此,我们可以说,单纯的基尼系数数值,0.3、0.4、0.5、0.6 等,这些数据本身并不能告诉我们任何东西。如果一个国家、一个地区的老百姓认为基尼系数值达到 0.3 这个水平上的收入差距就是不公平的,那么基尼系数 0.3 这个水平的收入差距也可能会引发社会冲突、社会动荡。但是如果这个地区、这个国家的人认为他们之间现有的收入差距是公平的、合理的,那么,基尼系数值即使达到 0.5 的水平可能也不会引发社会冲突和社会动荡。所以纯粹客观的不平等状况、纯粹的基尼系数本身对我们理解社会冲突和社会稳定状况的意义并不是那么大。对于收入差距、收入不平等的研究来讲,我觉得更为重要的问题,应该是这个时期、这个地方的人们对于他们之间的收入差距是如何认知的。比如说,人们如何解释造成收入差距的原因,以及收入差距所导致的结果,这些原因和结果是否能够为公众普遍接受,或者是否符合人们心中的公平原则。我认为,这方面的信息对于我们判断收入差距与社会秩序之间的关系可能具有更重要的价值。

因此,对于"中国当前的收入不平等程度到底有多严重"这个问题,我们暂时可以做出如下的回答:如果是从经济学角度来回答的话,那么我们就可能要去判断,如果用增加富人的消费、增加投资需求、增加预支消费制度、压低物价等办法,依然不足以将市场需求增加到可以弥补因收入差距造成的内需不足问题,那情况就是严重的;反过来就不太严重,哪怕 0.5 也不可怕。而如果从社会学角度来回答的话,我们就要去考察多数人对于当前中国居民收入差距的认知状况和解释。如果认为当前中国收入不平等程度确实已经过高并且极不公平的人数比重较大,社会影响力也比较大,足以威胁到社会秩序,足以造成社会的对抗,那么情况就是严重的。反过来,如果认为当前收入不平等程度确实已经过高并且很不公平的人数比重不够大,或者这些人的影响也不够大,还不足以影响到社会秩序、造成严重的社会对抗,那么情况可能就不是太严重的。换句话说,判断收入差距的情况严重不严重,判断收入差距对社会秩序的影响到底有多大,可能不应该是单纯去看基尼系数本身,而是要看人们对它的态度,人们对它的理解,人们赋予它的意义,看有多少人认为目前的收入差距是严重的还是不严重的、合理的还是不合理的,等等。我认为,从社会学的角度来说,我们更多的可能是要去做这方面的考察。

不同文献中的基尼系数是否一定具有可比性？①

一、问题：不同文献提供的基尼系数是否具有可比性？

在某些文献中，人们常把一些来源于不同文献的收入分配基尼系数数据拼合在一起，用来描述一个国家（或地区）居民收入分配差距的变化趋势，或对几个国家（地区）居民收入分配差距状况进行比较。以下是现有学术文献中的两个比较具体的例子。

例 1：一份研究中国居民收入分配差距的文献用下面这样一段话来描述 1993 年至 2007 年中国居民收入

① 本文曾以《关于不同文献中基尼系数可比性的探析》为题发表于《信访与社会矛盾问题研究》2015 年第 1 期。收入本书时有补充修改。

分配差距的变化趋势：根据亚洲开发银行2007年8月的研究报告——《亚洲的分配不均等》，我国的基尼系数早在1993年就已超出0.4的国际警戒线，高达0.4070，而在2004年则上升为0.4725；根据世界银行公布的《世界发展指标（电子版）》，2005年我国的基尼系数为0.4153；发改委和中国人民大学合作的一项课题成果则显示，2006年我国基尼系数高达0.47，2007年又上升为0.48。可见，我国收入分配的不公平程度日趋严重。①

例2：另一份研究文献则用下表（表1）来对相关时期部分国家居民收入不平等的状况进行比较。②

表1　世界各国的基尼系数

国家	1960年	1970年	1980年	1990年
中国	——	——	0.257	0.378
美国	0.356	0.343	0.356	0.379
英国	0.253	0.257	0.254	0.324
日本	0.372	0.369	0.343	0.350
巴西	0.530	0.576	0.578	0.596
墨西哥	0.555	0.579	0.506	0.503
韩国	0.320	0.360	0.386	0.336
印度	0.331	0.304	0.315	0.325
南非	0.550	0.530	0.550	0.623

实际上，上述例子隐含着一个重要的理论假设：不同研究文献所提供的基尼系数数据之间具有可比性或同质性。只有在这个假设成立的条件下，上述例子所展示的做法才是合理的，否则就是应受质疑的。因此，我们不能不加以考察的一个重要问题就是：这一假设是否

① 于国安编著：《我国现阶段收入分配问题研究》，北京：中国财政经济出版社2010年版，第41页。

② 谭伟：《中国收入差距：增长“奇迹”背后的利益分享》，北京：中国发展出版社2009年版，第27页。此表标题系原标题。

能够成立？参照笔者近年来对国内外有关基尼系数的研究文献所做的初步考察，笔者以为，这一假设并不必然成立。在很多情况下，由于“收入”概念内涵与外延方面的差异，或者收入数据收集方法方面的差异、基尼系数计算方法方面的差异等，不同文献所发布的基尼系数在含义上其实存在着不同程度的差异，因而并不具有可比性。以下笔者试以国内外基尼系数方面的相关文献为例对此做一简要的说明。

二、以国内基尼系数研究文献为例

笔者近年来在阅读、考察国内外有关居民收入分配基尼系数的相关研究文献时，发现不同文献的作者所采用的基尼系数值，其推算过程可能存在着以下几个方面的差异：“收入”概念的内涵与外延不同；数据不准确；测量指标不同；基尼系数的计算方法不同；抽样结果不同。由于这几个方面的差异，使得不同文献所提供的基尼系数值具有完全不同的含义，因而本质上不具有充分的可比性或同质性。

1.“收入”概念的内涵与外延不同

不同研究文献所提供的基尼系数值，在其推算过程中可能存在的第一个重要差异，就是不同研究人员在调查收集我国居民收入分配的状况时，采用了不同的“收入”概念。在现有的当前中国收入分配研究文献中所使用的收入定义至少有以下几种。第一是国家统计局主持进行的住户调查中所使用的“城镇可支配收入”或“农村纯收入”定义，这一定义下我国居民的收入主要包括以下收入项目：工薪收入、经营性收入、财产性收入和转移性收入等。第二是美国加州大学河边分校名誉教授卡恩的收入定义，该定义在国家统计局住户调查收入定义的基础上增加了三项收入：一是公有住房的实物性租金补贴，二是私有住房的折算租金，三是各种实物收入的市场价值。第三是李实、罗楚亮等人建议使用的收入定义，在卡恩的收入定义基础上进一步做了两方面的调整：一是增加了给城乡居民带来实际福祉的社会保障和社会福利的市场价值，二是将所有的名义收入折算成统一可比的实际收入。第四是古斯塔夫森、李实等人使用过的另一个收入定义，即在国家统计局住户调查收入定义的基础上加上住房补贴和自有住房折算租金（但没有包括实物收入，也没有将名义收入折算为实际购买力）等。现有相关文献中所提供的基尼系数数值之间的差别，首先就可能来源于其所使用的收入定义不同而造成的收入数据方面的差别。

例如，卡恩等人与中国学者合作于1995年进行入户调查的结果显示，中国农村居民的人均收入为2309元，要比国家统计局估算的数字1578元高出46%。造成差距的“主要但不是唯一的”原因是“国家统计局没有计算快速增长的自有房屋的估算租金因素”①。具体收入项目估算数字的对比可见表2。

表2　对1995年农村收入的不同估算（元人民币）

1995年农村居民人均净收入	（1）SSB	（2）CHIP	（2）/（1）
总计	1578	2309	1.46
劳动报酬	354	517	1.46
家庭经营收入：			
农业	937	1072	1.14
非农业	188	224	1.19
转移和财产性收入	98	99	1.01
SSB包括的各种收入来源总值	1578	1912	1.12
CHIP调查包括但SSB不包含的收入来源的价值		397	

资料来源：赵人伟、李实、卡尔·李思勤：《中国居民收入分配再研究》，北京：中国财政经济出版社1999年版，第85页。

① 赵人伟、李实、卡尔·李思勤：《中国居民收入分配再研究》，北京：中国财政经济出版社1999年版，第85页。

从表2可以看到，虽然卡恩等人所在的中国社科院“中国居民收入分配课题组”（CHIP）估算的农村收入的所有项目都要高于国家统计局（SSB），但其中最主要的差异在于以下两项：一是表中最后一行所示“CHIP调查包括但SSB不包含的收入”（主要是自有房屋的估算租金收入）。这一项收入人均达397元人民币，但在国家统计局的调查中完全被忽略（数据为零）。二是对工资等劳动报酬的估算。国家统计局估算的人均工资等劳动报酬仅为354元，而CHIP的估算值却达517元。按照卡恩等人的分析，这也主要是因为CHIP的“劳动报酬”概念比国家统计局的同类概念包含的收入项目要更加宽泛。后者主要包括劳动者“从工作单位得到的固定收入和非固定收入”，而前者还包括了除劳动者“从工作单位得到的固定收入和非固定收入”以外的其他收入项目，如劳动者“从其他职业得到的现金收入、失业救济金、实物收入”，“乡村干部取得的收入和其他家庭经营收入”等。①

同样，按照CHIP 1995年入户调查的结果，当年中国城镇居民人均收入为5706元，比国家统计局估算的数字4288元要高33%。卡恩说：“其中原因还是由于一些国家统计局忽略而我们却采用了的收入构成，在总收入中所占比例下降了。所有的补贴可以解释1995年我们的估算与统计局的估算结果之间差异的90%。”②具体收入分项估算数字的比较可见表3。

① 卡恩等人说：“［我们推断］国家统计局［的收入概念］不包括这些收入的看法建立在两个事实基础上。一是《中国统计年鉴1997》（第313页）没有明确提到这些收入，二是他们对劳动者报酬收入的估计与我们的固定工资和非固定工资之和的估计值非常接近。我们把退休金归为工资性收入，而国家统计局［则］可能把它划入转移收入。”赵人伟、李实、卡尔·李思勤：《中国居民收入分配再研究》，第86页，注释1。

② 赵人伟、李实、卡尔·李思勤：《中国居民收入分配再研究》，第87页。

表 3 对 1995 年城镇收入的不同估算(元人民币)

1995 年城镇居民人均净收入	(1)SSB	(2)CHIP	(2)/(1)
总计	4288	5706	1.33
工资	3324	3498	1.05
个体企业/兼职收入	91	30	0.33
利息、股息和租金	90	72	0.80
离退休人员再就业收入	43	49	0.95
离退休金、转移收入和特殊收入	740	780	1.15
SSB 包括的各种收入来源总值	4288	4429	1.13
CHIP 包括但 SSB 不包含的收入来源的价值		1277	

资料来源:赵人伟、李实、卡尔·李思勤:《中国居民收入分配再研究》,北京:中国财政经济出版社 1999 年版,第 87 页。

2. 数据估算结果方面的差别

迄今为止,无论是国内还是国外,计算家庭人均收入基尼系数所需要的所有收入信息都是通过入户调查获得的。在入户调查过程中,调查者以问卷形式向调查对象询问其收入及其结构。在中国,除了国家统计局的住户调查采用了让调查对象进行日常记账的方式来帮助形成问卷所需要的收支数据,以及中国社科院经济所收入分配课题组的住户调查也在一定程度上利用了国家统计局的调查对象和记账数据外,在很多情况下,调查人员都只是或只能让调查对象凭自己的记忆和大致估计的收入数据加以应答。由于数据回忆或估计结果的不一致性、问卷设计方面的差异以及被访者可能出于各种动机(高收入者出于财产安全或偷税漏税等方面的动机而不想让别人知道自己的真实收入,被访者担心泄露不法收入或灰色收入等)而刻意瞒报自己的收入等,这种主要由调查对象自己对问卷中相关问题的回答得来的居民收入信息会有一定程度甚至相当程度的不一致性。

例如,按照卡恩等人的说明,在 CHIP 1988 年的农村住户调查中,对农村居民人均自有住房折算租金的估算值为 73.49 元人民币。虽然国家统计局没有将自有住房折算租金列入农村居民收入范围之内而是列入了支出范围之内,但他们在当年的农村住户调查中也对农民自有住房的折算租金有过一个估算,其估算值为 71.1 元人民币,比 CHIP 的估算值少了 2.39 元。因此,即使国家统计局事后对收入定义进行修改,将农民自有住房折旧金计入农民收入范围,他们对农民收入的估算值与 CHIP 的估算值之间也会有一定差异。卡恩等人认为:“这种差异肯定是由于国家统计局和我们估算房租价时运用的方法不同而造成的。”①

除了自有住房租金估算方面可能产生的差异之外,还有一些其他收入项目也存在着估算差异的问题。卡恩等人回顾说,1995 年,“我们[CHIP]对[农村]家庭生产性收入的估计值比国家统计局的高出 15%。它是 14%的农业收入差异和 19%的非农收入差异的平均值。而且,我们对家庭生产毛收入的估计结果比国家统计局高出 5%,这表明我们之间的估计结果的部分不同是由于生产费用计算方法的差异。”②卡恩等进一步具体解释道:这可能是因为“我们在问卷中问了包括雇用劳动费用在内的生产总成本,然后将其从毛收入中减掉,也许这会造成对成本的低估”③。

3. 价格指标不同

这里也至少存在着两个问题。第一个问题是:在存在国家按合同价征收农产品现象的时期内,把农村居民自产自销的那部分农产品作为收入来进行计算时,到底是以市场价格来进行计算呢,还是以国家确定的合同收购价格进行计算?对于这一问题,人们难以取得一致意见。这就势必使得持不同观点的人,在对同一户农民家庭的

① 卡恩、格里芬、李思勤、赵人伟:《中国居民户的收入及其分配》,载赵人伟、格里芬主编:《中国居民收入分配研究》,北京:中国社会科学出版社 1994 年版,第 56 页。

② 赵人伟、李实、卡尔·李思勤:《中国居民收入分配再研究》,第 86 页。

③ 同上。

同一收入项目进行计算时，会得出不同的计算结果。第二个问题是：在计算居民（包括城乡居民在内）收入时到底是应该按名义收入（未以各地消费品价格指数调整过的收入数字）来进行呢，还是应该按实际收入（以各地消费品价格指数调整过的收入数字）来进行？在对居民收入及其差距（如基尼系数）进行计算时，即使人们在所有收入项目的原始（名义收入）数据方面都没有争议，但在各地价格水平存在较大差异的情况下，如果有人坚持按名义收入的数据信息来对收入差距基尼系数进行计算，而另一些人则坚持按实际收入信息来进行计算的话，那么，两类人在对基尼系数进行计算时最终结果自然也就会不一样。

一份世界银行的研究报告显示，在考察中国的收入差距问题时，“如果对城乡之间和地区之间的生活费用差异加以调整，那么全国的收入差距会有不同程度的缩小。例如，在不对生活费用差异加以调整的情况下，2001 年全国的基尼系数被估计为 0.447，而在对生活费用差异加以调整以后，该年的基尼系数则降低为 0.395。也就是说，对城乡之间生活费用差异调整后估计出来的城乡居民的实际收入差距并没有超过 0.4”①。李实等人也“利用加拿大多伦多大学的 Brandt 和 Holz 对中国不同省份城乡生活费用的估计结果，对城乡之间收入差距进行了重新估计”，结果发现，“在考虑到不同地区和城乡之间生活费用差异后，2002 年城乡居民的实际收入比值降低到 2.27∶1，而该年的城乡之间的名义收入比值为 3.18∶1。而且，经过城乡生活费用指数调整以后，1995 年至 2002 年期间的城乡之间收入差距的扩大幅度也有所下降，仅仅扩大了 3 个百分点”。② 此外，李实等人的研究还表明，在考虑了公共医疗、养老、教育补贴等社会福

① Martin Ravallion, Shaohua Chen, China's (Uneven) Progress Against Poverty, World Bank, June 16, 2008。

② 李实、史泰丽、古斯塔夫森主编：《中国居民收入分配研究Ⅲ》，北京：北京师范大学出版社 2008 年版，第 14—15 页。

利项目后,2002年城镇居民的人均"暗收入"大约为4200元,而农村居民为250元。如果将这部分收入分别计入城乡居民的平均收入中,那么城乡之间的收入比率会上升到4.35∶1,全国的基尼系数将是0.5左右。但如果按照城乡生活费用指数的调整办法,上述估计结果将分别被修正为:城乡之间的收入比率为3.1∶1;全国的基尼系数将是0.44。①

4. 收入分布拟合函数选择及基尼系数计算方法选择方面的不同

在很多情况下,人们都只能通过一定的样本数据来推论总体收入分布及其基尼系数。而在这一过程中,假如人们是采用连续方法来计算基尼系数的话,需要选择特定形式的函数来对收入数据的总体分布情况进行拟合。由于不同研究人员在选择拟合函数时会有不同的主观偏好,这样,在研究人员所使用的收入分配原始数据和基尼系数计算方法完全相同的情况下,计算出来的基尼系数数据也可能会有所不同。此外,在中国的情境当中,一个更多引起争议的问题是:如何利用国家统计局公布的城乡收入分组数据来计算全国居民的总体性收入差距基尼系数?由于国家统计局的城镇和农村的住户调查是分开进行的,分组的数据也是分开发表的,现今所看到的有关全国的基尼系数大多是根据国家统计局的城镇和农村的收入分组数据进行估算的。然而,从1990年开始,国家统计局不再发表城镇住户的收入分组数据,只发表等分组数据,而农村住户调查数据仍是收入分组数据。为了将这两套数据合成一套统一的全国收入分组或等分组数据,许多学者不得不想方设法对它们进行整合,而不同学者设计出来的不同数据整合方法,也有可能造成全国居民收入分配基尼系数计算结果上的差异。我们以表4中的数据来对上述看法进行说明。

① 李实、史泰丽、古斯塔夫森主编:《中国居民收入分配研究Ⅲ》,第16页。

表 4　中国居民总体基尼系数

年份	陈宗胜	向书坚	程永宏
1981	0.2635	0.2780	0.2927
1982	0.2525	0.2494	0.2769
1983	0.2865	0.2641	0.2709
1984	0.2705	0.2684	0.2773
1985	0.2875	0.2656	0.3073
1986	0.2875	0.2968	0.3239
1987	0.2924	0.3052	0.3247
1988	0.2961(0.3497)	0.3133	0.3384
1989	0.3697	0.3214	0.3529
1990	0.3469	0.3063	0.3587
1991	0.3690	0.3240	N. A.
1992	0.3772	0.3396	0.3993
1993	0.4017	0.3592	0.4183
1994	0.4356	0.3621	0.4300
1995	0.4191	0.3515	0.4169
1996	0.4058		0.3946
1997	0.4027		0.3964
1998	0.4026		0.4001
1999	0.4129		0.4124

从表中的数据我们可以看到，三份文献所给出的基尼系数数据在很多年份上都有明显不同(见数字带有下划线的年份)。然而，需要说明的是，在以上三种基尼系数的计算过程中，三份文献的作者所用的原始收入数据完全相同，都是来自于《中国统计年鉴》等官方资料所公布的国家统计局住户调查数据，但各自在以国家统计局历年公布的城乡住户收入调查两套数据为基础来计算全国居民收入分配基尼系数时所使用的方法不同：陈宗胜的计算方法是“分层加权法”，

向书坚使用的计算方法是“分组加权法”,程永宏使用的计算方法是“城乡混合分解法”。可见,计算方法上的不同也是导致基尼系数计算结果不同的一个重要原因。即使所用收入分配的原始数据完全相同,只要在计算基尼系数时所采用的计算方法不同,其计算结果也会有一定的甚至很大的差异。

5. 抽样结果不同

从理论上说,在对中国居民的收入差距进行入户调查时,应该严格按照中国总人口在城乡、男女、地区、行业等之间的分布比例来进行抽样。但事实上,由于各种因素(成本费用方面的限制、调查主题方面的相互冲突等)的影响,不同的调查团队在实施调查时对这一原则的遵循也并不完全一致。有的可能比较严格地遵循了这一原则,有的则可能未能严格按照这一原则来进行抽样。其结果,也有可能导致所得收入数据方面的差异。

例如,2012 年 12 月西南财大中国家庭金融调查与研究中心公布的中国 2010 年全国居民总体收入差距基尼系数为 0.61,不论是与国家统计局公布的同一年份同类基尼系数(0.481)相比,还是与有关学者如李实等人以自己的调查数据为基础计算得出的基尼系数 0.48(2007 年)相比,都显得偏高。李实、岳希明等人在对这一基尼系数计算结果进行评论时,也都指出过造成这一差异的主要原因是该中心在抽样方面的误差。对于李实等人所提出的批评,西南财大中国家庭金融调查与研究中心甘犁教授撰文进行了争辩,认为自己的抽样设计是没有问题的。对于他们之间的这种争论,我们在这里暂不加以讨论。这里只是要借助于这个案例来说明一点,即抽样设计方面的差异也可以成为导致不同研究人员在收入分配数据及其基尼系数计算结果方面出现差异的重要原因。

由上可见,由于在“收入”定义、数据采集和估算方法、价格指标、收入分布拟合函数或基尼系数计算方法以及样本集合等方面的不同,不同文献中所使用的基尼系数(如本文前面例 1 引文中所提到的那些具有不同来源的基尼系数数据)在含义方面可能是有所不同的。因此,在没有对这些来源不同的基尼系数的产生方式("收入"定义、数据采集和估算方法、价格指标、收入分布拟合函数或基尼系数计算方法以及样本集合等)进行仔细的考察前,简单地将它们预设为同质性的数据,用来进行比较,当是不妥当的。

三、以国外基尼系数研究文献为例

上面讲到的这些情况,在收入分配基尼系数的国际比较文献中也不同程度地存在。我们可以用几个表所展示的一些数据为例来加以说明。

表5是从著名的世界收入不平等数据库第2版(World Income Inequality Database 2,WIID2)中截取下来的部分信息。从该表所显示的信息我们可以看到,不仅对于不同国家的基尼系数可以有不同的文献来源,而且即使是对于同一个国家的基尼系数也会有不同的文献来源。这些不同的文献来源,在关于收入的定义、收入入户调查所覆盖的人群范围、收入数据的分析单位等方面都可能会有不同。具体说来,我们可以看到:

(1)不同文献来源所提供的基尼系数值,可能是以不同的收入定义为基础而形成的。例如,世界银行提供的阿尔巴尼亚、阿尔及利亚等国家相关年份的基尼系数数据,是以"消费(支出)"来定义"收入"概念的,而阿迪米尔(Oscar Altimir)所提供的阿根廷有关年份的基尼系数值,则是以"可支配的货币收入"来定义"收入"概念的。虽然"消费(支出)"与"可支配的货币收入"之间有密切的关联,但二者显然不完全是一回事。

(2)不同文献来源所提供的基尼系数值,其原始收入数据所覆盖的人群可能是非常不同的。在表5所罗列的数据中,我们可以看到,虽然所有文献提供的基尼系数,其原始收入数据在覆盖人口方面都包括了男女两性和所有年龄层,但在覆盖地区方面可能有相当差异。例如,在覆盖区域方面,世界银行提供的阿尔巴尼亚1996年的基尼系数,其原始收入数据只包括首都地那拉以外的地区,而该国其他年份的基尼系数,其原始收入数据则包括了全国所有地区;阿迪米尔所提供的阿根廷基尼系数值,其原始收入数据有的年份覆盖了全国所有地区,有的年份则只包括城市地区或都市及近郊地区。

(3)不同文献来源所提供的基尼系数值,其原始收入数据在分析单位方面也可能有所差别。例如,世界银行提供的基尼系数,其原始收入数据是以家庭人均收入为分析单位的,而阿迪米尔所提供的阿根廷基尼系数值,其原始收入数据则是未按人均做过调整的家庭总收入。

表5 若干国家特定年份的基尼系数数据

国家	年份	基尼系数	覆盖区域	覆盖人口	覆盖年龄	收入共享单位	分析单位	收入定义	资料来源1
阿尔巴尼亚	1996	0.293	除地那拉外的全部地区	全部	全部	家庭	个人	消费	Deininger & Squire, World Bank 2004
阿尔巴尼亚	2002	0.281	全部地区	全部	全部	家庭	个人	消费	World Bank, World Development Indicators 2004
阿尔巴尼亚	2004	0.311	全部地区	全部	全部	家庭	个人	消费	World Bank, World Development Indicators 2008
阿尔及利亚	1988	0.399	全部地区	全部	全部	家庭	个人	消费	World Bank Poverty Monitoring Database 2002
阿尔及利亚	1995	0.354	全部地区	全部	全部	家庭	个人	消费	World Bank Poverty Monitoring Database 2002

续表

国家	年份	基尼系数	覆盖区域	覆盖人口	覆盖年龄	收入共享单位	分析单位	收入定义	资料来源1
阿根廷	1953	0.413	全部地区	全部	全部	家庭	家庭	可支配货币收入	Altimir 1986
阿根廷	1959	0.463	全部地区	全部	全部	家庭	家庭	可支配货币收入	Altimir 1986
阿根廷	1961	0.434	全部地区	全部	全部	家庭	家庭	可支配货币收入	Altimir 1986
阿根廷	1961	0.421	城市	全部	全部	家庭	家庭	可支配货币收入	Altimir 1986
阿根廷	1963	0.367	都市及近郊	全部	全部	家庭	家庭	可支配货币收入	Altimir 1986
阿根廷	1963	0.382	城市	全部	全部	家庭	家庭	可支配货币收入	Altimir 1986
阿根廷	1965	0.360	都市及近郊	全部	全部	家庭	家庭	可支配货币收入	Altimir 1986
阿根廷	1969	0.381	都市及近郊	全部	全部	家庭	家庭	毛收入	Altimir 1986
阿根廷	1970	0.364	都市及近郊	全部	全部	家庭	家庭	可支配货币收入	Altimir 1986
阿根廷	1972	0.361	全部地区	全部	全部	家庭	家庭	可支配货币收入	Altimir 1986
阿根廷	1972	0.342	城市	全部	全部	家庭	家庭	可支配货币收入	Altimir 1986
阿根廷	1974	0.367	都市及近郊	全部	全部	家庭	家庭	可支配货币收入	Altimir 1986
阿根廷	1975	0.368	都市及近郊	全部	全部	家庭	家庭	可支配货币收入	Altimir 1986

数据来源：World Income Inequality Database，https://www4.wider.unu.edu。

上述问题也一定程度上存在于表1所引用的那些数据之中。据

表1所在文献的作者注释,表1的数据来源于另一世界著名收入不平等数据库,即戴宁格尔(Deininger)和斯夸尔(Squire)收入不平等数据库。笔者从这一收入不平等数据库中找到了表1所引数据及其在收入定义、分析单位、调查覆盖区域等方面的相关信息。具体见表6。

表6 表1所列数据的原始信息

国家	年份	基尼系数	收入定义	分析单位	毛/净收入	覆盖区域
巴西	1960	0.5300	收入	家庭	毛收入	全国
巴西	1970	0.5761	收入	家庭	毛收入	全国
巴西	1980	0.5778	收入	家庭	毛收入	全国
巴西	1990	0.5960	收入	个人	毛收入	全国
印度	1961	0.3308	支出	个人	净收入	全国
印度	1970	0.3038	支出	个人	净收入	全国
印度	1983	0.3149	支出	个人	净收入	全国
印度	1991	0.3253	支出	个人	净收入	全国
日本	1962	0.3720	收入	家庭	毛收入	全国
日本	1971	0.3690	收入	家庭	毛收入	全国
日本	1981	0.3430	收入	家庭	毛收入	全国
日本	1990	0.3500	收入	家庭	毛收入	全国
韩国	1961	0.3200	收入	家庭		全国
韩国	1971	0.3601	收入	家庭	毛收入	全国
韩国	1980	0.3863	收入	家庭	毛收入	全国
韩国	1988	0.3364	收入	家庭	毛收入	全国
墨西哥	1963	0.5550	收入	家庭	毛收入	全国
墨西哥	1975	0.5790	收入	家庭	毛收入	全国
墨西哥	1984	0.5058	收入	个人	毛收入	全国
墨西哥	1992	0.5031	支出	个人		全国
英国	1961	0.2530	收入	个人当量	净收入	全国
英国	1971	0.2570	收入	个人当量	净收入	全国

续表

国家	年份	基尼系数	收入定义	分析单位	毛/净收入	覆盖区域
英国	1981	0.2540	收入	个人当量	净收入	全国
英国	1991	0.3240	收入	个人当量	净收入	全国
美国	1961	0.3562	收入	家庭	毛收入	全国
美国	1971	0.3430	收入	家庭	毛收入	全国
美国	1981	0.3562	收入	家庭	毛收入	全国
美国	1991	0.3794	收入	家庭	毛收入	全国

资料来源:Klaus W. Deininger and Lyn Squire, Measuring Income Inequality Database, http://econ.worldbank.org/WBSITE/EXTERNAL/EXTDEC/EXTRESEARCH/0,,contentMDK:20699070~pagePK:64214825~piPK:64214943~theSitePK:469382,00.html。

从表6中的信息可见,在表1所列的相关国家及相关年份的基尼系数数据之间,也存在着一些数据生产方式方面的差异。例如,从收入定义方面看,除印度外其他几个国家在相关年份上(墨西哥1992年除外)的基尼系数都是以收入为据计算出来的,而印度在几个相关年份上的基尼系数都是以支出方面的数据为据加以计算的。从收入分析单位方面看,巴西在1960年、1970年、1980年三个年份的收入分析单位是家庭,1990年的分析单位则是个人;印度在几个相关年份上的分析单位都是个人;墨西哥在20世纪60年代、70年代的收入是以家庭为分析单位,80年代和90年代则是以个人为分析单位;英国在几个相关年份上的收入分析都是以通过对家庭成员数据进行特别处理后形成的所谓“个人当量”(Person equivalent)为单位;美国则是以家庭为分析单位。在收入统计是以毛收入还是以扣除税款后的净收入加以计算方面,印度和英国都是以毛收入进行计算,其他国家则都是以净收入进行计算;等等。这些差异的存在,使得分别以这些数据为依据计算出来的基尼系数也具有不太相同的含义,因而,严格来讲,不宜简单地将其并列起来,当作完全同质的数据加以比较。

由此可见,和前面我们讨论的有关中国居民收入差距基尼系数的研究文献一样,国际上有关基尼系数的不同研究文献所提供的基尼系数值,也是以该基尼系数值的计算者所使用的特定“收入”定义、特定的收入分析单位以及特定的样本集合等为前提的;不同的基尼系数计算者在进行基尼系数的计算时所使用的收入定义、收入分析单位、数据抽样范围甚至计算方式方面也可能存在差别;因此,我们前面在分析关于中国居民收入差距基尼系数的文献时所得出的结论(不同研究文献所提供的基尼系数数据不一定具有同质性或可比性,不能简单地将不同文献提供的某一国家或地区不同年份的基尼系数值简单地连贯起来用以考察该国或该地区收入差距的历史趋势,或者将不同文献提供的不同国家或地区的基尼系数值简单地归置一处用以比较不同国家或地区居民之间的收入差距),也不同程度地适用于有关不同国家居民收入差距基尼系数的这些文献。

四、结语:不同文献中的基尼系数不一定具有可比性

由上可见,无论是在国内还是国外相关文献中,我们所看到的任何一个基尼系数值,都是以该基尼系数值的计算者所使用的特定“收入”定义、特定的收入分析单位、特定的数据采集和估算方法、特定的价格指标、特定的收入分布拟合函数或基尼系数计算方法以及特定的样本集合为前提的。由于不同的计算者在进行基尼系数的计算时所使用的收入定义、收入分析单位、数据估算方法、价格指数、计算方式和抽样范围等都可能存在差别,因此不同研究文献所提供的基尼系数数据不一定具有同质性或可比性。因此,像本文开篇所示,将不同文献分别提供的某一国家或地区不同年份的基尼系数值简单地连贯起来,用以考察该国或该地区收入差距的历史趋势,或者将不同文献分别提供的不同国家或地区的基尼系数值简单地归置一处,用以比较不同国家或地区居民的收入差距,应该说在逻辑上都是可以质疑的。

中国社会学家对当前中国社会转型问题的理解与分歧[①]

随着改革开放的不断深入，中国社会的结构和形态也在发生巨大的变化。但是，如何来理解正在发生的这一社会转型？这一转型的性质是什么？它的最终方向会是什么？这是观察和思考这一转型过程的人们必然会提出的问题。

近些年来，围绕着这些问题，中国社会学家之间产生了严重的分歧。其中，最重要的分歧发生在所谓的"广义转型论"和"狭义转型论"之间。这种分歧不仅影响到社会学家对当前中国社会转型过程的解释，而且影响到普通公众和政府决策者对待改革开放的态度和行为。在本文中，我将对这一分歧中最主要的部分内容进行简要的介绍、分析和评论。

---

① 本文发表于《社会理论学报》2012年秋季号。

一、“打造没有资本家的资本主义”：“市场转型理论”对社会主义国家社会转型过程的研究

在近年的中国社会学界，最有影响的一种有关社会转型的理论可以说是“市场转型理论”。“市场转型理论”是由塞勒尼（Ivan Szelenyi）、伊亚尔（Gil Eyal）、倪志伟（Victor Nee）、斯达克（David Stark）、边燕杰（Yanjie Bian）等美国社会学家自 20 世纪 80 年代以来倡导和发展起来的一种以前社会主义国家的社会转型为专门研究对象的社会学研究取向。由于这一研究的主要代表人物塞勒尼是匈牙利人，其研究也是以匈牙利经济学家科尔奈（Janos Kornal）的理论为起点的，故认同这一研究取向的学者也常被称为“布达佩斯学派”。

如上所述，“市场转型理论”的研究主题是 20 世纪 70—80 年代开始在苏联、东中欧和中国等社会主义国家里发生并一直延续至今的这场以“市场经济体制”的建立为目标的社会转型过程。塞勒尼等人把波兰尼（Karl Polany）在《大转型》一书中讨论的欧洲国家在 19 世纪初到 20 世纪初曾经经历的市场转型过程称为“第一次大转型”，而将他们所讨论的这一市场转型过程称为“第二次大转型”。塞勒尼等人认为，与波兰尼研究的“第一次大转型”相比，他们正在研究的这场“大转型”至少有以下一些特点。

（1）第一次“市场转型”涉及的是从封建社会向资本主义市场社会的转型过程，第二次“市场转型”涉及的则是从社会主义社会向资本主义市场社会的转型过程；这就使得两者无论在历史起点、前提条件上，还是在发展逻辑上，都会有各自的特点。

（2）在第一次市场转型进程中，推动资本主义市场社会兴起和发展的社会力量主要是工业资产阶级，而在第二次市场转型进程中，由于资产阶级早已经被先前的社会主义制度消灭了，因此推动资本主义市场社会兴起和发展的社会力量将是工业资产阶级以外的其他一些力量，如掌握了“文化资本”的文化精英等。人们将面临一种“没有资本家来建构的资本主义”的情境。

（3）在第一次市场转型中，之前的封建社会并没有彻底摧毁一切自主性的社会团体，在封建社会中孕育起来的诸多社会团体（行会、教会、其他结社等）后来成为"市民社会"形成的重要基础；但在第二次市场转型中，之前的社会主义社会彻底摧毁了各种自主性的社会团体，这就使得在之后的市场转型进程中，"市民社会"的形成困难重重。

（4）在第一次市场转型中，市场机制的引入首先引发的社会效应是社会不平等程度的拉大；相反，在第二次市场转型中，市场机制的引入首先引发的社会效应则是社会不平等程度的降低（当然，对于这一点，在"市场转型"理论家当中后来引起了争论）。

当然，除了上述这样一些共同点外，这些国家正在发生的"大转型"也有各自的一些特征。例如，按照塞勒尼等人的说法，在中国和越南，这场市场大转型是由普通民众由下而上自发地推动起来的，他们将在中国和越南发生的这种转型类型称为"自下而上的资本主义"；在俄罗斯和东欧国家，这场市场大转型是由政府部门自上而下地推动起来的，他们将这种转型类型称为"自上而下的资本主义"；在中欧国家，这场市场大转型则是由外国资本推动起来的，他们将这种转型类型称为"外资建立的资本主义"。这三种不同市场转型类型的一些更为具体的特点可见表1。

表1　后共产主义资本主义的不同类型①

	自下而上的资本主义	自上而下的资本主义	来自外部的资本主义
财产关系	自发产生的私有财产与公共财产并存	前党政精英及委托人发起的私有化	跨国公司发动的国有企业私有化
市场制度	市场+国家再分配	市场+关系网络	市场+某些网络
权威的性质，或资本主义的类型	混合的承袭制+理性支配的混合=国家资本主义	新承袭制支配=政治资本主义	理性支配=自由主义和全球化资本主义

① 伊亚尔、塞勒尼、汤斯利：《无须资本家打造资本主义：后共产主义中欧的阶级形成和精英斗争》，中文版序，吕鹏、吕佳龄译，北京：社会科学文献出版社2008年版。

塞勒尼等人认为,两次“大转型”都将对社会学的发展产生重要影响:从对第一次市场转型过程的考察中产生了以马克思、涂尔干、韦伯、齐美尔等为代表的“古典社会学”。而对第二次市场转型的考察将导致一种可以称为“新古典社会学”(Neo-classical Sociology)的研究领域产生。(塞勒尼等人明确地写道:苏联、东欧社会主义国家的“瓦解可以被理解成发给社会学家的请柬,邀请他们重访那些曾经被诸如马克思和韦伯这样的古典社会学家所探讨过的旧研究基点。正如新古典经济学随着福利国家的衰落而兴起一样,共产主义[在这些国家]的垮台为启动新的研究项目提供了机会,亦即为新古典社会学设定了研究议程”。①)塞勒尼等人对发生在苏联、东中欧和中国等社会主义国家里的所谓“第二次大转型”的研究,正是在这样一种信念的激励下展开的。

二、“迈向对市场转型实践过程的分析”:“市场转型理论”在中国的引进和发展

自20世纪末期起,孙立平等人开始将“市场转型理论”介绍到中国。最主要的介绍文章是孙立平撰写的《从“市场转型理论”到关于不平等的制度主义理论》(1995)②、《社会主义研究中的范式及其转变》(1997)③、《社会转型:发展社会学的新议题》(2005)④等。

进入21世纪以来,“市场转型理论”的部分代表性作品开始逐渐被翻译成中文在中国出版。主要包括:边燕杰主编的《市场转型与社会分层:美国社会学者分析中国》⑤一书,伊亚尔、塞勒尼、汤斯利合

① 伊亚尔、塞勒尼、汤斯利:《无须资本家打造资本主义:后共产主义中欧的阶级形成和精英斗争》,第3页。

② 孙立平:《从“市场转型理论”到关于不平等的制度主义理论》,《中国书评》1995年第4、5期。

③ 孙立平:《社会主义研究中的范式及其转变》,《战略与管理》1997年第5期。

④ 孙立平:《社会转型:发展社会学的新议题》,《社会学研究》2005年第1期。

⑤ 边燕杰主编:《市场转型与社会分层:美国社会学者分析中国》,北京:生活·读书·新知三联书店2002年版。

著的《无须资本家打造资本主义:后共产主义中欧的阶级形成和精英斗争》①一书,塞勒尼等人的论文选集《新古典社会学想象力》②,等等。

孙立平不仅致力于将"市场转型理论"引进中国,而且致力于在中国的情境下进一步推进该理论的发展。孙立平推进"市场转型理论"的主要思路集中表述于《迈向对市场转型实践过程的分析》和《社会转型:发展社会学的新议题》这两篇文章中。

在《迈向对市场转型实践过程的分析》一文中,孙立平首先对20世纪90年代以来美国社会科学界"社会主义国家市场转型研究"领域中兴起的"布达佩斯学派"的理论与研究方法在中国的适用性问题进行了分析讨论。孙立平指出,布达佩斯学派对苏联和东欧共产主义国家市场转型的研究具有以下几个特点。

第一,无论是对于市场转型的研究,还是对于后共产主义社会的研究,布达佩斯学派所关心的主要是其正式组织和制度等结构性特征。

第二,对于结构性特征的关注,主要是通过大规模问卷调查的方式进行的。特别是撒列尼(塞勒尼)所主持的中欧精英转换的研究。

第三,基本的理论视角是自上而下的,其对精英问题的重视,突出表现出这一视角的特征。

第四,作为上述三点前提和基础的,是布达佩斯学派所研究的市场转型国家,主要是东欧,特别是中欧的匈牙利,在这些社会中,市场转型伴随着政体的断裂。③

孙立平认为,这几点当中,最后一点是最为重要的,甚至可以说

① 伊亚尔、塞勒尼、汤斯利:《无须资本家打造资本主义:后共产主义中欧的阶级形成和精英斗争》,吕鹏、吕佳龄译,等北京:社会科学文献出版社2008年版。

② 塞勒尼等:《新古典社会学想象力》,吕鹏等译,北京:社会科学文献出版社2010年版。

③ 孙立平:《迈向对市场转型实践过程的分析》,载孙立平:《现代化与社会转型》,北京:北京大学出版社2005年版,第412—413页。

是一个前提。因为布达佩斯学派的主要理论取向、研究视角和所使用的方法,都与此有着直接的关系。因为"苏联、东欧的市场转型是与政体的断裂连在一起的,这意味着在大规模的市场转型发生之前,政体和主导性的意识形态都发生了根本性的'转变'。这样就为名正言顺的、大规模的、以国家立法形式进行的市场转型提供了可能性。在这种转型过程中,在很短的时间内,社会中基本的制度安排得到了根本的改造。因此,布达佩斯学派有理由将他们研究的主要注意力放在制度和结构的特征上,放在不同时期正式制度结构的比较上"①。

同样,由于在这样的市场转型过程中,原来的权力精英由于政体的断裂而失去了原有的资源,而新的经济精英还没有发育起来,这就为知识精英提供了舞台,使得知识精英在整个转型过程当中起着非常重要的作用。这也就使我们可以理解在布达佩斯学派中"为什么对上层精英给予非常高度的重视,并使用了一种自上而下的理论视角"。此外,我们也可以理解布达佩斯学派在研究方法上的特点,因为"对于研究大规模的正式制度的变迁来说,大规模的问卷调查的方式,也无疑是有优势的"。

然而,孙立平认为,中国的市场转型过程与苏联、东欧国家有着明显的不同。这种不同大体上可以概括为以下三个方面。

第一,中国的市场转型是一种"政体连续性背景下的渐进式改革",即"在基本社会体制(特别是政治制度)和主导性意识形态不发生变化的前提下"进行改革。这是中国社会转型一个最基本的特征。

第二,与此相联系,中国市场转型过程中的精英转换也与苏联、东欧国家有着明显差别。由于政体的连续性,原有政治精英的强势地位并没有受到削弱,结果是导致在中国社会转型时期精英的形成,不是一个不同类型精英的转换过程,而是原有的政治精英利用自己的优势地位不断向新的社会领域扩张,使自己转变成为一个集"文化

① 孙立平:《迈向对市场转型实践过程的分析》,载孙立平:《现代化与社会转型》,第412—413页。

资本、政治资本和经济资本”于一身的“总体性资本精英集团”。

第三,中国的市场转型主要是在主导性意识形态连续性背景下通过各种“非正式运作”的方式来进行的。“政体断裂背景下的市场转型,基本上是以立法、通过正式制度推进的方式进行的。”“这种转型过程,为正式制度发挥作用提供了广阔的空间。”而中国的转型过程几乎伴随着不间断的意识形态争论,这就迫使改革者采取两种应对策略,“一是将新的改革措施或市场因素纳入原有的意识形态当中,如‘社会主义的市场经济’等;另一种方式,则是‘不争论’。在实际的社会生活中,就是能做不能说。而实质性的改革措施,有许多是通过变通的方式进行的”。①

孙立平认为,概括起来,与苏联、东欧国家相比,中国的市场转型至少具有以下这样一些独特性:

第一,政体和意识形态是连续性的,在改革进行了二十多年后的今天,居于支配地位的仍然是原来的政体和意识形态;

第二,由于政体和意识形态是连续的,许多重要的改革和转型过程是使用变通的方式实现的;

第三,在变通的过程中,特别是在开始的阶段,新的体制因素往往是以非正式的方式出现并传播的;

第四,非正式体制的生长和发育,往往是发生在体制运作的过程当中。②

根据上述分析,孙立平认为,这表明难以简单地运用布达佩斯学派的那一套理论和研究方法来研究中国当前的社会转型过程,表明我们在研究中国市场转型的时候,不能像布达佩斯学派那样,把注意力主要集中于正式的结构和制度层面上,而必须对各种非正式因素给予足够的关注,要进入到市场转型过程的“实践层面”,用对市场转

---

① 孙立平:《迈向对市场转型实践过程的分析》,载孙立平:《现代化与社会转型》,第413页。

② 同上书,第417页。

型过程的“实践分析”来取代布达佩斯学派的“结构—制度分析”,对市场转型过程的实际运作进行深入透彻的分析。

孙立平指出,从“实践社会学”的角度来研究中国的社会转型,就需要认真研究和分析普通人的日常生活。因为市场转型的实践逻辑往往是在那里产生的,也往往是在那里体现出来的。

孙立平关于“迈向对市场转型实践过程的分析”的呼吁在中国社会学界产生了一定影响;有不少人试图运用“实践社会学”的方法,来对当前中国的社会转型过程进行探讨。限于篇幅和本文的主题,我们在这里略去对这些文献的介绍。

三、对“市场转型理论”的批评:从“广义转型论”的立场出发

孙立平等人倡导的“市场转型理论”及其中国化思路在中国学者中产生了一定影响,但也很快受到了其他一些中国社会学家的批评。其中最重要的一个批评者是中国人民大学的郑杭生教授。2007 年左右,郑杭生教授等人撰写了一批论文,对孙立平的理论观点进行了激烈的批评。

为了更好地表明自己的理论立场,也为了更好地批评孙立平的观点,郑杭生区分了所谓“狭义转型论”和“广义转型论”两种不同的转型理论。所谓“狭义转型论”,主要指塞勒尼和孙立平等人所倡导的那种关于当前中国社会转型过程的理论,即“市场转型理论”;所谓“广义转型论”则主要指郑杭生教授等人自己倡导的一种关于当前中国社会转型过程的理论。

这两种转型理论的共同点是:第一,都主要是以中国当前的改革与开放过程作为自己的研究对象;第二,都使用“社会转型”(Social transformation)一词来描述当前中国正在发生的社会结构与制度变迁等。

这两种转型理论的不同点则在于:“狭义转型论”倾向于将改革

开放以来中国的社会转型过程理解为是从“社会主义社会”向“资本主义市场社会”的转变；而“广义转型论”则将改革开放以来中国的社会转型过程理解为是“中国的社会生活和组织模式即社会实践结构不断从传统走向现代、走向更加现代的转型变迁过程，也是社会主义体制的成长和完善的过程”。①

郑杭生教授明确写道：“近年来，新布达佩斯学派的狭义转型论在中国再度升温，凸显了中国社会转型问题上特别是‘向度’问题上的重大分野：社会转型是像广义转型论所主张的，是社会生活和组织模式即社会实践结构不断走向更加现代和更新现代的变迁，这一过程将成就中国的新型社会主义的豪迈实践，还是像布达佩斯学派狭义转型论所主张的，社会转型是苏东前社会主义国家（包括东欧、苏联以及中国、越南等）向资本主义的转变，中国社会转型是‘自下而上’的由现代社会主义向现代资本主义的过渡。这一点导致了广义转型论和狭义转型论在一系列理论问题上的分歧。”②

郑杭生认为“狭义转型论”有以下几方面的缺陷。

（1）将“社会转型”仅仅理解为向资本主义社会的变迁（“第一次转型”是从封建社会向资本主义社会的转变，“第二次转型”则是从社会主义社会向资本主义社会的转变），因而对“社会转型”的解释无论在历史过程、地缘空间、社会制度、研究取向、描述分析等方面，都显露出明显的狭隘性和封闭性。

（2）将发生在社会主义国家的社会变革一概理解为从“社会主义社会”向“资本主义市场社会”的转变，似乎当前中国的社会转型与发生在苏联、东欧国家中的社会转型过程一样，是一种成为“资本主义世界的新成员”的过程，因而对当前中国的社会转型过程做出了

① 郑杭生、杨敏：《当代中国社会转型的实质：新型社会主义的成长——对新布达佩斯学派中国版的学术剖析》，载郑杭生：《中国特色社会学理论的深化》（下），北京：中国人民大学出版社 2010 年版，第 929 页。

② 郑杭生、杨敏：《新布达佩斯学派狭义转型论的重大理论缺陷》，载郑杭生：《中国特色社会学理论的深化》（下），第 937 页。

错误和歪曲的解释。当前中国社会转型过程的一些特点如渐进式改革、体制转轨、市场化、国有企业改制、劳资关系、阶级结构、精英形成等都被看成是资本主义新类型的佐证。

(3) 由于将“社会转型”狭隘地理解为从某种非资本主义社会向资本主义社会的转变,因此对古典社会学家(马克思、涂尔干、韦伯等)的理论也做出了错误的解读,认为古典社会学的主题仅限于讨论“资本主义文明是怎样产生的”这样一个问题。而其实古典社会学的议题比这要广泛得多。

(4) 由于将当前中国的社会转型理解为从“社会主义社会”向“资本主义社会”的转变,但又不能很好地解释当前中国社会在基本制度、精英结构、意识形态等方面与之前“社会主义社会”具有高度连续性这一事实,因此只能通过对“结构—制度分析”方法的否定、对以“实践逻辑”的探讨为内容的“实践社会学”的强调来为自己的论点寻找方法论依据。

郑杭生认为,他所倡导的“广义转型论”在理解当前中国的社会转型时持以下看法。

(1) 所谓“社会转型”是一个从传统向现代、从现代向更加现代的社会转变的过程。

(2) 在这一过程中,各国社会转型的“向度”有着多维多样的选择,并不是只能向“资本主义”转变。随着现代性的推进,社会分化出不同利益群体,也形成了代表不同群体利益的政治主张及意识形态话语。这些不同主张和意识形态话语之间的竞争,构成了现代性进程中的特有景观,也导致了现代性的不同方向。

(3) “社会主义”和“资本主义”是现代社会转型的两个最主要的主张和方案。它们之间经历了由最初的对抗和冲突,到彼此承认和接受,再到对话和相互借鉴这样一种转变过程。现代化不是一个单纯向资本主义社会转变的过程。

(4) 当前中国的社会转型既是一个从传统向现代、从现代向更

加现代的社会转变的过程,也是社会主义的自我改革和完善过程。在这一过程中,会引进和吸收资本主义的一些因素,但并非完全转向资本主义社会。

四、“第二次大转型”:“社会学马克思主义”对社会主义国家社会转型过程的解释

除了被郑杭生教授称为“狭义转型论”的“市场转型理论”和郑杭生教授倡导的“广义转型论”之外,在近年的中国社会学界也有一定影响的另一种有关社会转型的理论是美国社会学家布洛维(M. Burawoy)从所谓“社会学马克思主义”(Sociological Marxism)立场出发对社会主义国家社会转型所做的阐释。

在美国学界,塞勒尼等人的“市场转型理论”研究对布洛维也产生了一定影响,推动布洛维去关注社会主义国家里已经或正在发生的变革。但与塞勒尼等人不同,布洛维倡导从一种他称为“社会学马克思主义”的观点出发来理解社会主义国家的社会转型。

那么,什么是布洛维所谓的“社会学马克思主义”?

参考布洛维等人的叙述,我们可以看到,所谓“社会学马克思主义”,是一种以马克思主义关于阶级矛盾再生产的理论为出发点,以“阶级关系的社会再生产”为核心主题的马克思主义理论。它原本致力于探讨在资本主义社会中,社会关系(尤其是阶级关系)的稳定是通过什么样的一些制度安排实现的,这些制度安排又是怎样逐渐失效的,由于制度失效而引发的制度危机又是怎样通过制度方面的创新而被克服的,等等,这样一些问题。

在对这样一些问题进行探讨的过程中,“社会学马克思主义”否定了马克思关于资本主义的以下一些基本命题:

(1) 生产过程中的内在矛盾及其所引发的经济危机使得资本主义具有不可持续性;

(2) 随着资本主义可持续性的下降,反对资本主义的阶级斗争

必将激化；

(3) 这种激化的阶级斗争，必将导致资本主义社会向社会主义社会的转变；

等等。

按照布洛维的论述，“社会学马克思主义”的核心概念是一种既独立于“国家”又独立于“市场”的“社会”（“公民社会”/“能动社会”）。它认为资本主义之所以没有像马克思预言的那样灭亡是因为在资本主义内部产生了一个“社会”，正是“社会”的形成协调了资本主义的国家和经济，抑制和稳定了阶级关系。

因此，“社会学马克思主义”认为资本主义的动态特征主要是由为稳定阶级关系的社会再生产而形成的那些制度安排的不断革新所造成的。但这些革新所带来的结果是不确定的：它们既不一定能最有效地稳定阶级关系，也不一定会因为没有找到最优制度安排而导致资本主义解体。因此，“社会学马克思主义”否定了资本主义灭亡的必然性。

不过，尽管如此，“社会学马克思主义”依然坚持马克思主义者对剥削现象的批判，坚持把消灭了剥削现象的“社会主义”社会作为一种社会的理想。只不过这种“社会主义”社会不再是马克思曾经构想的，或者现实中曾经存在过的那样一种“社会主义”社会，而是一些可以用来替代资本主义的“真实的乌托邦”。它的基本理念是平等、民主和人道，基本原则是让“市场”服从于“社会”。

像塞勒尼等人一样，布洛维也接续卡尔·波兰尼的观点，针对原社会主义国家的市场转型，提出了“第二次大转型”的说法，用来指称20世纪80年代末期苏联、东中欧和东亚各社会主义国家走向市场经济的转型过程，并就此提出社会学面临的新任务。

以与塞勒尼等人类似的口吻，布洛维问道：“如果说马克思、涂尔干和韦伯的古典社会学致力于解释朝向市场经济的第一次‘大转变’的话，那么我们应当如何使社会学再次投入，以把握第二次‘大转变’

的挑战呢?”①

为了回答这个问题(如何以社会学的方式来把握发生在社会主义国家里的“第二次大转型”),仿照马克思对资本主义所做的分析,布洛维提出了理解“国家社会主义”的三个命题:

(1) 国家社会主义的不可持续性;

(2) 反社会主义挑战的加剧;

(3) 朝向某种替代社会——如某种形式资本主义的转变。

布洛维认为,如果在国家社会主义条件下也产生出了某种形式的“社会”,那么,“国家社会主义”可能不会像今天这样崩溃,而是会像今天我们所看到的资本主义那样具有弹性。“转向资本主义”不会成为必然的现实,而是有可能不断转向某种替代形式的社会主义,如“民主社会主义”。②

布洛维的“社会学马克思主义”对中国学者也产生了重要影响。在将布洛维的“社会学马克思主义”引进和应用于当前中国的社会转型研究方面,清华大学社会学系的沈原教授是一个主要的人物。在《社会转型与工人阶级的再形成》等文章中,沈原致力于从“社会学马克思主义”立场出发来理解当前中国的社会转型过程。

沈原认为:“两次‘大转变’的观点,为我们观察和研究当今中国社会提供了基本视角。简言之,如果要从宏观水平和基本性质上界定当今中国的基本特点,那就应简明扼要地指出:中国社会正处在两次‘大转变’的交汇点上。一方面,从全球化的背景来看,中国社会正处在世界范围内的市场化潮流,她已经被深深地卷入全球化的漩涡。在中国人的历史上,还从来没有像今天这样,整个经济、社会和政治生活都如此深刻地与世界资本主义的主流文明缠绕在一起,密不可

① M. Burawoy,“A Sociology for the Second Great Thransformation?”, *Annual Review of Sociology*, Vol. 26, 2000, p. 693.

② 布洛维:《社会学马克思主义》,载布洛维:《公共社会学》,沈原等译,北京:社会科学文献出版社 2007 年版,第 174—175 页。

分并受到这种主流文明的制约和影响。另一方面,中国社会本身也正在经历剧烈的体制转型,在国家权力的导引和推动下涌动的市场化大潮,空前猛烈地冲击着经济、社会和政治制度的各个领域,彻底改变了整个社会的面貌,重新塑造着全部社会生活。"①

然而,沈原指出,至少在目前,社会学关于"第二次大转型"的探讨有两条不同的路线。一是塞勒尼等人的"新古典社会学",二是布洛维的"社会学马克思主义"。沈原认为,后一条研究路线比前一条研究路线更为可取。

沈原认为,塞勒尼等人倡导的"新古典社会学"有以下几方面的缺陷。

(1) 否认"社会主义"是人类社会发展的前景

沈原在讨论"新古典社会学"和"社会学马克思主义"之间的区别时说:"前者对正在来临的市场社会抱持积极肯定的态度,在他们看来,社会主义根本就是走了一条弯路,人类社会最终还是要走向资本主义;后者对市场社会乃至整个资本主义抱持批判和否定的态度,其基本立场仍然是试图超越资本主义。"②

(2) 忽略工人阶级在转型进程中的历史作用

沈原说:面对"第二次大转变","新古典社会学"秉承韦伯传统,明确地提出了"转型问题",即"依靠哪个社会群体,才能完成在计划体制的废墟上重建市场社会"的任务。由于"第二次大转变"的历史起点与"第一次大转变"完全不同,是在消灭了私有财产、消灭了剥削阶级的社会条件下重新转向市场社会的,因此提出产业资产阶级的替代问题是必然的。按照塞勒尼等人的观点,掌握"文化资本"的知识精英是"第二次大转型"中对产业资产阶级的有效替代。但是,沈原认为,"'新古典社会学'可以说是正确地提出了问题,但却只是给

① 沈原:《社会转型和工人阶级的再形成》,载沈原:《市场、阶级与社会》,北京:社会科学文献出版社 2007 年版,第 170—171 页。

② 同上书,第 172 页。

出了片面的答案”。因为这种答案完全忽略了工人阶级在市场转型过程中的历史作用。

面对第一次市场转型，波兰尼提出了“保卫社会”的口号，以抵御来自市场的对“社会”的侵袭。但沈原认为，这一口号在“第二次市场转型”进程中并不完全适用。因为这一口号的前提是已经有一个需要我们去保卫的“社会”存在。但在“第二次市场转型”国家中，由于“经历了再分配经济和与之匹配的极权体制的长期支配，自组织的社会生活机制不说被彻底消灭，至少也是受到极大压抑”。面对这种条件，人们必须重建或生产一个社会。“我们必须先有一个社会，然后才能够保卫它。”

沈原说：在“第一次大转型”过程中，人们的任务是“保卫社会”，而在“第二次大转型”进程中，人们的任务则是要重建或生产“社会”。这是两种不同的认知逻辑和运作逻辑。

参考波兰尼和葛兰西（A. Gramsci）的看法，沈原认为，在“第二次大转型”进程中，我们要重建的“社会”：一方面是一种“能动社会”（active society），以抵御或规制市场对社会的破坏作用；另一方面又是一种“公民社会”（civil society），以抵御或规制国家对社会的不良作用。因此，这种“社会”要在与市场和国家的双重搏斗中得到界定和维持。但在这两方面中，“公民社会”的建设具有更为根本的重要性，因为它是重建“能动社会”的前提。

沈原说：“只有当人们透过自己的社会行动，使市场和国家全都匍匐于脚下，臣服于社会本身之际——只有到了那个时候，社会才能够通过其理论表达即社会学，在自己的旗帜上书写上‘社会主义’的字样。社会至上即社会对市场和国家的支配，正是社会主义的基本含义。”①

---

① 沈原：《社会的生产》，载沈原：《市场、阶级与社会》，第 299 页。

五、郑杭生等人对“社会学马克思主义”的批评

与“新古典社会学”的命运一样，布洛维和沈原倡导的“社会学马克思主义”也受到了郑杭生教授等人的批评。郑杭生将布洛维的“社会学马克思主义”归结为“新布达佩斯学派”的一支。

郑杭生对“社会学马克思主义”的批评主要包括以下两个方面。

(1) “社会学马克思主义”将“社会主义”与“市场经济”相对立

郑杭生教授认为：“按照布洛维的描述，马克思主义是对市场化趋势给予否定性回应的产物，社会主义是与市场经济截然对立的过程，从而把马克思主义、社会主义解释为绝对否定和拒斥市场经济的。这样一来，我们的选择只能是：要么马克思主义、社会主义，要么市场经济、资本主义。按照这种绝对排斥的二分逻辑，如果一个社会主义国家中存在着不同的经济成分，实行了市场化经济以及相应的生产、管理、组织技术，就被视为是资本主义的，因而就要‘超越资本主义’。”

“表面上看，‘社会学马克思主义’与‘新古典社会学’不同，一个倡导研究资本主义新类型，另一个要以马克思主义超越资本主义。但两者本质上是一致的——都主张社会主义国家的社会转型只能是一个向度，即向资本主义转变。不过，它们的提问方式、分析路径的确各有特点：‘新古典社会学’是以正题的形式提出问题，直接从资本主义新类型以及比较资本主义的角度对社会主义国家的转型进行研究；‘社会学马克思主义’则是以反题的形式作为铺垫，从批判和否定经济市场化以及资本主义的角度曲折地对社会主义国家的转型进行资本主义的论证，从而推演出超越资本主义的逻辑。因此，这两种论点可以说形相异而质相同，路径有别而结论一致。”

“但是，‘社会学的马克思主义’及其超越资本主义论有着更大的迷惑力。因为，它披挂着马克思主义信徒的饰物，以对马克思主义的误识来遮掩对当代发展着的马克思主义的排斥；它将社会主义的

旧观念奉为至尊信条，拒绝社会主义不断自我更新和完善的事实；它固守片面的、僵化的、早已被抛弃了的社会主义旧模式，否定正在成长的新型社会主义的实践。”

“不仅如此，它借用社会学对弱势群体的关切、对市场经济化过程社会公正的强力呼吁，把进步过程必然发生的代价归结为社会主义的失败，并以此作为进行社会动员的理由，力图打造出一个反制度的阶级或群体（往往以‘工人阶级’来混淆视听），甚至不惜撒播、推动、激化社会不和谐因素，背离了社会学‘增促社会进步，减缩社会代价’的深层理念。我们可以又一次体会到‘新古典社会学’及其比较资本主义研究论与‘社会学的马克思主义’及其超越资本主义论的‘两极相通’——如果说前者是要‘打造没有资本家的资本主义’，那么后者是想‘打造没有资本家的工人阶级’。”①

（2）“公民社会是一个陷阱”

郑杭生教授还对“社会学马克思主义”关于重建“公民社会”的主张进行了批评。

郑杭生明确提出：“西方式‘公民社会’不能是我们社会建设的目标。”“我们不能把对社会建设、社会管理的探索创新纳入西方‘公民社会’理论框架，不能在西方特别是美国的理论框架中跳舞。一些人把西方公民社会描述得非常完美、美妙。这不符合事实。以至于学者王绍光写文章提出要对‘公民社会’祛魅。西方的公民社会理论，是要培育发展一个在‘公民社会’名义下与政府抗争的对立的社会，并把党委领导驱逐出小区，把执政党对社会、小区的领导称为一党独裁。这是最大的陷阱。一定要警惕和看清这一逻辑。”

郑杭生教授评论说：“美国社会学家布洛维把社会与市场、国家截然对立起来，提出所谓‘公共社会学拒绝与市场和国家的共谋’。这种主张，通俗地说，就是让国家（政府）走开，也让市场走开，剩下他

① 郑杭生、杨敏：《新布达佩斯学派狭义转型论的重大理论缺陷——一种社会学的学术视野》，载郑杭生：《中国特色社会学理论的深化》（下），第946—947页。

那个其作用被夸大的‘社会’，即他的‘公民社会’‘能动社会’。按照这种理论，那么行动的选择只能是：要么为市场化张目、为国家立言、对社会侵夺，要么成为创立社会、保卫社会、解放社会的斗士。这样，一个独立于国家并具有抗争和制衡力量的社会，完全能够自主、自治、能动的社会，是解决现代社会一切问题的一剂良药。这种主张很激进，但是根本做不到。‘社会’无时无刻不是在处理与政府、与市场的关系中实际运行着。上述观点根本不适合中国的社会建设和小区建设。因为它在中国社会毫无根基，既没有历史的根基，也没有现实的根基。在中国社会，这种观点不能不是一种‘无根的观点’。”

不过，为了避免误解，郑杭生教授对此做进一步的解释说：“我们的社会建设、社会管理的探索创新，以我为主，有我们自己的理念、思路，该干什么就干什么，只是不在西方的理论框架中跳舞。识破西方‘公民社会的陷阱’，跳出西方理论框架，是为了更好地进行社会建设、社会管理，而不是要放慢社会建设的步伐，该发展社会组织还是要发展，该购买服务还是要积极购买，政府该依法行政还是要依法行政，基层党组织、党员个人的作用该加强的还是要加强。”①

六、总结和评论

总结上面的叙述，我们可以看到，在现今的中国社会学界，针对中国当前正在发生的社会转型过程，至少有三种不同的理解或诠释：一是塞勒尼、孙立平等人所倡导的“市场转型理论”或“新古典社会学”，二是布洛维、沈原等人所倡导的“社会学马克思主义”，三是郑杭生、杨敏等人所倡导的“广义转型论”。在这三种不同理解的赞同者之间所争论的焦点问题之一是，“当前中国社会转型的实际走向是什么”。对于这个问题，塞勒尼、孙立平等“市场转型理论家”或“新

① 郑杭生：《中国社会学不应在西方的笼子里跳舞》，中国社会科学网，http://www.cssn.cn/news/403770.htm。

古典社会学家”和布洛维、沈原等“社会学马克思主义者”都认为当前中国社会转型的实际走向是从传统的以计划经济为基础的社会主义社会走向以市场经济为基础的资本主义社会，只不过塞勒尼、孙立平等“市场转型理论家”或“新古典社会学家”对这一走向基本上持一种肯定的态度，而布洛维、沈原等“社会学马克思主义者”则对这一走向持一种基本否定的态度。郑杭生、杨敏等“广义转型论者”则认为当前中国社会转型的实际走向是从传统的社会主义计划经济社会走向新型的社会主义市场经济社会。

那么，我们该怎样来看待和评价这三种不同理论立场在上述问题上的分歧和对立呢？在本文剩下的部分，我们拟就这个问题来做一个简要的讨论。

其实，对这个问题的争论不仅存在于学者当中，也广泛地存在于日常生活世界里的各类人之中。一个有趣的现象是，尽管中国官方文献始终坚持认为当前中国的社会转型是一种社会主义社会的自我完善过程，是从一种以计划经济为基础的“社会主义社会”向以市场经济为基础的“社会主义社会”转变，但一些民间人士（既包括普通民众也包括学者等）认为当前中国的社会转型是在从“社会主义社会”向“资本主义社会”转变。① 不过，仔细地考察一下争论双方的论述，我们就会发现，在回答这个问题时所出现的分歧，其实在很大程度上是源自于争论各方对“社会主义社会”一词所做的模糊而又不同的理解或界定。

什么是“社会主义社会”？在改革开放之前的中国官方文献中，对“社会主义社会”的界定一般可以概括如下：所谓“社会主义社会”就是这样一个社会，在这种社会中，成为统治阶级的工人阶级（与其同盟军“贫、下中农”一道）通过其所掌握的国家机器对整个社会的生产资料进行共同占有，实行有计划的统一管理，并根据“按劳分

① 20世纪90年代中期，一位美国著名社会学家来到北京大学访问，谈起对中国的观感，直认当时的中国比美国还要更像“资本主义社会”。

配”的原则对劳动产品进行分配。具体而言，它包括以下几个方面的内容。

(1) 社会主义的经济基础。包括：

① 生产资料的公有制(具体表现为生产资料的国家所有制和集体所有制两种形式)；

② 政府对生产过程实行指令性的计划调节；

③ 以“按劳分配”为原则的产品分配制度(具体包括实物分配和商品分配两种不同形式)。

(2) 社会主义的政治与法律上层建筑。包括：

① 工人阶级在法理上成为掌握国家政权的统治阶级，与其同盟军——贫农、下中农一道对整个社会进行统治或管理；

② 工人阶级与其同盟军的这种统治地位在一定程度上通过其成员在国家以及企事业单位管理中的一些法定权利(不能解雇、直接或间接参与企事业单位的管理等)体现出来；

③ 在更多的情况下，工人阶级及其同盟军的统治地位是通过其“先锋队”即工人阶级政党(“共产党”或其他名称)对社会实行的“一元化”领导来加以实现。

(3) 社会主义的意识形态或观念上层建筑。包括：

① “马克思主义、列宁主义、毛泽东思想”在思想领域的绝对指导地位；

② 社会主义基本价值观念(如“集体主义”、“大公无私”、反对“资产阶级自由化”等)在社会生活中的主导地位。

等等。

可以说，在生产资料所有制改造运动基本完成之后至改革开放之前的中国社会基本上是符合上述特征的。然而，改革开放之后，众所周知，中国社会发生了许多重要的变化。在社会的“经济基础”方面，以上“社会主义经济基础”定义中的三个方面基本上都被彻底改变。今天的中国社会，其“经济基础”表现出以下三个方面的特征。

(1) 生产资料的公有制已经让位于多元化的生产资料所有制。既存在着国家所有制,也存在着私有制等其他所有制。而且,在经济生活的许多方面,私营企业已经占据了十分重要的地位。

(2) 政府对生产过程的指令性计划调节已经让位于西方资本主义国家的政府通常采用的那种凯恩斯主义性质的、以财政—货币手段来进行的宏观调节。

(3) 以“按劳分配”为原则的产品分配制度已经让位于西方经济学家所谓的“按生产要素分配”原则来进行的分配制度。

有的人认为,至少从形式上看,今天中国的经济形态和西方资本主义国家的经济形态已经没有什么明显的差异。与此相应,工人阶级在国家和所在单位政治生活中的实际地位也大幅下降,原有的许多法定权利(不能解雇、直接或间接参与企事业单位的管理等)也差不多丧失殆尽。在这种情况下,我们如何能够宣称中国还是一个“社会主义”社会呢?正是从这样一种质疑出发,许多人(包括学者——其中有信仰马克思主义的学者,也有反对马克思主义的学者,也包括许多普通民众)才认为今天的中国已经不是一个“社会主义社会”,而是一个“资本主义社会”。当然,由于今天的中国社会更多的只是在经济形态方面类同于“资本主义社会”,而在政治和意识形态等方面还与我们通常看到的“资本主义社会”不同,因此,人们往往想到在“资本主义”前面加上一个限定词,将当前的中国社会称为“有中国特色的资本主义社会”。并以此为据,将当前中国社会的转型过程理解为一个从“社会主义”向“(有中国特色的)资本主义”转变的过程。

然而,或许是早就预料到会有这样一种质疑,为了能够在改革开放的上述预期结果出现之后继续维护“中国还是一个社会主义社会”的宣称,邓小平在改革开放之初就对“社会主义”的含义做了一个重大的修正。他提出了“社会主义就是共同富裕”这样一个新的定义。按照这一定义,“社会主义”的实质内涵或根本目标就是“共同富裕”,而非公有制、计划经济、按劳分配等。所谓公有制/私有制、计划经济/市场经济、按劳分配/按要素分配等都不过是一些发展经济或生产力的制度工具或手段。对于这些工具或手段,“资本主义”社会可以加以利用,“社会主义”社会也可以加以利用。只不过前者在利用这些手段发展了生产力后,并不能做到让全体社会成员来共享发展的成果以实现“共同富裕”,而后者则能够做到,因为后者是由代表工人阶级和全体人民利益的政党——共产党掌握国家政权,以马克思主义为绝对指导思想的共产党对国家和社会的绝对领导地位确保了经济发展的成果最终将能够为工人阶级和全体人民共享,以实现“共同富裕”这样一个理想。因此,判断一个社会是否还是“社会主义社会”,不再应该看它是否还是实行公有制、计划经济、按劳分配等,而是要看它最终是否能够实现“共同富裕”这一理想目标。当然,在经济增长还没有达到能够实现“共同富裕”的水平(“共同富裕”意味着至少让每个社会成员都能享有同一时期世界中等发达国家的生活水平,否则就只能是“共同贫穷”。而“共同贫穷”的社会,按照新定义,不能算是“社会主义社会”,即使它实行了公有制、计划经济、按劳分配,符合“公平”“公正”“平等”一类的原则)之前,可能要经过一个“社会主义的初级阶段”。在这个阶段上,为了提升经济效率,刺激经济增长,还有必要在收入或财产分配方面维持一定的差距或不平等。但维持这种差距或不平等正是为了创造条件实现“共同富裕”。因此,不能因为这一阶段上还存在着这种差距或不平等就认为这不是“社会主义社会”,而是“资本主义社会”。在这一阶段上,该社会依然可以被视为“社会主义社会”的标志是共产党的绝对领导以及马克思主义、社会主义理念的绝对主导地位。因为,按照前面的分析,正是后两方面因素的存在确保了这个社会在经济增长到一定程度后必将实现“共同富裕”的理想目标。假如由邓小平开启的这样一种“社会主义”解释可以被接受,那么,的确,宣称当前的中国社会还是一种“社会主义社会”就也自有其理论根据。①

由上可见,在当前中国,对于“社会主义社会”这个概念,至少是有以上这么两种不同的界定。这两种不同的界定自然决定了对当前中国社会转型的两种不同理解:一个人(譬如塞勒尼、布洛维、沈原、林南等)如果接受了对“社会主义社会”的第一种界定,他就必然会认为当前中国的社会转型是在从“社会主义”转向一种(具有中国特色的)“资本主义”社会。相反,一个人(譬如郑杭生等)如果接受了对“社会主义社会”的第二种界定,他也就必然认为当前中国的社会转型是在从一种传统的“社会主义”向一种“新社会主义”转变。而在对当前中国社会转型所做的这两种理解当中,哪一种更为合理,则完全取决于对“在上述对‘社会主义社会’概念所做的两种界定当中,哪一种更为合理”这个问题所做的回答。如果我们能够对这个问题做出确定的回答,我们也就可能对上述有关中国社会转型的两种理解的合理性做出明确的判断;反之,我们也就只能将它们作等量齐观。②

① 按照这样一种对“社会主义社会”的理解,今天我们所看到的众多“资本主义社会”其实也已经是具有了较多“社会主义”色彩的“资本主义社会”,而非纯粹的“资本主义社会”。因为今天的众多资本主义社会也都借助于“福利国家”等方式在一定程度上实现了“共同富裕”的目标。

② 除了“当前中国社会转型的实际走向是什么”这个问题之外,在上述三种当前中国社会转型解释框架之间还隐含着其他一些争议之点,譬如“当前中国社会转型的走向应该是什么”等。限于篇幅等,本文未加讨论。

哈贝马斯的“沟通有效性理论”：前提或限制[①]

一、哈贝马斯的沟通有效性理论

哈贝马斯希望通过共识的形成来实现社会的合理整合。人们通常认为，在讨论共识的形成过程时，哈贝马斯提出了两个前提条件。一个被称为“理想沟通情境”，另一个被称为沟通有效性要求。

所谓“理想沟通情境”，其内涵主要如下。

（1）一种话语的所有潜在参与者均有同等参与话语论证的权利。任何人都可以随时发表任何意见或对任何意见表示反对，可以提出质疑或反驳质疑。

（2）所有话语参与者都有同等权利做出解释、主

① 本文发表于《北京大学学报（哲学社会科学版）》2014 年第 5 期。

张、建议和论证，并对话语的有效性规范提出质疑、提供理由或表示反对，任何方式的论证或批评都不应遭到压制。

（3）话语行动的参与者必须有同等的权利实施表达式话语行为，即表达他们的好恶、情感和愿望。因为，只有个人陈述空间的相互契合以及行为关联中的情感互补，才能保证行为者和话语参与者面对自身采取真诚的态度，袒露自己的内心。

（4）每一个话语参与者作为行为人都必须有同等的权利实施调节性话语行为，即发出命令和拒绝命令，做出允许和禁止，做出承诺和拒绝承诺，自我辩护或要求别人做出自我辩护。因为，只有行为期待的相互性才能排除某种片面要求的行为义务和规范判断，为平等的话语权利和这种权利的实际使用提供保证，解除现实强制，过渡到一个独立于经验和行动的话语交往领域。①

而在《什么是普遍语用学》一文中，哈贝马斯则将人们之间为有效实现沟通过程所必须遵守的基本要求表述如下：

"任何处于交往活动中的人，在施行任何言语行为时，必须满足若干普遍的有效性要求并假定它们可以被验证。就他试图参与一个以理解为目标的过程而言，他不可避免要承担起满足下列——确切地讲，正好是这些——有效性要求的义务。这些要求包括：1.说出某种可理解的东西；2.提供（给听者）某种东西去理解；3.由此使他自己成为可理解的；以及，4.达到与另一个人的默契。将上述四点展开就是：言说者必须选择一个可领会的表达以便说者和听者能够相互理解；言说者必须有提供一个真实陈述的意向，以便听者能分享说者的知识；言说者必须真诚地表达他的意向以便听者能相信说者的话语；最后，言说者必须选择一种本身是正确的话语，以便听者能够接受之，从而使言说者和听者能在以公认的规范为背景的话语中达到认同。不但如此，一个交往行为要达到不受干扰地继续，只有在参与者

① 转引自章国锋：《关于一个公正世界的"乌托邦"构想——解读哈贝马斯〈交往行为理论〉》，济南：山东人民出版社 2001 年版，第 152 页。

全都假定他们相互提出的有效性要求已得到验证的情形下,才是可能的。"①

由于可领会性(按照交往参与者公认的语法规则说话)是不言而喻的,因此也可以将上述四个有效性要求简化为三个基本要求:(1)言说者对事实的陈述必须是真实的;(2)言说者对沟通的意向必须是真诚的;(3)言说者所表述的话语从行为规范角度看必须是正确的。

在一次以达成相互理解为目标的交往行动中,上述三个有效性要求必须同时得到满足。只要其中有一个受到质疑,交往行动就会遭到困难。在《交往行动理论》一书中,哈贝马斯举了一个例子来对此加以说明。

哈贝马斯写道:"我们现在来假定:教授在课堂上向一位学生发出了要求:'请您给我拿一杯水。'"如果这个学生不认为教授的这项要求是一种命令,而只是从沟通的立场出发完成的一个言语行为,那么,"这个学生原则上可以从三个角度对教授的请求加以拒绝。他可以对表达的规范正确性提出质疑:'不,您不能把我当作是您的助手。'或者,他可以对表达的主观真诚性提出质疑:'不,您实际上是想让我在其他学生面前出丑。'或者,他可以对现实条件加以质疑:'不,最近的水管都很远,我根本无法在下课之前赶回来。'第一种情况质疑的是教授的行为在一定的规范语境中所具有的正确性;第二种情况质疑的是教师是否言出心声,因为他想达致的是一定的以言取效的效果;在第三种情况下,质疑的对象则是教授在一定的情境下必须设定其真实性的陈述"。哈贝马斯认为,"我们对上述例子的分析,适用于一切以沟通为取向的言语行为。在交往行为关系中,言语行为永远都可以根据三个角度中的一个加以否定:言语者在规范语境中

---

① 哈贝马斯:《交往与社会进化》,张博树译,重庆:重庆出版社 1988 年版,第 2—3 页。

为他的行为(乃至为规范本身)所提出的正确性要求;言语者为表达他所特有的主观经历所提出的真诚性要求;最后还有,言语者在表达命题(以及唯名化命题内涵的现实条件)时所提出的真实性要求”。①

二、哈贝马斯沟通有效性理论的前提或限制

对于哈贝马斯“理想沟通情境”理论,福柯等人曾做过批评。福柯认为,哈贝马斯设想的“理想沟通情境”实际上是不可能存在的,哈贝马斯的“沟通行动”模式顶多也就是一种无法兑现的乌托邦理想。福柯说:“关于存在着一种理想的交往状态——在这种状态下真理的游戏可以无障碍、无限制和无强制地循环往复地想象,在我看来纯属幻想的范畴…… 我相信,没有权力关系,任何一个社会都不可能存在,只要人们把这种关系理解为个人用以控制和决定他人行为的手段。”②

我不太同意福柯对哈贝马斯的批评。我不认为权力关系的不可摆脱性对沟通行动始终会构成一种障碍。正如福柯自己认识到的那样,权力关系不是单向的,而是双向的。虽然在某些情况下,权力关系可能造成人们之间的不平等,因而阻碍人们之间的合理沟通,但这并非意味着人们之间的权力关系永远都是一种不平等的关系。在某些情况下,尽管人们之间的关系依然是一种权力关系,但可以是一种平等的权力关系,或者,近似平等的权力关系。在这种情况下,人们之间面临的沟通情境就可能近似于哈贝马斯设想的“理想沟通情境”。因此,如果以哈贝马斯设想的“理想沟通情境”不符合现实为由来否定哈贝马斯的“沟通行动”模式,我认为是理由不足的。

然而,这并不意味着哈贝马斯的沟通行动理论没有任何瑕疵。

---

① 哈贝马斯:《交往行为理论》第一卷,曹卫东译,上海:上海人民出版社 2004 年版,第 291—292 页。

② 转引自章国锋:《关于一个公正世界的“乌托邦”构想——解读哈贝马斯〈交往行为理论〉》,第 156 页。

如上所述,按照哈贝马斯的论述,“沟通行动”模式的实施至少需要两方面的条件:一是参与沟通的各方需要形成一种上面所说的“理想沟通情境”;二是参与沟通的各方必须遵守一些有效地进行理性沟通行动所必须遵守的基本要求(参与沟通的行动主体对事实的陈述是真实的、沟通的意向是真诚的、所遵循的行为规范是正确的等)。然而,正是在这第二个条件方面人们之间可能存在着难以消弭的分歧。

以下我们试举几个例子来对此加以说明。

(1)如何判断“参与沟通的行动主体对事实的陈述是真实的”?

下面是几对内容相互矛盾的事实陈述:

①“19 世纪末 20 世纪初的中国社会是一个阶级社会”/“19 世纪末 20 世纪初的中国社会不是一个阶级社会”;

②“中国目前中产阶级占人口的比重只有 5%左右”/“中国目前中产阶级占人口的比重已有 20%—25%”;

③“1995 年中国居民总体收入分配基尼系数为 0.35”/“1995 年中国居民总体收入分配基尼系数为 0.45”;

④“1998 年中国现代化实现程度已达 81%”/“1998 年中国现代化实现程度只有 40.4%”;

⑤“西方发达国家已经进入了后现代社会”/“西方发达国家并没有进入什么后现代社会,而是进入了新现代社会”。

深受传统“实在论”影响的人会认为,在上述每对两两相异的事实陈述中,各自只能有一个陈述是真实的。但其实,如果我们对上述每一对陈述的构成过程做过具体的考察之后,我们就会发现,这些表面上看相互矛盾的陈述其实都可能是真实的。它们之间的矛盾,不是源于它们对它们所欲“再现”的“客观现实”获得了不同的观察结果,而是源于它们是其陈述主体在不同话语体系的引导和约束下所做出的。以第一对陈述为例,这是毛泽东和梁漱溟分别做出的两个陈述。而毛、梁二人之所以会做出这样两个粗粗看去相互矛盾的陈述，其实并不在于他们对19世纪末20世纪初的中国社会现实获得了不同的观察结果，而完全是因为他们两人所使用的"阶级"一词具有完全不同的含义。可以说，虽然他们都在使用"阶级"这个概念来描述和分析19世纪末20世纪初的中国社会，但他们所用的"阶级"概念属于完全不同的话语体系。从他们各自所属的话语体系来看，他们各自所做的那一陈述都可能是"真实"的。①

其他几对陈述之间的关系也是如此：每对看上去相互矛盾的两个陈述之间的差异首先或主要可能是来自于陈述主体对所用关键概念——如"中产阶级""居民可支配收入""现代化""现代社会"等——含义界定上的区别，而非来自于陈述主体对客观现实观察结果方面的差别。换句话说，虽然每对陈述中的两个陈述主体都使用了从字面上看相同的概念来描述现实，但他们使用的概念在含义上有一定的或相当的差异，使得他们事实上不在一个话语体系之中。他们是在不同话语体系的引导和约束下来做出自己的陈述的。就像毛泽东和梁漱溟的例子所展示的一样，从他们各自所属的话语体系来看，他们各自所做的那一陈述也可能是"真实"的。

因此，要想判断一个人有关某一"事实"的陈述是否具有"真实性"，一个首要的前提就是：判断者必须要和被判断陈述的主体同处于一个话语体系之中。一个和被判断陈述的主体不处于同一话语体系之中，甚至对被判断陈述的主体所属话语体系毫无了解的人，是根本没有能力对该"事实陈述"的"真实性"做出恰当判断的。

（2）如何判断"参与沟通的行动主体所持有的沟通意向是真诚的"？

以下是罗纳德·斯考伦、苏珊·斯考伦夫妇在《跨文化交际》一书中使用的一个例子。

---

① 参见谢立中：《"中国社会"：给定现实，抑或话语建构——以毛泽东和梁漱溟之间的一个分歧为例》，《江海学刊》2008年第3期；另见谢立中：《走向多元话语分析：后现代思潮的社会学意涵》，北京：中国人民大学出版社2009年版，第5章。

“王先生和理查德森先生的会谈使理查德森先生很高兴，他在分手时表示要找个时间与王先生共进午餐。王先生欣然应允；几周后他开始怀疑对方毫无诚意，因为理查德森先生在发出邀请后，再没有来约定午餐的具体时间和地点。”①但事实上，按照斯考伦夫妇的含蓄表述，理查德森先生并非王先生设想的那样一个虚伪和缺乏诚意的人。王先生对理查德森先生交往诚意的怀疑纯属误会。

但为什么王先生会有这样的误会呢？

斯考伦夫妇分析说，中国人王先生之所以会认为西方人理查德森先生缺乏交往的诚意，完全是由于中国人和西方人在说话时遵循了不同的话语模式所致。研究表明，“亚洲人使用的表达顺序是‘话题—说明’，而主旨（即说明）的出现是以关于话题的背景被充分交代为条件的。这种结构最常见的形式如下：因为 Y（话题、背景或原因），X（说明、主旨或行动建议）。与此迥然不同的是，西方人说英语时倾向于运用开门见山式的话语策略，一上来就交代主旨。这样，其他谈话者对此就能作出反馈，而他本人也能根据需要完善自己的论据。其结构形式如下：X（说明、主旨或行动建议），因为 Y（话题、背景或原因）”②。

这样两个遵循不同话语模式来说话的人，很容易因为相互不了解对方用来组织话语的模式而使谈话陷入困境。斯考伦夫妇举了一个例子来说明这一点。在一次商务会议上，一个来自中国香港的商人对其北美同行说了下面这样一段话：“因为现在我们大部分产品在中国生产，唔——现在还不能肯定 1997 年以前政府过渡时期会有什么样的表现；还有，从经费考虑，我认为对于电视广告问题我们得谨慎一些。因此，我建议我们在莱格高公司作出决定以后再作打算。”斯考伦夫妇指出，对于一个西方人来说，这个中国香港商人的话语很

---

① 罗纳德·斯考伦、苏珊·斯考伦：《跨文化交际：话语分析法》，施家炜译，北京：社会科学文献出版社 2001 年版，第 5 页。

② 同上书，第 2 页。

让人费解。如果是由一个西方人来陈述,这段话将会变成以下这个样子:“我建议我们在莱格高公司作出决定以后再作打算。这是因为从经费考虑对于电视广告问题我们应该谨慎一些。另外,现在我们大部分产品在中国生产,现在还不能肯定政府在 1997 年前的过渡时期会有什么样的表现。”这样,这个西方人“一上来就提出了推迟决定的建议,然后才是说话者这样做的理由”。但对于习惯中国式表达的人来说,这个西方人的话语行为会显得有点粗鲁。“这种话语模式的不同导致了话语焦点的不同:西方人认为话语的开头部分是最重要的,而亚洲人更倾向于从话语的后面部分寻找重要信息。”①斯考伦夫妇指出,正是由于中国人习惯于将最重要的话置于谈话的结尾,而西方人则习惯于将重要事项置于谈话的前面部分而将一些被认为无关紧要的客套话置于谈话结尾,这样一种话语模式引发了前述王先生对理查德森先生交往诚意的怀疑:正是王先生熟悉的话语模式“使王先生认为理查德森先生在会谈最后发出的午餐邀请是比较重要的。无论这次午餐对王先生来说重要与否,他都认为理查德森先生应该是郑重地发出邀请。相反,理查德森先生却觉得此事无关紧要,因此才在会谈结束时提出共进午餐的建议,对他而言,这仅仅意味着他的心情在会谈之后很愉快。换言之,这并不是一个真正的邀请,而只是一种告别时习惯性的客套话”②。

这个例子非常清楚地表明,对于参与沟通的行动主体双方是否持有真诚的沟通意向这一点,沟通双方其实也不容易达成一致的理解。和我们前面讨论“陈述的真实性”问题时所遭遇的情况一样,沟通双方在“双方沟通意向的真诚性”这一点上是否能够做出一致的判断,一个重要前提也是双方必须对“真诚的沟通意向”有一个共同的判断标准。而这就要求沟通双方必须同处于一个话语体系(或斯考伦夫妇所说的“话语模式”)之中。一个和对方不处于同一话语体系

① 罗纳德·斯考伦、苏珊·斯考伦:《跨文化交际:话语分析法》,第 1—2 页。
② 同上书,第 6 页。

之中，甚至对对方所属话语体系毫无了解的人，在对对方“沟通意向的真诚性”做出判断时也是可能会遇到困难的。

(3) 如何判断“参与沟通的行动主体所遵循的行为规范是正确的”？

以下是大家熟知的鲁迅在《立论》一文中通过梦中“老师”之口讲述的故事。

> 一家人家生了一个男孩，合家高兴透顶了。满月的时候，抱出来给客人看，——大概自然是想得一点好兆头。
>
> 一个说：“这孩子将来要发财的。”他于是得到一番感谢。
>
> 一个说：“这孩子将来要做官的。”他于是收回几句恭维。
>
> 一个说：“这孩子将来是要死的。”他于是得到一顿大家合力的痛打。
>
> “说要死的必然，说富贵的许谎。但说谎的得好报，说必然的遭打。你……”
>
> “我愿意既不谎人，也不遭打。那么，老师，我得怎么说呢？”
>
> “那么，你得说：‘啊呀！这孩子呵！您瞧！多么……。阿唷！哈哈！Hehe！he，hehehehe！’”①

在这篇文章中，鲁迅借“老师”之口，愤愤不平地说道：“说要死的必然，说富贵的许谎。但说谎的得好报，说必然的遭打。”这真是一个是非颠倒的世界！

鲁迅为什么对故事中的第三位说话者遭到大家痛打这一现象感到如此愤怒？理由鲁迅已经说得很明白了。在他看来，前面两位说话者其实都是我们通常所谓的“献媚者”：他们正在试图借助于一些

---

① 鲁迅：《立论》，载鲁迅：《野草》，北京：人民文学出版社1973年版，第45页。

甜蜜的“谎言”来讨得故事主人的欢心。而第三位说话者才是我们通常所谓的“正派人”:他不屑于与前两位献媚者为伍,不愿意用谎言来取悦主人,坚持要说出反映事情之必然面目的“真理”。毫无疑问,在鲁迅以及第三位说话者的心目中,第三位说话者在说话时所遵循的行为规范才是“正确”的行为规范,前两位说话者说话时遵循的行为规范是“不正确”的,至少在道德规范的层面上看是如此(“说谎”、“献媚”、没有人格等)。

然而,绝大多数在中国社会生活过一段时间的“正常人”,却完全可能做出与鲁迅相反的判断。在绝大多数“正常”的中国人看来,违反了日常生活中大家公认之行为规范的显然应该是第三位说话者,而非前两位。无疑,在多数“正常”的中国人看来,假如上述故事情节不是发生在一个日常生活情境之中,而是在一个学术研讨会上,三位说话者也不是日常生活中相遇的普通人,而是正在讨论一个学术问题(“主人手中抱着的这个孩子未来会如何?”),那么,该受惩罚的的确就不是第三位说话者,而应该是前两位说话者,因为是他们违反了学术界公认的行为规范——“求真”(假如我们当时就有确凿的证据证明他们两人说的是谎言)。但问题在于,按照梦中“老师”的交代,上述故事情节恰恰发生在一个中国人日常生活中非常普遍的情境——为满月的孩子贺喜——之中。而按照中国人的传统习俗,关系亲近之人此时此刻应该说一些带有礼仪性质的祝福话语,以此来向孩子的父母表达“同喜”之心情,以巩固或加强与孩子父母之间的亲密关系。这些带有礼仪性质的祝福话语并非一定要符合“真实”的标准,但一定要符合“吉利”“喜庆”“让主人高兴”等标准。因此,一个谙熟并愿意恪守中国传统习俗的人此时此刻一定会按照故事中前两位说话者的方式来说话。而不按这种方式说话的人则要么遭到第三位说话者的“礼遇”——被痛打一顿(毫无疑问,其与主人之间的交往关系也必将终止),要么像“老师”指教的那样打“哈哈”——恐怕也免不了将来会受到主人的冷遇甚至报复。

无疑，故事中第三位说话者之所以无法与人正常沟通，正是由于双方在“何为正确的行为规范”这个问题上出现了分歧。而双方之所以在这个问题上会出现分歧，又主要因为双方在沟通时处于不同的话语体系之下：故事中的主人和前两位说话者处于中国传统礼仪话语体系的引导和约束之下，第三位说话者则处于以“人在任何时候、任何情境下都应该求真务实、不说谎话”为原则的话语体系的引导和约束之下。可见，和前面所讨论的两种情况一样，在判断沟通双方在沟通过程中是否遵循了正确的行为规范时，沟通双方是否处于同一个话语体系的引导和约束之下，也是一个重要的影响因素。只有处于同一话语体系的引导和约束之下的沟通行动者，在“何为正确的行动规范”问题上才比较容易达成一致的判断。

上述例子可以表明，无论是陈述的真实性、意向的真诚性，还是规范的正确性，都不具有一种不依人们的话语体系为转移的自然性质。相反，判断一个参与沟通过程的人在所有这些方面是否达到了所要求的标准，都是由人们所属的话语体系来决定的，因而是随人们所属话语体系的变化而变化的。处于不同话语体系的引导和约束之下的人们，会对陈述的真实性要求、意向的真诚性要求、规范的正确性要求做出不同（甚至完全不同）的理解，因而也就会对沟通参与者之陈述的真实性状况、意向的真诚性状况、规范的正确性状况做出不同（甚至完全不同）的判断。可见，即使在双方的言语是否与理性沟通的有效性要求相符这一点上，人们之间尚且难以形成共识，更何谈在一些更为具体的讨论主题上达成共识？

三、结　语

需要说明的是，本文上述的讨论并非要完全否认人们之间通过理性沟通来达成共识的可能性。达成共识的可能性还是有的，只是除了哈贝马斯设想的“理想沟通情境”之外，它还依赖于一个重要的前提，这就是：参与沟通的人们必须同处于一个话语体系之下。只有当参与沟通的人们既处于哈贝马斯设想的“理想沟通情境”之中,又同处于一个话语体系之下时,人们之间才可能就各方的言语是否符合哈贝马斯提出的达成有效沟通必须遵守的基本要求获得一致的判断,因而才有可能通过进一步的沟通过程来就某个实质性主题达成共识。这也就意味着,原本不处于一个话语体系之下的人们,如果想通过沟通来就某个话题达成共识,那么他们首先必须通过学习过程(相互学习对方的话语系统,或者共同学习一种新的话语体系等)来使双方能够同处于一个话语体系之下。如果做不到这一点,要想形成共识就是困难的,试图通过共识的形成来解决纠纷、实现社会整合也就只是一种空想。

哈贝马斯其实在一定程度上是了解上述道理的。在《交往行为理论》一书中,哈贝马斯就曾经指出,通过平等的沟通协商来达成共识的前提之一就是沟通过程的参与者必须处于同一“生活世界”之中。哈贝马斯说:“通过这种交往实践,交往行为的主体同时也明确了他们共同的生活语境,即主体间共同分享的生活世界。生活世界的界限是由所有的解释确立起来的,而这些解释被生活世界中的成员当作了背景知识。……符号表达的有效性前提涉及的是交往共同体当中主体相互之间共同分享的背景知识。”①“交往行为的主体总是在生活世界的视野内达成共识。他们的生活世界是由诸多背景观念构成的,这些背景观念或多或少存在着不同,但永远不会存在什么疑难。这样一种生活世界背景是明确参与者设定其处境的源泉。”②可见,哈贝马斯清醒地意识到有效沟通的前提之一就是沟通双方必须有“共同分享的背景知识”。这种“共同分享的背景知识”,在我们看来,主要就是沟通者共享的话语系统(虽然哈贝马斯并不一定同意这种说法)。但遗憾的是,哈贝马斯将自己的注意力只放在或主要放在了具有“共同分享的背景知识”的主体之间的沟通行为

---

① 哈贝马斯:《交往行为理论》第一卷,第 13 页。

② 同上书,第 69 页。

上,而对于那些不具有“共同分享的背景知识”的人们之间的相互交往却没有给予充分的注意和讨论。而事实上,后面这种情境和前面那种情境一样,也是我们的日常生活中普遍存在的现象,一种有关沟通的理论,如果有意无意地忽略或淡化了后面这一情境,显然应被视为一个缺憾。

“族群问题的去政治化”争论之我见[①]

2004 年，北京大学社会学系的马戎教授在《北京大学学报》上发表了一篇题为《理解民族关系的新思路——少数族群问题的“去政治化”》[②]的文章。在这篇文章中，马戎教授对 1949 年以后中国政府实施的以“把族群问题政治化和制度化”为特征的民族政策明确地进行了批评，提出了以“把少数族群问题逐步‘去政治化’”为特征的民族政策新思路。这篇文章发表后，在中国民族学界引起了强烈的反响和激烈的争论，对马戎教授的观点赞成者有之，反对者也有之。在本文中，笔者拟从一个局外人（此前不曾参与这一争论）和

① 本文发表于《中国高校社会科学》2014 年第 2 期。

② 马戎：《理解民族关系的新思路——少数族群问题的“去政治化”》，《北京大学学报（哲学社会科学版）》2004 年第 6 期。另见谢立中主编：《理解民族关系的新思路——少数族群问题的去政治化》，北京：社会科学文献出版社 2010 年版，第 3—32 页。

行外人(不是民族或族群问题研究领域的专门学者)的角度对这场争论的内容和观点做一个简单的梳理和讨论,并对争论涉及的一些主要问题冒昧地提出自己的一点看法。

一、马戎:“族群”问题为何要“去政治化”?

虽然《理解民族关系的新思路——少数族群问题的“去政治化”》一文是马戎教授阐述自己观点的主要作品,但马戎用来阐述自己观点的文章并非仅限于这一篇。除了这篇文章之外,马戎还在许多其他相关文章中阐释过自己的观点。① 纵观这些文章,我们可以看到,马戎教授关于“族群问题去政治化”的主张,主要建立在以下两个方面的论据上。

1.“民族”和“族群”概念之间的差异

按照马戎教授的意见,“民族”和“族群”是两个含义完全不同的中文词汇。“民族”的英文对应词是“Nation”,“族群”的英文对应词则是“Ethnic Group”或“Ethnicity”。马戎认为,在国外文献中,“Nation”和“Ethnic Group”是截然不同的两个概念。“从各自出现的时间和具有的内涵来看,这两个英文词代表着完全不同的人类群体,表现了不同的历史场景中人类社会所具有的不同的认同形式。‘民族’(Nation)与17世纪出现于西欧的‘民族主义’和“民族自决’政治运动相联系,‘族群’(Ethnic Group)这个词则出现于20世纪并在美国使用较多,用于表示多族群国家内部具有不同发展历史、不同文化传统(包括语言、宗教等)甚至不同体质特征但保持[国家]内部认同的群体,这些族群在一定程度上也可以被归类于这些社会中的‘亚文

① 详见马戎教授的以下著作:《民族社会学——族群问题的社会学研究》,北京:北京大学出版社2004年版;《族群、民族和国家构建——当代中国民族问题》,北京:社会科学文献出版社2012年版;《中国民族史和中华共同文化》,北京:社会科学文献出版社2012年版;等等。

化群体'。"①如果用更为简洁一点的话来说,那就是:"民族"(Nation)一词主要是用来指称自17世纪开始,与首先在西方国家出现,然后逐渐传播到非西方国家的"民族主义"及"民族自决"运动相联系,由这些政治运动建构起来且往往以"民族国家"这种领土性政治实体为其边界的那样一些人类认同群体;而"族群"(Ethnic Group)一词则主要用来指称存在于"民族国家"内部、以文化或体质等方面的非政治因素为基础而形成的一些认同群体。因此,"'族群'作为具有一定文化传统与历史的群体,和作为与固定领土相联系的政治实体的'民族'之间,存在重要的差别"②。

由于"民族"和"族群"概念之间存在着上述重要差别,因此,如果我们忽略这种差别,不加区分地混用这两个概念,或者是用其中的一个概念来代替另一个概念,就可能会在社会实践中造成一些非常不良的结果。例如,如果我们忽略了"民族"和"族群"概念之间的差别,既用"民族"概念来指称以"民族国家"这种领土性政治实体为边界的人类认同群体,又用"民族"概念来指称存在于"民族国家"内部、以文化或体质等方面的非政治因素为基础而形成的一些认同群体,那么,就可能在后一类认同群体的部分成员当中诱发出带有强烈政治意涵和领土要求的"民族自决"甚至"民族独立"意识。这正是多年来在中国实际发生的情况。多年来,在中国,人们既用"民族"一词来称呼以"中国"这个国家为边界的认同群体("中华民族"),又用"民族"一词来称呼共处于"中国"这个国家范围之内、以文化或体质等方面的因素为基础而形成的一些认同群体(如"汉族""藏族""蒙古族""回族""瑶族""苗族""维吾尔族"等)。其结果就可能是既诱发了部分"族群"成员的"民族意识",又为"疆独""藏独"等分裂主义势力提供了口实。

---

① 马戎:《理解民族关系的新思路——少数族群问题的"去政治化"》,载谢立中主编:《理解民族关系的新思路——少数族群问题的去政治化》,第5页。

② 同上书,第6页。

马戎教授的“族群问题去政治化”理论，其首要任务就是试图提醒人们注意“民族”和“族群”概念之间的上述区别，提醒人们不要由于混淆这两个概念而把本来不具政治意涵的“族群”问题“政治化”，从而为自己带来诸多本不应该产生的麻烦。

2. 引导族群关系的两种政策导向及其不同结果

马戎指出，从古今中外的历史经验来看，在族群关系演变发展的过程中，政府政策的引导作用是一个关键因素。而“从人类社会历史发展中各国的情况来看，政府在如何引导族群关系方面大致体现出两种不同的政策导向：一种把族群看作政治集团，强调其整体性、政治权力和‘领土’疆域；另一种把族群主要视为文化群体，既承认其成员之间具有某些共性，但更愿意从分散个体的角度来处理族群关系，在强调少数族群的文化特点的同时淡化其政治利益，在人口自然流动的进程中淡化少数族群与其传统居住地之间的历史联系。”①马戎将这两种不同的政策导向分别称为族群政策的“政治化”导向和“文化化”导向。前一种政策导向的实例有：欧洲近代以建立“民族国家”为目标的民族主义运动、苏联政府在处理国内族群关系时实行的政策、近年来有关国家实行的族群关系政策、1949 年后中国政府实行的“民族政策”等。后一种政策导向的实例有：古代中国所实行的族群政策、当代印度所实行的族群政策、美国对国内少数族群所实行的政策等。

马戎指出，这两种不同的政策导向对族群关系的演变会产生完全不同的实际效果。前一种政策导向的实际效果是导致各族群成员都逐渐将自己所在的“族群”想象为一个具有政治和领土意涵的“民族”，从而导致各族群成员“民族自决”或“民族独立”意识的逐渐增强，以建构“一个民族——一个国家”为目标的“民族主义运动”一波又一波地发生，最终结果则可能是一个接一个新的“民族国家”的形成，

① 马戎：《理解民族关系的新思路——少数族群问题的“去政治化”》，载谢立中主编：《理解民族关系的新思路——少数族群问题的去政治化》，第 7 页。

乃至由多族群组成的政治实体(近代世界史上的奥斯曼帝国、奥匈帝国，现代世界形成的各种殖民体系，以及当代世界的一些多族群国家如苏联、南斯拉夫等)的解体。后一种政策导向的实际效果则相反，它不但不会导致由多族群组成的政治实体的分裂瓦解，而且在一定条件下还会促进本属不同政治实体的各个族群之间的融合或同化。譬如，在美国等现代国家中，由于它把各族群之间的差异主要当作文化差异来看待，因此就可以或者允许在保持各族群之间差异的条件下来建构和维持一种由多族群所组成的政治实体——国家；而在古代中国，"'族群'在观念上和实际交往中被努力地'文化化'了。而'文化化'也正是相对发达的中原地区核心族群得以凝聚、融合周边族群的思想法宝。也正因为中国的思想传统是将族群差异主要作为'文化差异'来看待，从而得以实施'化夷为夏'的策略。不断融合吸收边疆各族人口，最终形成了以中原汉人为凝聚核心的'中华民族多元一体'的格局。"①

很显然，对于一个已然存在但包含着多个族群的国家来说，如果不想使国家陷于分裂瓦解的境地，在处理族群关系时就应该尽可能地采用以族群关系"文化化"为导向的政策，而不是相反。这也正是马戎教授致力于倡导"族群问题去政治化"理论的一个重要理据。

以上述论点为依据，马戎明确提出了"族群问题去政治化"的主张，并以此为基础，对1949年后中国政府实行的"族群"政策提出了批评。他认为，1949年中华人民共和国成立后，鉴于当时的国际政治形势，中国政府不得不与苏联结盟，在社会组织和经济制度等各方面都参照了苏联的做法，在民族问题上也像苏联一样采取了一整套把族群问题政治化的措施，具体包括组织大规模的"民族识别"，对所有少数族群都实行"民族区域自治"制度，在政治、经济、教育、文化等

---

① 马戎:《理解民族关系的新思路——少数族群问题的"去政治化"》，载谢立中主编:《理解民族关系的新思路——少数族群问题的去政治化》，第10页。

各方面对少数族群实行优惠政策等。这些措施对强化人们的民族意识、固化人们的民族身份、使族群问题政治化产生了重要作用。马戎认为,我们应该借鉴中外族群政策方面的经验教训,“把新中国成立以来在族群问题上的‘政治化’趋势改变为‘文化化’的新方向,把少数族群问题逐步‘去政治化’。在‘民族(国民)认同’和‘族群认同’这两个层面,应当强化民族(国民)意识,逐步淡化族群意识”①,在坚持“文化多元”的条件下建构一个“政治一体”的现代公民国家。

二、对马戎教授的批评:“族群”问题能够或应该“去政治化”吗?

马戎教授关于“族群问题去政治化”的观点发表后,很快就遭到了一些学界同仁的批评。与上述两方面的论据相对应,这些学者对马戎观点的批评也主要集中在两个方面。

1.“民族”和“族群”两个概念之间存在实质性区别吗?

通观批评者的文章,我们可以发现这些文章和马戎文章之间的一个首要区别就是:这些文章有意或无意地忽略甚至明确否定了“民族”和“族群”这两个概念之间的区别。和马戎文章不同的是,在批评者如郝时远、陈建樾、王希恩等人的文章中,“民族”和“族群”两个概念基本上是混用的,甚至他们明确地认为是两个“指涉同一事物的概念”。例如,郝时远等人就非常明确地认为“ethnos”和“nation”在词源和含义上没有根本区别。② 陈建樾在《多民族国家和谐社会的构建与民族问题的解决》一文中,也明确地批评马戎用“族群”一词来替换现行中文文献中(在指称藏族、蒙古族、维吾尔族、瑶族等少数“民族”时)常用的“民族”一词,把“族群”和“民族”分别界定为文化的和政治的概念,然后从“族群”的文化意涵引申出“民族关系”就是

① 马戎:《理解民族关系的新思路——少数族群问题的“去政治化”》,载谢立中主编:《理解民族关系的新思路——少数族群问题的去政治化》,第31页。

② 郝时远:《中文“民族”与“少数民族”的英译问题》,《中国民族报》2013年3月22日。

文化关系，进而把“族群”和“民族”对立起来，得出“民族区域自治在一定环境下必然导致‘民族独立’或‘国家分裂’”等结论这样一种做法。陈建樾认为，马戎教授的这一论述链条中存在着“致命的逻辑错误”：“首先，马戎教授在把‘民族’等价代换为‘族群’之后，根本没有强调这两个概念之间的同一性，反而把这两个原本指涉同一事物的概念人为地分别放置于‘一个连续统链条的不同位置上’；其次，在放置位置不同的条件下，马戎教授又把‘民族’和‘族群’割裂开来并使之对立，认为‘族群作为具有一定文化传统与历史的群体，和作为与固定领土相联系的政治实体的“民族”之间，存在着重要差别’；再次，他把民族概念与民族自决、民族国家等观念和民族主义理念连缀起来并使其污名化，认为它是‘很容易（被）联想为有权利实行“民族自决”并建立“民族国家”的某种政治实体和分裂主义运动’；最后，他将被污名化的‘民族’彻底抛弃，借以确立原本被安置在同一个连续统链条上的族群的价值和意义：‘我们今天之所以要讨论“民族”与“族群”这两个词汇的不同，就是因为不同的词汇用法实际上体现出人们在理解和引导族群关系时的不同导向。’”①王希恩则提出在中国语境中用“族群”一词来替换“民族”一词可能导致一些实际困难。他认为：“‘族群’这个概念，的确应该与‘民族’区别开来，但把它应用于中国的实际，试图用‘少数族群’来取代‘少数民族’，用‘族群政策’来取代‘民族政策’，用‘族群理论’来取代‘民族理论’，其中的困难和遇到的尴尬大家应该是很清楚的。其原因就在于，在中国，类似‘少数民族’‘民族政策’和‘民族理论’等话语已经深入人心，不但渗透在政策语言、社会语言，而且在我们的学术语言中被广泛认可

---

① 陈建樾：《多民族国家和谐社会的构建与民族问题的解决》，《世界民族》2005年第5期。也见谢立中主编：《理解民族关系的新思路——少数族群问题的去政治化》，第84页。

了。在能够清楚表达对象的情况下,它还不需要用另外的话语来取代。"[①]陈玉屏也在其相关文章中认为,无论是"民族"概念还是"族群"概念,在国内外都有许多不同的界定,难以准确定义,因此在目前不宜试图去对它们进行准确定义,而应当特别注重各种说法之间的联系,以利于深化对于"族群"的研究工作。不过,为了方便起见,目前或许还是采用大家习惯使用的"民族"一词为好。[②]

马戎建议把以"国家"这种领土性政治实体为其边界的那样一些人类认同群体称为"民族",而把存在于一个"国家"内部、以文化或体质等方面的因素为基础形成的一些认同群体称为"族群"。按照这种建议,在中国边界范围以内,我们可以有"藏族""回族"等很多族群,但只能有"中华民族"一个民族。与此不同,在上述批评者的文章中,由于"藏族""回族"等认同群体和"中华民族"这种"国家"层面的认同群体都被称为"民族",因此在很多时候就不得不用"多民族国家"这样一个词汇来指称"中国""苏联""美国"等在马戎看来本应被称为"多族群国家"的国家。

2. "族群"问题能够"去政治化"吗?

不过,批评者更多的批评意见还是集中在马戎关于"民族(族群)问题去政治化"的政策主张上。大致说来,批评者就此提出的批评意见主要集中在以下几个方面。

(1) 民族问题不应该也不可能只限于文化方面

对此,郝时远就明确认为:"民族问题也罢,族群问题也罢,是多民族国家普遍存在的社会问题。其表现涉及政治、经济、文化和社会生活的各个方面,难以对其作出抽象的'政治化'或'文化化'认

---

① 王希恩:《也谈在我国民族问题上的"反思"和"实事求是"》,《西南民族大学学报(人文社科版)》2009年第1期。也见谢立中主编:《理解民族关系的新思路——少数族群问题的去政治化》,第139—140页。

② 陈玉屏:《民族问题能否"去政治化"之我见》,《西南民族大学学报(人文社科版)》2008年第7期。

定。"[①]郝引用 D. 史密斯的话来批评认为可以把"族群"问题"文化化"的看法:"认为可以把民族主义放回到任何领域,即使是文化领域的想法,都不仅是天真的,而且是根本错误的。"[②]周大鸣也认为:虽然"目前学界达成的普遍共识是,族群主要是以文化进行彼此区别的人群集团,是一个具有文化传统与历史渊源的群体",但由于许多族群与其居住地之间历史地形成的那种千丝万缕的关系,也"使我们不能轻易地去否定或漠视族群潜在的政治主体性质"。[③] 陈建樾从政治学角度出发,指出"民族"和其他人类共同体一样,也是一个利益共同体,而且是一种独特的利益共同体:"作为人类社会中较为稳定的群体形态,民族为其成员提供至少包括独特经济生活的延续、共同文化的传承和对政治权力的分享在内的且其他群体难以一并提供的利益前景。"[④]"民族"之间的关系实际上是一种利益关系:"一切族际交往都是族际利益的交往。"[⑤]而"政治是人们在人类社会共同体中基于利益考量而作出的决策和使决策付诸实施的活动"[⑥]。因此,民族问题实际上就是一个政治问题,它不可避免地要通过政治制度和公共政策来解决,"试图将民族问题'非政治化''去政治化'和'文化化'显然是缘木求鱼。"[⑦]陈建樾认为,马戎教授关于"族群问题去政治化"的论证"皆肇因于他在研究起点上没有考虑到'利益'这个民族发展的基本动因"[⑧]。王希恩则认为,"文化化"和"政治化"并非是

---

① 郝时远:《构建社会主义和谐社会与民族关系》,《民族研究》2005 年第 3 期。

② 郝时远:《构建社会主义和谐社会与民族关系》,载谢立中主编:《理解民族关系的新思路——少数族群问题的去政治化》,第50 页。

③ 周大鸣:《从族群视角评价民族政策需要两个准则》,《中国民族报》2009 年 2 月 13 日。也见谢立中主编:《理解民族关系的新思路——少数族群问题的去政治化》,第 60、61 页。

④ 陈建樾:《多民族国家和谐社会的构建与民族问题的解决》,载谢立中主编:《理解民族关系的新思路——少数族群问题的去政治化》,第 77 页。

⑤ 同上书,第 76 页。

⑥ 同上书,第 64 页。

⑦ 同上书,第 82 页。

⑧ 同上。

一对准确的民族政策导向分类。因为,“第一,正如马戎教授自己所言:‘在任何年代和任何国家,民族和族群问题都必然带有政治性’;第二,旨在解决这些具有‘政治性’的民族和族群问题的政策和制度,仍然是由国家所制定和实施的政治行为;第三,这些政策即便是想把民族和族群问题限制在‘文化’的范畴之内,最终也是为了政治稳定这一目的。”所以,“不能用‘文化化’和‘政治化’来区分民族政策,也不能依此来评价民族政策的好坏”。[①] 陈玉屏也明确表示不同意马戎关于民族问题“去政治化”的提法,认为“这个提法从理论上讲站不住,在实践中既做不到,也不能这样做”[②]。因为,绝大多数民族问题都不可能不借助于国家力量和民族政策等政治平台去加以解决。

(2) 苏联的解体和中国境内的民族分裂现象都不是“民族问题政治化”的结果

郝时远认为,关于苏联在解决民族问题方面失败的原因,可以有两种不同的解释。“一是认为苏联虽然确立了解决民族问题、实现民族平等的制度、法律和政策,但在实践中并没有真正有效地实行,高度的中央集权鼓励了大俄罗斯民族主义,造成了非俄罗斯民族的离心力;二是认为苏联以‘政治化’的制度安排和政策导向处理民族问题,不仅强化了国内各民族的地位,甚至在法律中规定了分离的自由,从而培植了非俄罗斯民族的‘民族自决’‘民族主义’并导致了分离运动。”[③]虽然没有明确表达,但郝时远显然是赞同前一种解释,而反对后一种解释的(因为郝明确地认为没有充分的证据表明后一种解释要比前一种解释更为恰当)。换句话说,在郝时远看来,苏联之所以崩溃,原因主要在于其高度集权的政治体制鼓励了大俄罗斯民

① 王希恩:《也谈在我国民族问题上的“反思”和“实事求是”》,载谢立中主编:《理解民族关系的新思路——少数族群问题的去政治化》,第 98 页。

② 陈玉屏:《民族问题能否“去政治化”论争之我见》,载谢立中主编:《理解民族关系的新思路——少数族群问题的去政治化》,第 147 页。

③ 郝时远:《构建社会主义和谐社会与民族关系》,载谢立中主编:《理解民族关系的新思路——少数族群问题的去政治化》,第 42 页。

族主义,没有真正有效地实行民族平等的制度、法律和政策,而不在于其民族政策的“政治化”色彩。陈建樾也引用相关研究来表明苏联的解体并非源于民族政策的“政治化”,而是“源于没有真正实行民族区域自治”。①

至于中国境内出现的民族分裂现象,郝时远认为也与所谓民族问题的“政治化”思路无关。郝认为,相对于人口、贫困、就业等社会问题而言,民族问题具有普遍性、长期性、复杂性、国际性和重要性等特点。由于这些特点,使得“在解决民族问题方面很难形成一套独立的指标体系和可预期的时间表。这是包括当代西方发达国家在内的所有多民族国家普遍存在民族问题的原因”。② 而中国“正处于社会主义初级阶段,人民日益增长的物质文化需要同落后的社会生产力之间的矛盾仍然是我国社会的主要矛盾。我国面临的几乎所有社会问题,都是在这一主要矛盾作用下产生或与此相关的,民族问题也不例外”。“我国的民族问题虽然表现复杂多样,但从根本上说是少数民族和民族地区迫切要求加快经济文化发展与自我发展能力不足的矛盾,这是我国民族问题的主题。”③在这一过程中,由于民族和地区之间发展的不平衡,就有可能导致民族矛盾的产生。而境外的民族分裂主义、宗教极端势力和国际恐怖势力也有可能“利用那些最广泛、最普遍的问题制造舆论、蛊惑人心、煽动不满、挑起事端”。“抵御这些主要来自外部的影响,从根本上说就是通过加快发展,解决好共同团结奋斗、共同繁荣发展的问题。”④

王希恩也认为,“把有无分裂主义作为解决民族问题好坏的主要

① 陈建樾:《多民族国家和谐社会的构建与民族问题的解决》,载谢立中主编:《理解民族关系的新思路——少数族群问题的去政治化》,第 80 页。

② 郝时远:《构建社会主义和谐社会与民族关系》,载谢立中主编:《理解民族关系的新思路——少数族群问题的去政治化》,第 36 页。

③ 同上。

④ 同上书,第 38 页。

标准并不一定合理”①;“当今世界,只要是存在‘世居民族’的多民族国家,分裂思潮和运动都或隐或显地存在。这是由民族自觉仍在发生,‘一族一国’的民族主义理念还在支配着这种自觉,各种社会力量和利益集团还在最大限度地利用这种自觉造成的。”“平心而论,从世界范围来看,当今中国的西藏问题和新疆问题并不比其他国家的类似问题严重多少”,它们之所以受到高度关注,主要原因在于国际敌对势力的长期扶持、纵容和炒作。②

(3)美国、印度等国家实行的“民族问题文化化”政策并未取得马戎所说的那种理想效果

马戎提倡“族群问题去政治化”观点的一个主要事实依据是美国以“文化化”导向处理种族问题取得的成功。郝时远对这一事实依据提出了质疑。郝时远认为,且不说美国实行的族群政策是否属于“文化化”导向,即使假设美国的族群政策是文化化导向的,但其实际结果也并非像马戎所说的那样成功,而是“造成了亨廷顿、布热津斯基等人所忧虑的族群政治化后果及其对国家层面民族认同的挑战”③。

王希恩则从不同角度讨论了“美国为什么没有出现威胁国家统一的分裂主义”这一问题。他认为,虽然不能否认有政策因素在起作用,“但更重要的则在于它是一个立国仅200多年的移民国家。外来移民来美国以后,作为群体的民族或族群很快就被工业化和城市化分解、吞噬了,在新的社会环境中他们主要解决的是如何尽快融入当地社会、能够被当地社会接受的问题,而不是也没有条件去构建各自的‘民族’,图谋分裂。换言之,美国绝大多数族群和种族的移民身份使他们没有进行民族分裂的历史和地域基础。如果不是这样,也难保不会出现问题。实际上,长期以来美国的一些土著印第安人也在

① 王希恩:《也谈在我国民族问题上的“反思”和“实事求是”》,载谢立中主编:《理解民族关系的新思路——少数族群问题的去政治化》,第131页。

② 同上书,第133页。

③ 郝时远:《构建社会主义和谐社会与民族关系》,载谢立中主编:《理解民族关系的新思路——少数族群问题的去政治化》,第46页。

闹‘分裂’”①。

马戎也曾经把印度视为以“文化化”思路去处理族群关系的一个成功案例。陈建樾对此也表示质疑。他引用大量事例来表明，“印度在族际关系方面根本就不像马戎教授所说的那么和谐与美妙”。他还引用印度政治研究专家索姆捷（A. H. Somjee）的话来反驳马戎。索姆捷曾经明确指出：“印度存在着令人惊奇的多样性和分裂，其程度远远超过荷兰、奥地利和加拿大的社会。当基于种姓、阶级、宗教和地区的分裂与冲突经受民族过程的洗礼时，这些分裂并不总是优先遵循以寻求一致为基础的权力共享这条道路，而是在纷争与妥协之间摇摆不定。”陈认为，“在如此血腥的族际暴力冲突事实面前，真的很难找到马戎教授所津津乐道的……‘印度建国以后重要的成功经验’”。②

那么，我们到底该如何来理解和评价马戎教授及其批评者之间的上述争论呢？

三、我的初步评论

对于马戎教授及其批评者之间的上述争论，我目前的初步看法如下。

1.“民族”和“族群”之间的区分应该得到认可

马戎建议将“民族”和“族群”两个概念加以区分，用它们来分别指称以“国家”这种政治实体为形式组建起来的人类认同群体和一个“国家”内部以文化、体质等方面的因素为基础而形成的那些认同群体。我认为，这一建议还是非常有价值的。主要理由还是马戎教授

---

① 王希恩：《也谈在我国民族问题上的“反思”和“实事求是”》，载谢立中主编：《理解民族关系的新思路——少数族群问题的去政治化》，第133页。

② 陈建樾：《多民族国家和谐社会的构建与民族问题的解决》，载谢立中主编：《理解民族关系的新思路——少数族群问题的去政治化》，第86页。对于陈建樾的这一批评，马戎教授进行了反批评，见马戎《引用文献不能断章取义》一文（《中央民族大学学报（哲学社会科学版）》2006年第3期）。

所说的那样，现有相关文献中无论是用“民族”还是用“族群”概念所表述的对象实际上确是包含两个不同的类型或层面，一种是以国家这种政治实体组织起来的，另一种则是没有以国家这样的政治实体组织起来的。如果我们不用两个含义有所不同的概念来分别指称它们，我们在表述上就经常会陷入窘境。例如，当我们说到“中华民族”时，我们用的是“民族”这个词，而当我们说到“藏族”“回族”“朝鲜族”这些群体时，我们如果也把它们说成是“民族”，这就的确会令人感到困惑：“中华民族”和“藏族”“回族”等“民族”到底是同样类型的认同群体呢，还是有所不同？如果是同样类型的，那么为什么后者不以或不能以国家形式组织起来？如果有所不同，那么为什么不在概念上对它们加以区别？

事实上，这种窘境也确实出现在马戎教授的批评者的文章里。例如，在郝时远的文章《构建社会主义和谐社会与民族关系》中，就有下面这样一些句子：

“汉族离不开少数民族，少数民族也离不开汉族，少数民族之间也相互离不开，这既是中国形成统一多民族格局的历史动因，也是中国实现中华民族伟大复兴的现实动力。”①

“民族不分大小、历史长短、处于何种发展阶段，统一确认为中华民族(Chinese Nation)的成员(Nationalities)，这是各民族真正平等的体现，也是推行民族区域自治制度的基本条件。”②

“我们构建的中华民族，是56个民族的有机整合和创新。”③

在这三个段落的有关句子当中，就存在着马戎所说的“中华民族”和“56个民族”两个不同层次的群体共用一个“民族”概念这样的逻辑问题。

---

① 郝时远：《构建社会主义和谐社会与民族关系》，载谢立中主编：《理解民族关系的新思路——少数族群问题的去政治化》，第39页。

② 同上书，第48页。

③ 同上书，第54页。

这种窘境在其他批评者的文章里也存在，只不过作者对此有所察觉并试图加以摆脱。例如，在陈建樾的《多民族国家和谐社会的构建与民族问题的解决》一文中，我们可以看到如下说法："以调整多民族国家内部族际关系为目标的公共政策，可以大致分为以构建'国族'为主旨的共同体政策和优待少数民族的民族优惠政策两大类型。"①显然，在这里，作者正是遭遇到了不得不将两种不同类型的"民族"区分开来的困境，而且为了应对这一困境，作者不得不采用了"国族"这一新概念来表示与"少数民族"中的"民族"一词所指不同的那种认同群体（马戎称为"民族"的那种群体）。类似地，在王希恩《也谈在我国民族问题上的"反思"和"实事求是"》一文中，作者也不得不采用"国家层面的中华民族"和"国家之下的基本民族"②这样两个概念来解决上述困境。由此可见，用不同的概念来分别表达以"国家"这种政治实体为形式组建起来的人类认同群体和一个"国家"内部以文化、体质等方面的因素为基础而形成的那些认同群体，从逻辑上说确有必要。

当然，这并不是说，只能像马戎建议的那样将这两类不同认同群体分别称为"民族"和"族群"，而不能采用别的概念对子。像上面述及的类似概念对子，如"国族"/"民族"、"民族"/"基本民族"等，以及20世纪初期在汉语文献中出现过的一些概念对子，如梁启超使用的"大民族主义"/"小民族主义"等，以及今天某些民族学家提到的"广义的民族"/"狭义的民族"等，在逻辑上应该具有等价性，没有是非对错之分，使用哪一对概念在逻辑上都没有问题。但从汉语文献已经习惯了用"民族"一词来表达英文中以"Nation"一词来表达的对象（以"国家"这种政治实体为形式组建起来的人类认同群体）这一

① 陈建樾：《多民族国家和谐社会的构建与民族问题的解决》，载谢立中主编：《理解民族关系的新思路——少数族群问题的去政治化》，第73页。

② 王希恩：《也谈在我国民族问题上的"反思"和"实事求是"》，载谢立中主编：《理解民族关系的新思路——少数族群问题的去政治化》，第104页。

点来说，以“族群”一词来表达一个“国家”内部以文化、体质等方面的因素为基础而形成的那些认同群体，似乎应该是一个更为简便适当的选择。

有一些学者认为，“Ethnic Group”一词在西文语境中是指政治弱势、无民族地位、处于社会边缘的非主流的族裔群体，有歧视性意义，因此不应该应用于我国，更不应该用它来指称我国内部的各个民族。① 对于这种看法，我的意见是：第一，正如另一些学者已经指出的那样，虽然“Ethnic Group”一词在产生之初可能带有歧视性色彩，但主要反映的是人类历史上主流民族对少数民族的歧视，随着多元主义观念的传播，越来越多的人认识到每一种文化都拥有价值的尊严，“Ethnic Group”早期所带有的歧视性含义就逐渐淡化或消失了。这从该词在国际组织及各国官方文件中被普遍使用可以得到说明。② 第二，即使大家感到“Ethnic Group”一词在英文语境中仍然带有一定的歧视性色彩，为了避嫌，我们或许最好像刚才提到的那些学者所建议的那样放弃使用这个词，但由此也并不能得出结论说，我们依然应该对上述两个不同层次上的认同群体不加区分地用一个词（如“民族”或“Nation”）来加以指称。如上所述，用不同的词汇来对这两个不同层次上的认同群体分别加以指称，确有逻辑上的必要性，尽管在用词方面我们或许仍有进一步讨论的余地。

2.“族群”问题不应该也难以“去政治化”

然而，接受把“民族”和“族群”视为两种不同认同群体的看法，并不意味着就一定同时要接受“族群问题去政治化”的看法。在“族群问题能否及应否去政治化”这个问题上，我还是倾向于接受马戎教授的批评者的看法，这就是：“族群”问题不仅很难而且不应该

① 参见纳日碧力戈：《全球场景下的“族群”对话》，《世界民族》2001年第1期；朱伦：《西方的“族体”概念系统——从“族群”概念的应用错位说起》，《中国社会科学》2005年第4期；等等。

② 翟胜德：《“民族”译谈》，《世界民族》1999年第2期。

“去政治化”。

“族群”问题难以而且不应该“去政治化”的主要原因,是族群或者族群关系的问题,的的确确是一种利益或利益关系的问题。因此,它不可避免地要借助于政治的手段(政治沟通、政治制度、公共政策等)来加以解决。关于这点,马戎教授的批评者已经讲得很多了,我这里不再重复。我想补充的一点是,经济、社会、政治和文化从来都是分不开的,特定类型的文化总是要渗透或表现在特定类型的经济、社会和政治生活中,也总是要借助于特定类型的经济、社会和政治形式来实现。例如,一夫多妻或一妻多夫制可以被视为一种文化,但它一旦落实就会导致与一夫一妻制不同的社会形式和经济形式,而且其正当性在现代社会中也必须通过立法、行政和司法等多方面的“政治”活动来加以确立和保证;宗教信仰也是如此。因此,即使我们承认“族群”是一种和“民族”不同类型的、主要以文化为基础而形成的认同群体,也不意味着前者就不可能同时是一种政治性质的群体,完全与“政治”无缘,而只能是说,这些“族群”或“族群”之间关系方面产生的问题不能通过让各个族群都变成独立国家一类的政治途径,而只能将它们视为一个“民族”(例如“中华民族”“美利坚民族”等)内部不同亚群体(及亚群体之间的关系方面)的问题来加以解决。

在讨论“族群”问题能否“政治化”这一问题时,还有一个相关问题需要做更深入的讨论。像马戎所说的那样,我们以往习惯于以“民族”一词来加以讨论的对象,其实包含两种不同的认同群体,它们之间的差别应该在概念上得到明确。然而,即使我们承认或接受马戎教授的这一建议,那也还有一个重要的问题需要得到澄清,这个问题就是:这两种不同群体之间的区别到底是一种由两类群体先天固有的属性所决定的客观实在,还是一种由两类群体的成员后天的意志和实践所决定的主观建构?

毫无疑问,对于这个问题的回答,我们可以有两种选择。第一种选择就是我们通常所说的传统“实在论”的选择,第二种选择则是通

常所说的“社会建构论”的选择。

按照传统“实在论”的观点，我们可以形成以下有关“民族”和“族群”之间差别问题的理论：(1)无论是“民族”，还是“族群”，都是一种不以人们的意志为转移的、自然意义上的“客观实在”。(2)“族群”是前现代社会中逐步形成的一类人群共同体，其基本特征是：主要以血缘、体质和文化等因素为认同基础；没有固定的领土意识（一个“族群”可以散居于不同地域，即使集中在一起生活也可以在不同地域之间迁移流动）；也没有将自己的族群与某个国家一类的政治实体固定联系起来（可以散居于不同国家之间，也可以与其他族群共居于一个国家之中）；等等。“民族”则是随着现代化进程逐步形成的一种现代共同体，其基本特征是：主要以现代主权国家为认同基础；拥有相对明确的领土边界和主权意识；明确地将自己的族群和某个国家实体联系起来（“一个民族一个国家”）；等等。(3)“族群”可以演变为“民族”，但这种演变需要确定的经济基础和社会历史条件，其中最重要的条件就是资本主义生产方式的形成和发展。资本主义生产方式的发展要求利用现代国家这种以垄断暴力工具为特征的政治机构来建构统一的市场经济、公民社会、法治秩序，维护自身的生命和财产的安全以及对外扩张等，从而促进了以现代主权国家为认同基础的“民族”这类共同体的形成和发展（其形成既可以以前资本主义社会的“族群”为材料，也可以不以；在前一种情况下，既可以将一个“族群”演变为一个“民族”，也可以将多个“族群”结合起来演变为一个“民族”）。因此，“族群”向“民族”的演变是一个不随族群成员的主观意愿为转移的自然历史过程（虽然需要有族群成员“民族意识”的形成作为条件之一，但并不以“民族意识”的形成为转移）。(4)现代“民族”的形成和发展是一个永无终境的过程，它并不以目前我们所见的这些“国家—民族”的形成为终点。相反，随着资本主义生产方式在空间上的不断扩张，现有的“国家—民族”也会随着资本主义生产方式发展的需要而进一步融合，演变成为规模比现存“民族”更大、数量更少的一些“民族”，其最终结局，在目前可以预见到的技术条件下，应该是“人类民族”（全人类同属一个 Nation-state，即 Global Nation-state）的形成。

假如我们愿意接受上述理论，那么，我们就可以说：“族群”和“民族”之间的差别是一种像水和水蒸气之间的差别那样的“客观存在”（两者之间虽然可以有联系，但完全依存于不同的客观条件）。如果没有资本主义生产方式一定程度的发展，即使有“民族意识”（一种把“族群”这种非政治认同群体重新确认为“民族”这种政治群体的观念），“族群”这种非政治认同群体也难以或无法在实际上转变为“民族”这种政治认同群体。换句话说，按照这种理论，假如不具备必要的客观历史条件，“族群”问题是无法在实际上实现“政治化”的（这也意味着，如果在观念上混淆“族群”和“民族”两个概念将会产生非常严重的政治恶果）。

相反，按照“社会建构论”的观点，我们则可以形成以下有关“民族”和“族群”之间差别问题的理论：（1）无论是“民族”，还是“族群”，都不是一种不以人们的意志为转移的、自然意义上的“客观实在”，而是人们在特定话语体系（例如“民族主义”）的引导下所建构起来的一种“话语性实在”。（2）虽然“族群”和“民族”之间的前述差异仍然存在，即“族群”是在前现代社会中逐步形成的、非政治化的认同群体，“民族”则是随着现代化进程逐步形成的一种政治化、国家化的认同群体，但它们之间的这种差异也不是像水和水蒸气之间的差异一样是完全自然的，而是由建构它们的群体成员所属的话语体系之间的差异所造成的。（3）因此，“族群”和“民族”之间的演变完全不需要什么客观历史条件的变化，而只依群体成员所属话语体系的变化而成。只要原本只具“族群”色彩的群体其成员在某种“民族主义”话语的引导下产生了强烈的“民族”意识，他们就可能在实际上将自己所属的认同群体从非政治化的“族群”转变为政治化的“民族”。同样，只要已被建构为“民族”的群体其成员放弃了“民族主义”话语,而接受了一些新的话语(如“族群”文化化话语),他们也就有可能将自己所属的认同群体重新转变为非政治化的“族群”。(4)因此,并不存在形成“人类民族”的历史必然性。人类是否最终会结合成为一个统一的“民族”完全取决于世界上的绝大多数人是否会形成并接受一种也许可以称为“全球(民族)主义”(Global Nationalism)的话语体系,而与资本主义生产方式(或像马克思主义者所期待的那样:“社会主义生产方式”)的全球化扩张进程无关。

假如我们愿意接受上述理论,那么,我们就应该说:由于“族群”和“民族”之间的差别完全是话语建构的产物,在它们之间没有一道物理学意义上的“万里长城”将它们隔绝开来,因此,也就没有什么客观的制约力量来保证原本“文化化”的“族群”不会演变为“政治化”的“民族”。对于“族群”是否应该政治化一类问题的回答也就完全以话语体系的转移而转移,绝不会有什么唯一正确或适当的答案。处于“族群问题去政治化”一类话语体系引导下的人可能会赞成“族群”问题的去政治化,而处于相反话语体系引导下的人则会同样明确坚定地支持“族群”问题政治化。“族群”问题到底该不该“去政治化”,根本不会有一个唯一正确的、所有人都不得不接受的标准答案。因此,要想使“族群”问题“去政治化”,基本上就是一件非常困难甚至难以完成的任务,至多只会成为众多政策选择中的一种,而且是其合理性并无客观基础、完全依赖于特定话语体系的一种。

查看马戎教授的相关文章,我们可以看到,马戎关于“族群”和“民族”之间关系的有些论述在一定程度上是和上述“社会建构论”立场颇为近似的。马戎曾经明确指出,在这两者之间,不存在一道不可逾越的鸿沟,在一定内外条件(社会经济的发展、政府政策的引导和外部势力的推动等)的影响下,两者之间可以相互转化。①假如“族群”和“民族”间的关系真是如此,那么就如我们所说的那样,要想在

① 马戎:《理解民族关系的新思路——少数族群问题的“去政治化”》,载谢立中主编:《理解民族关系的新思路——少数族群问题的去政治化》,第6页、第18页。

现实生活中坚持使"族群"问题"去政治化"就会是一件成本畸高以致难以承受而无法实现的事情。

3."族群"和"民族"之间的关系是"多元"和"一体"之间的关系

假如上面两点分析是可以被接受的,那么,很自然,我们就将得出以下结论:"族群"和"民族"之间关系问题的核心不是"文化化"还是"政治化"之间的关系问题,而是"多元"和"一体"之间的关系问题。但这里所说的"多元"和"一体"之间的关系问题,不是马戎所提出的"多元文化"和"政治一体"之间的关系,而是包含经济、政治、社会、文化等多方面内容在内的"多元"与"一体"之间的关系(体现在个人身上,则是"国民[或公民]"身份和"族民"身份之间的关系)。或者如郝时远所说,是"差异"和"同一"之间的关系,"个性"和"共性"之间的关系。① 换句话说,无论是在经济、政治、社会,还是文化等领域,都至少存在着"民族—国家"和"民族—国家"内部的"族群"两个层面。在"民族—国家"这一层面上,必须建构起一种涵盖整个"民族—国家"范围的一体化的经济、政治、社会和文化形态;而与此同时,在"族群"这一层面上,也要为各个"族群"留下足够的空间,使各个"族群"能够依据自己本族群的历史和现实特点,在经济、政治、社会和文化领域形成自己差别化的形式和风格。经济、政治、社会和文化领域全方位的"一体化"(在"民族—国家"层次上)和"多元化"(在"族群"层面上),应该是合理处理"民族"和"族群"关系的基本方向。

结合马戎与其批评者之间的争论,这里有两个方面的要点需要加以强调:

第一,正如马戎在其文章的具体论述中所提到的那样,国家层面上的"一体化"工作并不能仅仅限于经济、社会和政治等领域,也必须包括文化领域。马戎在文章中反复写道:"在民族—国家的层面上,

① 郝时远:《构建社会主义和谐社会与民族关系》,载谢立中主编:《理解民族关系的新思路——少数族群问题的去政治化》,第 43 页。

同样需要建立起某种‘文化一体化’，否则就很难在民族—国家层面上建立这种新的‘集体认同’。一个民族—国家，非常需要从历史的发展和文化的传统中寻求一个各族共享的‘共同文化’。”“正如我们可以把‘政治结构’划分为不同的层面一样，我们也可以把‘文化’自身划分为不同的层面。哈贝马斯提醒我们，在国家层面也需要建立具有共同性的‘文化’。所以，应当把一个国家内部的‘文化’看作一个多层面的结构，至少具有‘民族’（国家）和‘族群’这两个重要的层面。”“如果没有民族—国家层面上的共同文化与观念，在族群层面上的不同文化就难免会彼此冲突，无法和谐相处。因此，在国家层面单靠政治制度和行政约束还是不够的，还需要建立某种统一的文化认同。”①马戎还指出，即使在美国这样强调“文化多元主义”的国家里，“实际上在文化层面也存在着强有力的‘一体化’措施”②。对于马戎教授的这些论述，我完全认同。因此，和马戎教授一样，我也完全赞同努力建构一种为“中华民族”所含的各个族群所共享的“中华文化”，包括对“中华民族”的认同观念，一种或几种为各个族群共享的语言，一套为各个族群成员共同接受的世界观、价值观和历史道统，一些为各个族群所共同遵从的信仰和习俗，等等。也正如马戎所说的那样，没有这种国家层面上的文化一体化，就不可能有稳固的经济、社会和政治一体化。

第二，如马戎的批评者所反复强调的那样，族群层面的“多元化”也不能仅仅限于文化领域，而必须涵盖经济、社会和政治等领域。要允许不同的族群根据自己的历史传统、现实条件和观念选择，在不妨碍或破坏民族—国家一体化机制的前提下，建构出有自己特色的经济、社会和政治形式。这里有三点意思需要加以说明：一是，在族群层面上可以多元化的领域不仅限于文化（宗教信仰、价值观念等）领

① 马戎：《理解民族关系的新思路——少数族群问题的“去政治化”》，载谢立中主编：《理解民族关系的新思路——少数族群问题的去政治化》，第27—28页。

② 同上书，第17页。

域，而且在经济（产业结构、财产形式等）、社会（婚姻、家庭、社群等）乃至政治（立法、议事、行政、司法等）领域都应该允许一定程度或范围的多元化；至于要如此的理由，前面已经讲了很多，此处无须再重复。二是，族群层面上的多元化，无论是在经济、社会、政治还是文化领域，都必须以"不破坏民族—国家的一体化机制"为绝对前提。具体地说：经济领域的多元化不能妨碍或破坏"民族—国家"层面上的"国民经济"整体的运作，社会领域的多元化不能妨碍或破坏"民族—国家"层面上的社会团结或社会整合，政治领域的多元化不能妨碍或破坏"民族—国家"本身作为一个政治实体的存在和运行①，文化领域的多元化也不能妨碍和破坏"民族—国家"层面上的认同和知识共享，等等。三是，族群层面上的这种全方位但有限制条件的多元化并不能被理解为是一种在特定历史条件下不得已而采取的权宜之计，而必须被理解为是一种永恒的必要（除非一个族群由于这样或那样的原因自动消失了）。而之所以应该被理解为是一种永恒的必要，也不仅仅是出于对各个族群历史传统的尊重，或出于对各个族群生存和发展所处不同内外条件的考虑，还应该是出于对"一元主义"真理观及其相关行为方式（如"一刀切"政策等）的质疑和放弃，出于对"多元主义"理念本身的一种理解和体认。

按照上述原则来处理"民族"和"族群"之间的关系问题，最大的难点仍是在于，到底如何来恰当划分"民族—国家"和各"族群"之间在经济、政治、社会和文化事务方面的责任、权力和利益，即如何来确立"民族—国家"和"族群"之间在经济、政治、社会和文化方面责任、

① 借用N. 麦考密克（Neil MacCormick）的话来说，这里必须遵守的一个基本原则就是：族群层面上的"自治"不允许也不需要拥有主权国家的形式。参见N. 麦考密克：《民族需要国家吗？对自由民族主义的反思》，载莫迪默、法恩主编：《人民 · 民族 · 国家——族性与民族主义的含义》，刘泓、黄海慧译，北京：中央民族大学出版社2009年版，第156页。从这个意义上说，我觉得马戎教授关于"族群问题去政治化"的提法如果被理解为是在提倡"族群问题的去民族（或国族）化"（denationalization of ethnic issues）则是非常准确和贴切的。

权力和利益的边界。这个问题，其实不过是现代历史上“国家—社会”之间关系问题的一个组成部分而已。正如在“国家—社会”之间关系问题上一样，这里也还是会有许多理念上的分歧和细节上无休止的争议。我们不能期待只要“多元一体”成了人们的共识，一切问题就迎刃而解了。不过，尽管如此，我们还是可以列出一些无论如何都必须要且只能由“民族—国家”来承担和行使的责任、权力，如垄断武装力量的责任和权力（除了国家之外，任何族群都不得拥有武装力量），确定领土边界、捍卫领土安全、解决领土纠纷的责任和权力，对其他“民族—国家”进行对等交往的责任和权力，制定和实施国家内部所有公民都必须遵守的法律规则的责任和权力，对整个国家层面上的行政事务进行处理的责任和权力，等等。

从这个角度来看，当前中国族群政策方面存在的问题可能不是将本属于“文化群体”的“族群”事务及其“族群”关系“政治化”的问题，而是可能需要对“中华民族”和目前被确认的 56 个“族群”之间的（经济、社会、政治、文化）关系是否合理或适当进行检讨的问题。在这方面，我们还可以产生无穷的争论。我们依然任重而道远。

走向东亚共同体：东亚社会面临的困境与出路[①]

最近几年，东亚相关国家之间围绕着领土问题爆发了一系列的纠纷和冲突。例如，中日钓鱼岛之争；日韩独岛（竹岛）之争；中菲黄岩岛之争；日俄“北方四岛”之争；中越南沙群岛之争；等等。这些领土之争，再加上朝鲜和韩国之间的分裂、对抗和统一问题，都隐含着巨大的战争风险。尤其是近来爆发的中日钓鱼岛之争、日韩独岛（竹岛）之争、中菲黄岩岛之争、中越南沙群岛之争以及朝鲜半岛的政治对抗都达到了非常激烈的程度，尽管可能不至于引发大规模的战争对抗，但就小规模的战争对抗而言却经常显示出一种一触即发的态势。东亚各国的确正处在一个十字路口。我们必须

① 本文发表于《社会学评论》2013 年第 5 期。

要问:处于战争风险中的东亚各国下一步到底该往何处走?

一、现有问题解决方式的局限

面对上述一系列的矛盾和冲突,东亚各国首先可以选择用来解决矛盾和冲突的手段有以下几种:第一,通过和平协商的范式来加以解决;第二,通过战争等武力手段来加以解决;第三,通过邓小平倡导的“搁置争议,共同开发”这种方式来解决。对于这几种解决方式的效果,我们可以简要地讨论如下。

(一)通过和平协商的范式来加以解决

从理论上说,这是现有国际关系体制下各国发生矛盾和纠纷时最理想的一种问题解决方式。假如面对所有的矛盾和纠纷,我们都能够通过和平协商这种范式来加以解决,那是再好不过了。哈贝马斯的“沟通行动理论”在一定程度上也正是对以这种范式来解决人们(包括以国家形式组织起来的人们)之间各种分歧与纠纷之合理性的理论论证。然而,问题在于,这种方式尽管在不少情况下可能的确是一种有效的纠纷解决方式,但是这种方式并非一种永远有效或总是有效的纠纷解决方式。

对于哈贝马斯提出的通过“沟通行动”来合理解决各种纠纷的看法,福柯、利奥塔等人早就从不同角度做过批评。福柯认为,哈贝马斯提出的“沟通行动”模式,是以他设想的“理想沟通情境”(沟通过程的所有潜在参与者都有同等参与话语论证的权利,对话语的有效性规范提出理由或表示反对的权利,表达其好恶、情感和愿望的权利,以及实施发出或拒绝命令、做出允许或禁止、做出承诺或拒绝承诺等调节性话语行动的权利等)的存在为前提的,而这种“理想沟通情境”实际上是不可能存在的(“没有权力关系,任何一个社会都不可能存在”),因此,哈贝马斯的“沟通行动”模式顶多也就是一种无法兑现的乌托邦理想。利奥塔则认为,由于语言游戏之间的异质性或“不可通约性”,即使存在哈贝马斯设想的那种“理想沟通情境”,

人们通过沟通也未必能够达成共识。如果我们一定要得到一个共识的话,这种共识也只能是一种新的霸权。

我不同意福柯对哈贝马斯的批评。我不认为权力关系的不可摆脱性对沟通行动始终会构成一种障碍。正如福柯自己认识到的那样,权力关系不是单向的,而是双向的。虽然在某些情况下,权力关系可能造成人们之间的不平等,因而阻碍人们之间的合理沟通,但这并非意味着人们之间的权力关系永远都是一种不平等的关系。在某些情况下,尽管人们之间的关系依然是一种权力关系,但可以是一种平等的权力关系。在这种情况下,人们之间面临的沟通情境就可能接近于哈贝马斯设想的"理想沟通情境"。因此,如果以哈贝马斯设想的"理想沟通情境"不符合现实来否定哈贝马斯的"沟通行动"模式,是理由不足的。

然而,这并不意味着我会完全同意哈贝马斯的沟通行动理论。相反,我认为,利奥塔对于"共识"难以形成的分析是非常富有启示的。

按照哈贝马斯的论述,"沟通行动"模式的实施至少需要两方面的条件:一是参与沟通的各方需要形成一种上面所说的"理想沟通情境";二是参与沟通的各方必须遵守一些有效地进行理性沟通行动所必须遵守的基本要求。这些基本要求包括:参与沟通的行动主体所选择的表达是可领会的、对事实的陈述是真实的、沟通的意向是真诚的、所遵循的话语规则是正确的等。① 然而,正是在后一个方面人们之间可能存在着难以消弭的分歧。有大量的研究成果表明,无论是表达的可领会性、陈述的真实性、意向的真诚性,还是话语规则的正确性,都不具有一种不依人们的话语体系为转移的自然性质。相反,判断一个参与沟通过程的人在所有这些方面是否达到了所要求的标准,都是由人们所属的话语体系来决定的,因而是随人们所属话语体

① 哈贝马斯:《交往与社会进化》,张博树译,重庆:重庆出版社 1988 年版,第 2—3 页。

系的变化而变化的。处于不同话语体系的引导和约束之下的人们，会对表达的可领会性要求、陈述的真实性要求、意向的真诚性要求、话语规则的正确性要求做出不同(甚至完全不同)的理解，因而也就会对沟通参与者之表达的可领会性状况、陈述的真实性状况、意向的真诚性状况、话语规则的正确性状况做出不同(甚至完全不同)的判断。换言之，即使对理性沟通的有效性要求本身，人们之间尚且难以形成共识，更何谈在一些更为具体的讨论主题上达成共识?

当然，需要说明的是，这并非要完全否认人们之间通过理性沟通来达成共识的可能性。达成共识的可能性还是有的，只是除了哈贝马斯设想的“理想沟通情境”之外，它还依赖于一个重要的前提，这就是：参与沟通的人们必须同处于一个话语体系之下。只有当参与沟通的人们既处于哈贝马斯设想的“理想沟通情境”之中，又同处于一个话语体系之下时，人们之间才可能就哈贝马斯提出的达成有效沟通必须遵守的基本要求获得一致的理解，因而才有可能通过进一步的沟通过程来就某个实质性主题达成共识。这也就意味着，原本不处于一个话语体系之下的人们，如果想通过沟通来就某个话题达成共识，那么他们首先必须通过学习过程(相互学习对方的话语系统，或者共同学习一种新的话语体系等)来使双方能够同处于一个话语体系之下。如果做不到这一点，要想形成共识就是困难的，试图通过共识的形成来解决有关纠纷也就只是一种空想。

(二) 通过战争等武力手段来加以解决

这是现有国际关系体系下人们事实上经常采用来解决国家之间的利益纠纷(尤其领土性纠纷)的一种问题解决方式。毋庸讳言，长久以来，人们确实以这种范式解决了大量国家之间的利益纠纷。然而，人们也同样意识到，以对抗乃至战争手段来解决国家之间的利益纠纷尤其是领土纠纷，具有无法否认的巨大危害。

(1) 只是从表面上暂时解决了问题，而实际上问题的根源依然存在。战争是以武力压迫的方式来使争议按照战胜方的意志加以解

决，战败方虽然被迫屈服，但并未真正做到“心服”。时过境迁，只要战败方感到条件成熟，就可能在利益或“复仇心”的驱动下重新挑起“争议”甚至冲突。这种情况在历史上屡见不鲜。所谓“冤冤相报，永无休止”是也。

(2) 战争进程中人力、物力的毁灭性损失。这一点无须多做解释。

(3) 对交战各方经济、社会建设的巨大破坏。这一点本也无须多做解释，但在今天这个时代必须特别加以强调。在以往时代，东亚各国之间的经济、社会运作虽然也存在相互联系，但尚未像今天这样高度一体化，战争可能更多的是给战败方的经济社会建设造成破坏。但在全球化时代，东亚各国的经济、社会进程已经高度一体化。如果经济社会进程高度一体化的各方之间爆发战争，那么无论战争的最终结局如何，都不会有赢家。因为在经济社会进程高度一体化的情境下，战胜方的经济社会进程必然会受到战败方经济社会进程衰退所造成的负面影响，从而产生程度不等的衰退。因此，无论表面上的胜负如何，战争最终必然是以“双输”为结局。

(三) 通过“搁置争议，共同开发”的方式来加以解决

这种问题解决方式的局限是，和以战争等武力解决纠纷的方式一样，“搁置争议，共同开发”实际上也只是暂时回避了问题，而没有从根本上解决问题。从用词上就可以明白，“搁置争议”只是“搁置”了“争议”，而不是解决了“争议”。而只要民族国家依然存在并且是利益分配的主要单位，民族国家之间的领土纷争就始终难以消除。你可以将这些“争议”“搁置”一时(10 年、20 年或更长一些)，但无法永久“搁置”。只要这些“争议”没有被消除，它就总有再爆发的一天。到那一天，我们该如何处理呢?

当然，“搁置争议”策略隐含的一些重要假设可能是：

(1) 有些“争议”目前之所以难以解决，是因为目前缺乏恰当解决它们的必要条件。而随着时间的推移，在将来的某个时期，这些解

决问题的必要条件是可能会具备的。因此,如果我们能够将“争议”“搁置”到那个时候,这些“争议”就应当能比现在更顺利地得到解决。

(2)有些“争议”可能只是在现有条件下存在的争议,在未来的情境下这些“争议”有可能随着情况的变化而自然消失,不再成为会引起对抗的“争议”。因此,如果我们能够将这些“争议”“搁置”到那个时候,问题自然也就不存在了。

我们不排除有以上假设的情况存在,因此,“搁置争议”也的确是可以暂时用来解决某些纠纷的办法。但是,第一,并非所有“争议”都可以列入上述两种情况,从逻辑上说,总有一些“争议”其存在与否或解决的难度是不太会随时间的流逝而发生变化的。第二,即使人们同意有上述两种性质的“争议”类型,但对于到底哪些争议属于上述类型,却是难以取得共识的:对于争议 X,A 国政府和人民愿意将其列入上述两种范畴,但 B 国政府和人民并不一定愿意这样做。第三,即使是那些可能被相关当事国一致同意列入上述范畴的“争议”,也可能因为当前巨额利益的驱动等而使当事各方都不愿意将这些争议真正加以搁置。我想,可能正是出于对以上三种情形尤其是第三种情形存在的考虑,邓小平才将“共同开发”与“搁置争议”并列在一起,作为“搁置争议”策略的重要组成部分来加以推荐。然而,“共同开发”真的会是一个好的领土性纠纷解决方式吗?

我认为,在“搁置争议,共同开发”的策略中隐含着一个重要难题,这就是:共同开发了之后如何分配开发成果?

我们可以设想出三种分配原则:第一,按各国人口比例进行分配;第二,按各国实际需要进行分配;第三,按各国在开发过程中投入的要素比例来进行分配。

前两个原则显然行不通,也不合理。

第三个原则,即按“要素投入比例”进行分配的原则,看上去很合理,但实际上也无法实施。因为按照这个原则来进行分配,各国面临

的一个关键问题是:在投入实际发生之前,谁来以及如何来确定相关国家的要素投入量及比例?

一种可能是按各国的意愿来确定各国的要素投入比例。即由各国自主决定投入的数量。但由于最终的利益分配和初期的要素投入比例挂钩,因此很可能出现各个国家都希望在总投入量中尽可能占据更大比例的情形。如果出现这种情况,我们又该怎么恰当处理?

另一种可能是按照各个国家的经济实力来确定各国的要素投入比例。实力强的多投入,实力弱的少投入。但是,由于投入多的国家将会多得开发成果,这就势必引起实力弱因而开发所得也少的国家的不满。在一定意义上,这将导致一种以和平方式发生的领土(空、海)性资源再分配。在这种领土性资源再分配过程中,原来占有较多领土资源但经济实力较弱的国家将会失去自己的领土资源;相反,原来占有较少领土资源但经济实力较强的国家则会得到原本不属于自己的领土性资源。这必然引起前一类型国家的不满和反对。

在开发某一项目的要素投入量远远超出相关各国的实力之和,因而需要从东亚地区以外的国家或团体引进要素投入的情况下,"按要素投入比例"来对开发成果进行分配的原则就更难实行:如果相关国家均未有实际投入,那么在剔除了"外资"应该得到的那部分利益之后,剩下的开发利益该如何分配就依然是一个问题;如果相关国家有投入,那么前面说的那个问题(按什么原则来确定各相关国家的投入比例)就会出现。

协商沟通不是万灵妙药,对抗和战争不是合理的解决办法,"搁置争议,共同开发"也不是长久之计,那么,怎样才能更好地解决东亚各国目前面临的领土性资源争议呢?

二、走向东亚共同体:理想的争议解决途径

我认为,对于东亚各国来说,最理想的争议解决方案就是向欧洲联盟学习,建立一个正式的、最终可以将东亚各国联合起来的"东亚

共同体”。

我认为,一个完整的东亚共同体至少应该包括以下几个部分:经济共同体、社会共同体、政治共同体、文化共同体、安全共同体。具体说明如下:

经济共同体:经济上结合成为一个共同体,使共同体内各国的商品、资金可以像在一个国家内部自由流动那样在共同体内各国之间自由流动。为此,需要有以下措施:商品流通的免关税、建立共同货币和共同银行。

社会共同体:在社会生活方面结合成为一个共同体,使共同体内各国的社会成员可以像在一个国家内部自由流动那样在共同体内各国之间自由流动。为此,需要有以下措施:人员流动免签证,允许建立共同体内跨国家的社团组织,建立一定程度上的跨国性社会救济、社会保障和社会福利体系等。

政治共同体:在政治方面结合成为一个共同体,使共同体内各国在一定程度上享有一个共同的政治体制,以便使共同体内的社会成员能够就共同体层面上(涉及共同体成员共同利益)的一些重大问题进行立法、行政和司法活动。为此,需要有以下措施:建立共同立法机构(共同体议会)、共同行政机构(共同体部长会议)、共同体司法机构(共同体法院),并且制定相应的法律和规章制度。

文化共同体:在文化方面结合成为一个共同体,使共同体内各国在一定程度上享有一种共同的文化,以便共同体内的社会成员能够具备一定程度的共识。为此,需要有以下措施:确定共同体官方工作语言,建立共同的电视台,发行共同体报刊,建立共同体大学和学术研究机构,设立各种共同体层面的文化团体(学术团体、艺术团体等)。

安全共同体:在安全方面结合成为一个共同体,使共同体内各国能够对相互之间发生的利益纠纷采用一种和平的机制来加以解决。为此,需要有以下措施:建立共同体一级的武装力量指挥中心,统一控制各国的武装力量。

在以上所有这些方面，最重要的是政治共同体和安全共同体的建设。有不少人认为，在建立“东亚共同体”的过程中，最重要的事情似乎应该是东亚经济共同体的建立。因为经济共同体的建立能够将共同体各成员国的利益交织在一起，在一定程度上阻止成员国之间通过战争手段来解决相互之间的利益纠纷。① 尽管这种看法有一定的道理，但我认为，最重要的事情可能还应该是政治共同体和安全共同体的建立。理由是：人类历史上的绝大多数共同体，无论是古代的氏族、部落共同体，还是中世纪的家族、村落（庄园）或封建国家，还是现代的民族—国家或跨国共同体，首先都不是出于经济方面相互交织的共同利益，而是出于吉登斯所谓的“本体论安全”方面的考虑而形成的。关于这一点，霍布斯、洛克等人都有过明确的论述。在霍布斯看来，人们建立国家这种“利维坦”主要就是为了走出“一切人反对一切人”的战争状态，建立一种使财富和文明得以持续保存和积累的和平的社会秩序。② 在洛克看来，人们之所以要建立国家这种比家庭、村落等“自然社会”更高的共同体，也主要是为了消除在“自然状态”下存在的所有人都可以成为自然法的裁判者和执行者这种局面，从而一劳永逸地消除人们在纠纷解决过程中由于每个人都拥有同等的自然法裁判权、执行权而造成的困境。③ 虽然经济利益的相

① 新加坡前总理吴作栋指出：“欧洲经历过多年的战争，最近的就是上个世纪的两次世界大战。这些战争是欧洲共同体形成的主要动力之一。其思想基础是这样的：如果欧洲国家在一个联盟中为了共同的利益而一道工作，而且它们的财富复杂地交织在一起，这将会阻止其成员国之间发生战争。欧洲取得了成功，在过去的半个世纪里，在传统的对手之间没有发生过战争，在可以看得到的未来，也不会发生战争。欧洲联盟的观念是如此的有力，现在，欧洲国家排起了长队要加入它。欧盟的扩大不只是为了经济的繁荣，它也扩大了欧洲地区的和平与和谐的范围。同样经历过战争的东亚国家，也应该具有这样的远见、勇气和智能，把东亚共同体作为长期致力的目标。”吴作栋：《亚洲面临的挑战》，2003年3月28日在日本经济产业研究所的演讲，https://www.rieti.go.jp/cn/events/03032801/report.html。

② 霍布斯：《利维坦》，黎思复、黎廷弼译，北京：商务印书馆1986年版。

③ 洛克：《政府论》，叶启芳、瞿菊农译，北京：商务印书馆1997年版。

互交织会有助于政治共同体和安全共同体的形成,但是也存在两种可能:第一,经济共同体的形成并非必然导致政治和安全共同体的形成;第二,政治和安全共同体的形成反过来倒是更有利于经济共同体的形成。这些论述虽然最初不是针对跨国共同体而言的,但其道理应该同样适用于跨国共同体。因此,作为我们奋斗目标的东亚共同体首先应该是一个政治共同体和安全共同体。

建立这样一种性质的东亚共同体对东亚各国可能带来的好处有以下几点。

首先,最大的一个好处是:它通过将东亚各国在经济、社会、政治、文化和安全方面结合成为一个紧密的利益共同体,因而将从根本上消除共同体内各国之间的领土性纠纷问题,一劳永逸地消除各国之间因领土性利益纠纷而爆发战争的危险,为共同体各国经济、社会、政治和文化的持续发展提供一个稳定的、和平的制度性保障。

其次,建立东亚共同体可以给有关国家或地区带来的另一个重要利益是:可以无须再讨论分裂各方的统一问题。换句话说,由于东亚各国在一个更大的范围内结合成为一个紧密的利益共同体,像朝鲜与韩国之间的统一问题将由此变得毫无意义,因而不再成为一个问题。

最后,由于上述两点而产生的另一个好处就是:它将在一定程度上削减共同体内各国(或地区)的军费需求,使各国能够将这笔节约下来的资源配置到其他方面,提升各国社会成员的福利水平。

三、一体化和多元化:共同体内部关系的辩证法

在近年来中国学者讨论“东亚共同体”问题的诸多文献中,不少作者都提到了在当前建立东亚共同体所具有的有利条件和不利条件(或所面临的困难或障碍)。例如,对于建立东亚共同体的有利条件,一位叫邵峰的作者做了如下归纳:“建设东亚共同体的有利条件包括:国家间合作的基础在于国家间的共同利益,东亚各国在经济发

展、地区稳定、非传统安全等领域拥有共同的利益;从东亚国家政府的政策宣示可以看出,几乎所有的国家都认识到区域合作的必要性,具有发展区域合作的主观愿望,也都制定了自己的合作战略;尽管社会制度不同,但东亚绝大多数国家都实行了市场经济制度,为区域经济合作奠定了基本条件;东亚国家在资源、劳动力、市场、资金、技术、管理等方面水平参差不齐,从经济合作的角度看具备很强的互补性,以互补性促进相互依赖,以相互依赖促进区域合作,这是东亚合作的特征,也是比较现实的选择;从历史和文化传统来看,东亚国家都属于儒家文化圈,在情感交流、认识问题的方式、行为特征等方面具有较大的一致性。"①

对于建立东亚共同体的不利条件或困难、障碍,人们也提到了诸多不同因素,如在"东亚共同体"所应涵盖的国家范围问题上、在谁来主导东亚共同体问题方面东亚各国之间存在着意见分歧,以及美国对东亚共同体构想的猜疑和反对等。其中有一个经常被人们提到的困难或障碍是:东亚各国在经济、政治体制以及文化传统和意识形态方面所存在的较大差异。例如邵峰就认为:影响东亚共同体建立的"不利条件可以归结为如下几个方面:第一,在思想意识层面,各国在价值观、文化认同和历史认识等问题上存在巨大差异。中国、越南、朝鲜、缅甸等国的政治制度和意识形态与其他国家完全不是一种类型,即使在同一类型的国家间也保持着各自的特殊性,比如新加坡。在建立经济共同体阶段问题还不是很大,但如果进入安全共同体和社会共同体阶段,中国基本上不能适应,其他许多国家也未必承受得起。某些国家希望借东亚共同体建设契机促进中国体制转型的潜在意图必然与中国的主权利益发生激烈碰撞。在东亚地区,比起风行世界的自由主义和民主主义,民族主义的思潮具有更大的影响力和优先性。在欧盟各国之间有着共同的基督教文

① 邵峰:《东亚共同体的可行性分析与中国的战略》,《世界经济与政治》2008年第10期,第24页。

化,相比而言,曾经支配着东亚地区的儒家文化,在政治层面难以达成一致性认知的基础,其对各国政治的影响力也没有一些学者希望的那么大……”①

另一位叫江瑞平的作者也明确认为:“在欧盟(EU)和北美自由贸易区(NAFTA)框架下的区域一体化之所以能够顺利推进,重要条件之一是内部各成员在社会制度尤其是政治制度和经济体制上的高度同质性。但在这一层面上,东亚各成员之间存有巨大差异,其中最难弥合的如社会主义制度与资本主义制度的根本性差异。此外,还有君主立宪政体、议会民主政体与人民民主政体之间的差异,社会主义市场经济体制与资本主义市场经济体制之间的差异,发展中的市场经济体制与发达市场经济体制之间的差异,而在民族、宗教、文化、语言等方面的差异远比欧美更大。所有这些差异都势必构成东亚共同体建设的巨大障碍。”②

另一位作者王联合也认为,东亚国家难以像欧盟那样顺利完成一体化的建设,因为“东亚各国之间经济、政治、宗教等方面的巨大差别是建立区域共同体的一个严重障碍”。作者认为,“东亚地区情况十分复杂,不少国家在政治制度、意识形态、宗教信仰、历史文化传统和经济发展水平等方面存在很大差异,外交政策取向和安全理念也迥然有别,主要大国对构建东亚共同体的历史和现实的认知更是有着重大分歧,因而东亚一体化进程必将面临许多挑战和困难”③;“在今后相当长的一段时间内,东亚仍然会保持多样化的政治和社会形态而不是简单的整齐划一。……过去长期阻碍东亚合作的各国间政治体制和经济发展水平的巨大差异短期内不可能迅速消失。即使是

① 邵峰:《东亚共同体的可行性分析与中国的战略》,《世界经济与政治》2008 年第 10 期,第 24 页。

② 江瑞平:《构建中的东亚共同体:经济基础与政治障碍》,《世界经济与政治》2004 年第 9 期,第 63 页。

③ 王联合:《东亚共同体:构想、机遇、挑战》,《世界经济与政治论坛》2006 年第 2 期,第 76—77 页。

在那些最发达的东亚国家的关系中,也并没有出现可以证明民族认同已经淡化的充足证据。东亚显然需要更多的时间来相互融合。”①

我不否认上述作者所做的这些分析。我愿意承认,正像有些作者所说的那样,“在欧盟(EU)和北美自由贸易区(NAFTA)框架下的区域一体化之所以能够顺利推进,重要条件之一是内部各成员在社会制度尤其是政治制度和经济体制上的高度同质性”;我也愿意承认,东亚各国在经济、政治体制和文化传统、意识形态等方面所存在的差异,确实有可能成为东亚共同体建立的重要障碍。但是,我认为,这种障碍并非一种不可克服的永恒障碍。成员国家之间具有共同的经济、社会和政治制度,共享同样的价值观或相近的文化和宗教传统,是一个跨国共同体能够被顺利建立起来的有利条件,但并非必要条件。

毫无疑问,正如众多学者所指出的那样,如今世界上已经建立起来和运行比较顺利的跨国共同体,如欧盟和北美共同体,都是以成员国之间在经济、政治制度、文化传统、意识形态等方面具有高度同质性为前提的。但是,这并不意味着,任何跨国共同体的建立和顺利运行,都**必然**要以成员国之间在经济、政治制度、文化传统、意识形态等方面的高度同质性为前提。虽然目前尚无法进行充分的说明,但我认为,即使有证据显示,像欧盟和北美共同体这样一些跨国共同体的建立和顺利运行确实是以其成员国的高度同质性为前提的,这一事实本身也并非像“太阳必然自东方升起至西方降落”那样是一种纯自然(非人为)的现象,它在很大程度上是人们在一些特定话语体系的引导和约束下所建构出来的一种现实。按照这样一些话语体系,任何一种社会共同体的形成和维持,都是建立在共同体成员在种族、信

① 王联合:《东亚共同体:构想、机遇、挑战》,《世界经济与政治论坛》2006 年第 2 期,第 79 页。类似的看法还可见石源华:《试论中国的“东亚共同体”构想》,《国际观察》2011 年第 1 期;田中青:《试论“东亚共同体”》,《当代亚太》2004 年第 10 期;邵峰:《东亚共同体的可行性分析与中国的战略》,《世界经济与政治》2008 年第 10 期;等等。

仰、文化等方面所具有的同质性基础之上的,而且这种同质性程度越高越好。我相信,在另一类话语体系,例如多元文化主义等话语体系的引导下,我们就完全有可能建立起一种新型的跨国共同体。在这种新型的跨国共同体中,各国既具有一定程度的同质性(例如,对于共同体基本原则、规范和制度的认同),以维护共同体的正常存在和运行,又在经济、社会、政治和文化等方面保留一定程度的异质性,以维护共同体成员国之间在经济、社会、政治和文化生活等方面的多样性。换句话说,我们完全可能尝试在不改变共同体各成员国现有经济、社会、政治和文化形态的前提下,来建立一个将这些国家紧密结合为一体的新型跨国共同体。这种新型共同体,作为一种能够在超越既有民族—国家的层面上将人类结合起来的更高层次的人类共同体,它和欧盟等跨国共同体具有类似的地方,但就其将在成员国之间保留较高程度的经济、社会、政治和文化异质性或多样性这点而言,它又与欧盟等跨国共同体具有较大的差异。这种新型的共同体,如果能够真正地建立起来,将是东亚各国人民对人类生存和发展的一种重要贡献。正如一位中国作者在讨论"东亚共同体"构想时所指出的那样,在这方面,东亚文化(尤其儒家文化)也提供了一些必要的思想资源。儒家文化主张"和而不同"的思想,强调"和谐而又不千篇一律,不同而又不彼此冲突,和谐以共生共长,不同以相辅相成"①;按照这种"和而不同"的思想,我们应该"承认各国文明的多样化和国际关系的民主化,但认为西方价值观并不具有普适性,各种文化包括中国特色的社会主义文化、日本特色的资本主义文化、韩国特色的转型民主化文化等以及历史上的儒家文化、伊斯兰文化、基督教文化、佛教文化等是适合各国发展需要形成的人类文明精华,都有其生存、发展的理由和权利,各种文明应该和平共处,共同建设东亚的美好家园。鉴于东亚多文化、多制度的特殊情况,东亚各国在学习欧盟

---

① 石源华:《试论中国的"东亚共同体"构想》,《国际观察》2011年第1期,第23页。

和北美共同体宝贵经验的同时，必须创造能够使东亚各种文明共存兼容的建设东亚共同体的新模式和新经验”①。我想，尽管像许多人都意识到的那样，建立这样一种新型的跨国共同体并非易事，但只要东亚各国人民共同努力，我们就一定能够到达这一目的地。

最后，作者想要补充说明的两点是：第一，无论是欧盟，还是东亚共同体，这样一些区域性的共同体依然不是人类社会的最终形式。人类社会的最终形式应该是全球共同体。从理论上说，联合国本来应该就是这样一种全球共同体。但至少在目前，联合国还不具备这种功能。我们应该逐步推动联合国努力地朝这样一种共同体的方向去演变。第二，本文所倡导的跨国共同体虽然是一种理想的人类共同体，但这种理想共同体的实现并非朝夕之间即可达成的事业，而是可能需要经过人类艰苦的奋斗和漫长的努力才能抵达的远景。在这之前，人类也就只能在前面所述几种模式中选择解决纠纷的手段。只是我们要明白这些选择并非理想，而只是现实生活中的一种无奈。

① 石源华：《试论中国的“东亚共同体”构想》，《国际观察》2011年第1期，第26页。

后社会学：尝试与反思[①]

在本文的标题中，我使用了一个新的概念，即“后社会学”(Post-Sociology)，试图用它来对多元话语分析的社会学意涵从理论上做一些更深入的引申和扩展性讨论，使读者对多元话语分析的意义能够有一个更适当的理解。

那么，到底什么是“后社会学”？“后社会学”到底是“后—社会学”(Post-Sociology)，还是“后社会—学”(Postsocio-logy)？它与多元话语分析之间到底是一种什么样的关系？造出这么一个稀奇古怪的名词出来到底是想要表达一个什么样的意涵？它真的是一个有意义的名词吗？这是许多看到“后社会学”这一名词的人心里面自然而然会升起的几个问题。在以下部分，我

① 本文曾以《后社会学：探索与反思》为题发表于《社会学研究》2012年第1期。

就来对这几个问题做一些简要的回答。

一、什么是“后社会学”？

顾名思义，所谓“后社会学”，似乎首先可以被解读为是一种“社会学”之“后”的学问。在当今世界，“后”这个词缀往往意味着：第一，与其所“后”的事物即使不完全对立，也当是有较大的不同；第二，虽然与其所“后”之物有较大不同，但该事物本身的最终形态又往往尚处在形成之中，难以确定，因而我们无法给它以一个比较确定的命名，只好含糊其词地以“后××”而称呼之。例如，“后结构主义”“后现代主义”“后工业社会”“后现代社会”“后资本主义”“后计划经济”等均是如此。与此类似，“后社会学”这个词，如果首先被解读为“后一社会学”的话，那也就意味着：第一，它是一种与“社会学”有较大不同的事物；第二，它仍处在形成过程之中，其形态仍未最终确定。因此，我们只能由其与其所欲“后”之的那个事物即“社会学”之间的差别来对其加以理解。而这又意味着，如果我们想理解“后社会学”的含义，就需先理解其所欲“后”的那个事物即“社会学”的含义。

那么，什么是“社会学”呢？

尽管在社会学家当中对于什么是“社会学”这个问题迄今并没有完全一致的说法，但我坚持认为，所谓“社会学”，就是关于“社会”的学问。因此，什么是“社会学”这个问题就进一步被转换为什么是“社会”这个问题了。那么，什么是“社会”呢？

麻烦的是，这个问题一点也不比诸如什么是“宇宙”、什么是“存在”、什么是“生命”这样一些问题好回答。简单浏览一下社会学文献，就会发现，对于“社会”这个概念，人们至少有以下一些不同的用法：(1)作为一个与“国家”相对应的概念，特指一个相对独立于“国家”之外的人类群体生活领域。如今天人们观察和分析社会现象时常常采用的“国家—社会”这一研究框架中所说的“社会”，就是这样一种意义上的“社会”概念。这种用法的要点是：“国家”和“社会”是两个相对独立的领域,“国家”不包括“社会”,“社会”也不包括“国家”。(2)作为一个与“共同体”相对应的概念,特指一种与“共同体”完全不同的人类群体类型。这种用法的流行在很大程度上要归功于滕尼斯的《共同体与社会》一书。(3)作为一个与“个人”相对应的概念,泛指一切类型或形式的人类群体或结合体,如氏族、部落、家庭、家族、村落、关系网、企业、军队、社团、学校、政府、国家、跨国组织、国家联盟等。因此,人们所说的“社会”一词到底是什么含义,很大程度上取决于其所处的语境。不过,尽管如此,在社会学文献中,多数作者,包括马克思、涂尔干、韦伯、帕森斯等这些最有影响的社会学大师在内,大体上都还是在上述第三种意义上来使用“社会”这一概念的。

在本文中,我们所说的“社会”,也是指这第三种意义上的“社会”。由此言之,所谓“社会学”,也就是(以科学方法来)对这第三种意义上的各种“社会”(氏族、部落、家庭、家族、村落、关系网、企业、军队、社团、学校、政府、国家、跨国组织、国家联盟等)的形成、维持和演变机制进行研究的一门学问。探讨在人类的生活中为什么会形成这样一些形式各不相同的“社会”,这些形式不同的“社会”其各自的性质、功能、运作机制、秩序规则、历史形态、演变途径和方式又是什么样的,等等,就是“社会学”这门学科的基本任务或问题领域。① 在这方面,传统社会学的各个流派都做出了自己的贡献。

然而,无论是上述何种意义上的“社会”概念,都有一个共同的特点,这就是:这个被社会学家作为自己观察、思考、研究对象的“社会”,被认为是一种完全独立于人们的话语系统之外、不依人们的话语系统的变化而变化的“给定性实在”。所谓“社会学”,就是对这样一种给定性“社会实在”进行研究的学科,就像其他科学门类所进行

① 参见谢立中:《社会学的学科对象和问题领域的再认定》,《江海学刊》2009 年第 3 期。

的研究一样。强调作为自己观察、思考、研究对象的“社会”是一种“给定性实在”，强调“社会学”就是要对这样一种给定性的“社会实在”尽可能准确地加以再现，就是传统“社会学”的基本特征。而作为一种“社会学”之“后”的社会研究路径，“后社会学”首先就是建基于对传统“社会学”隐含的上述“给定实在观”所提出的质疑之上。

与传统“社会学”不同，“后社会学”的基本观点是：作为我们观察、思考、研究对象的“社会”并不是一种完全独立于人们的话语系统之外、不依人们话语系统的变化而变化的“给定性实在”，相反，我们所能够感受、思考和言说的所有“社会”现实都只是一种由人们在特定话语系统的引导和约束下建构起来的“话语性实在”；与此相应，“社会”研究的任务也不是要（或首先不是要）对那种被认为完全独立于人们的话语系统之外、不依人们话语系统的变化而变化的给定性的“社会实在”尽可能准确地加以再现，而是要（或首先是要）对人们在特定话语系统的引导和约束下将特定“社会”现实建构出来的过程加以描述和分析。

因此，所谓“后社会学”，既是一种传统“社会学”之“后”的社会研究路径（因此可以将其理解为是“后—社会学”），但也可以将其理解为是一种“后社会—学”，这是因为，它之所以可能成为一种与传统“社会学”不同的社会研究路径，主要就在于它对作为自己观察、思考和研究对象的“社会”有一种与传统“社会—学”不同的新理解，即它不再把“社会”看作是一种完全独立于人们的话语系统之外、不依人们话语系统的变化而变化的“给定性实在”，而是把这个人们可以去感知、思考和言说的“社会”世界看作是一种话语的建构物。换句话说，虽然它依旧可说是在以“社会”作为自己的研究对象，但它所理解的“社会”已非人们通常所理解的那个作为一种完全独立于人们的话语系统之外、不依人们话语系统的变化而变化的“给定性实在”的“社会”，而是作为一种由人们在特定话语系统的引导和约束下建构起来的“话语性实在”的“社会”。故此“社会”已非彼“社会”;此“社会”已是一种在彼“社会”之后重新加以诠释的“社会”。

因此,如果“后—社会学”的解读突出了“后社会学”这一概念在认识论、方法论方面所具之新意涵的话,“后社会—学”的解读则突出了“后社会学”这一概念在社会本体论方面所具有的新意涵。“后社会学”既是“后—社会学”,又是“后社会—学”,而且,从逻辑上说,其实它首先应该是“后社会—学”。因为认识论、方法论方面的新意涵应当是建立在本体论方面新意涵的基础之上的。

二、“后社会学”的两个范例:“多元话语分析”和“后社会史”

如前所述,“后社会学”并不是一种已经具有确定形态的东西,它尚在形成过程之中。在这一过程中,它可能会出现各种不尽相同的具体形态。为了帮助理解“后社会学”的不同可能性,在此,我们提供了两个“后社会学”的范例。一个是笔者近年来倡导的“多元话语分析”,另一个则是萨默斯(M. R. Somers)、休厄尔(W. H. Sewell)、洛克曼(Z. Lockman)等人于20世纪80年代以来倡导的“后社会史”。虽然这两个研究范例分别属于不同的研究领域(一个属于“社会学”的研究领域,一个属于“社会史”的研究领域),具有不同的研究兴趣(一个关注尚属当下的社会存在,另一个则关注已经成为过去的社会存在)[①],并且是由不同的人在不同的时间、空间范围内相对独立地

① 当然,这种区别只是表面上的,而非实质上的。因为,套用黑格尔的一句名言来说,“社会学”不过就是“社会史”而已:假如我们不过分强调时间方面的距离,那么,我们就完全可以说,凡是能够成为“社会学”关注和研究对象的社会现实无一例外都是已经成为“过去”即成为“历史”的社会存在。因而在宽泛的意义上讲,“社会学”和“社会史”之间并无根本性的区别,它们之间在基本理念和方法论上应该都是相通的。以此而言,作为“社会学”之新思路的“多元话语分析”与作为“社会史”之新思路的“后社会史”之间在基本理念和方法论方面也应该是相通的。

构想出来的①,但这两个研究框架在基本理念方面具有高度的相通之处。这个基本理念不是别的,正是我们在上面所反复表达过的那个基本观点,即否认作为我们观察、思考、研究对象的"社会"现实是一种完全独立于人们的话语系统之外、不依人们话语系统的变化而变化的"给定性实在",主张我们所能够感受、思考和言说的所有"社会"现实都只是一种由人们在特定话语系统的引导和约束下建构起来的"话语性实在","社会"研究的任务也不是要(或首先不是要)对给定性的"社会实在"尽可能准确地加以再现,而是要(或首先是要)对人们在特定话语系统的引导和约束下将特定"社会"现实建构出来的过程加以描述和分析。

正如笔者在《多元话语分析:社会分析模式的新尝试》一文中所表述的那样,"多元话语分析"是从后现代主义思潮中引申出来的一种与实证主义、诠释(或现象学)社会学、批判理论等传统社会分析模式都有所不同的社会分析模式。它试图借鉴传统话语分析的一些技巧,将其与后现代思潮所倡导的多元主义视角相结合,构成一种以"话语分析"和"多元主义"为特征的社会研究思路。倡导"多元话语分析"的一个主要目的就是消除以实证主义、古典诠释学和传统的批判理论为代表的"传统实在论"分析模式在社会研究中的影响。"传统实在论"的基本特征就是,认为作为我们研究对象的各种现象都是先于我们、独立于我们的话语系统而存在,不以我们的话语系统为转移的"给定性实在",科学研究的目的就是要尽量客观、真实、准确地

① 虽然从客观的层面上看,"后社会史"的形成显然要早于"多元话语分析"(前者于20世纪80年代即已开始出现,后者则是笔者于最近几年才开始的尝试),因而从理论上讲笔者应该有机会受到前者的影响。然而,实际的情况却是,由于笔者的孤陋寡闻(主要原因在于笔者对"社会史"研究领域内发生的事件很少给予过认真的关注),笔者在2009年之前对于"后社会史"方面的研究成果毫无了解。从笔者个人主观思想历程的层面来看,情形与上述客观层面上的过程正好相反:笔者是先于2006年左右形成并发表了"多元话语分析"的思路和架构(当然之前经历了漫长的学习、思考和构想过程,起点当是在1998年左右),然后才于2009年左右了解到"后社会史"的一些成果。因此,前者的形成完全未受到后者的影响。后者对笔者的作用仅限于精神上的共鸣和激励。

再现独立于我们的话语系统的那些给定性实在,判断一项知识或话语是否可以被接受的唯一标准就是看它与我们试图再现的给定性实在是否相符合,等等。传统的实证主义、诠释学和传统的批判理论虽然存在着各种差别和分歧,但在坚持和贯彻上述基本理念方面还是相当一致的。后现代主义者对"传统实在论"的这些基本理念进行了尖锐的批评,指出作为我们研究对象的任何"实在"都是由特定话语建构起来的一种"话语性实在";一切知识话语都不是对某种给定性实在的再现,而只是人们在特定话语系统及其规则约束和指引下完成的话语建构;处于不同话语体系下的人可以对同一"对象"做出完全不同的话语建构,并且对于这些话语建构之间的真假对错我们很难做出绝对的判断;等等。"多元话语分析"正是在对后现代主义的这些基本理念进行批判性吸收改造的基础上形成的一种社会分析思路。它呼吁在社会研究的对象和方法方面实行一种转换:一方面将研究对象从所谓的社会实在"本身"转换为对"社会实在"的话语建构过程,另一方面将研究方法从传统的实证主义方法、诠释学方法和批判方法转换为一种经多元主义改造过的话语分析方法。用美国社会学家 C. 勒麦特的话来说就是,构想一种新的社会研究范式,这种范式"将把话语既当作主题又当作社会学分析的手段"。[①] 通过这种新的社会研究范式来增进我们对社会世界的认识,拓展我们的视野。

与此类似,按照卡夫雷拉的介绍,"后社会史"也是其倡导者在受到福柯等人的启发后,从福柯等人的思想中引申出来的一种与以"唯物史观"和"年鉴学派"为代表的"社会史"研究和以汤普森、夏蒂埃(R. Chartier)、布迪厄等人为代表的"新文化史"研究都有所不同的社会史研究路径。"后社会史"的核心理念就是否定一种作为"自然客体"即完全可以不依赖我们的话语而存在的"社会"实在,强调社会实在只是一种话语的建构。以"唯物史观"和"年鉴学派"为代表

① C. Lemert, "Poststructuralism and Sociology", in Seidman, ed., *The Postmodern Turn: New Perspectives on Social Theory*, Cambridge: Cambridge University Press, 1994, p. 269.

的"社会史"研究强调社会经济结构相对于个人行动以及文化领域的客观独立性，强调"个体的自主性，乃至整个文化领域，无非是其社会存在的某种表征或表现"而已①；对于之前单纯诉诸行动者本身的观念与信仰来说明社会生活的"主观主义"史学派别来说，这种研究路径有其积极意义，但其对社会实在之客观性、自然性的单方面强调则是一个重要缺陷。以汤普森、夏蒂埃等人为代表的"新文化史"研究虽然"在一定程度上矫正了此前['唯物史观'和'年鉴学派']单向作用的客观论立场，赋予文化领域(或政治领域)一种相对的自主性，承认个体在意义的生产过程中扮演了积极的角色"，承认社会实在在一定意义上是由人们在自己主观意识的引导下建构起来的，但他们也只是"一门心思地要克服客观论与主观论、社会物理学与社会现象学、物理主义与心理主义之间的对立"，追求"社会范畴的约束与自觉意识的自主这两极之间的某种和谐融合"。② 他们虽然认为"社会实在"不能单方面地、直接地决定个体行动和文化，社会实在是"社会结构"和具有主观能动性的个体相互作用的结果，但他们依然保留了社会结构作为条件或资源对于个体行动和文化领域的最终约束作用。"新文化史固然赋予主体和个体创造性以自身的施展空间，但依然宣称，个体用来把握和蕴涵意义地安排社会实在的那些认知范畴，只是对于这类实在的一种内化，哪怕只是一种符号性的内化"；"范畴生成社会实践的力量归根结底取决于它们的理论效力，也就是说，取决于它们如何契合于社会实在本身的属性和内在法则"。因此，"社会基础确实没有决定实践，但是确立了实践可能性的条件。行动者的所作所为、所思所想，都是自由的，但却是在这些条件的限制之内，符合他们的社会位置赋予他们的资源"。③ "新文化史"贯彻的是一种不彻底的反表现主义。与上述两者都有所不同，"后社会史"论者则坚

① 卡夫雷拉：《后社会史初探》，李康译，北京：北京大学出版社2009年版，第2页。

② 同上书，第7—8页。

③ 同上书，第15—16页。

持对“社会实在”和“话语”做一种全新的理解，认为不仅作为我们经验和认知对象的“社会实在”并非独立于我们的话语之外的，而完全是由我们在特定话语的引导下建构起来的，而且引导我们建构特定“社会实在”的那些话语体系其形成和变化也完全不受“社会结构”的限制。“在我们与世界的关系之中，客体从未作为存在性的东西被给予我们。它们始终是在话语形构之中被给予我们的，因为语言做的并不是为客体命名，也不是揭示客体，而是通过部署某种特定的分类体系，真真切切地创造出客体，实实在在地将客体本身带入存在。”①像“工人阶级”“被虐待的儿童”“被压迫的妇女”等“社会”现象，都是人们在特定话语引导下建构起来的一种现象，它们的出现都需以特定话语的存在为前提。“工人阶级并不是一种客观的存在（更不是一种本体性的存在），而是一种话语的建构。这是因为，所谓无产阶级是一个注定实施社会变迁的阶级，这样的主观信念是一种现代话语塑造出来的，而不是生产关系塑造出来的。”②因此，“后社会史要做的是从深层重新思考客体的性质本身，它已经不再是社会性的，而是话语性的”③。而“如果说社会现象并不具备内在固有的意义，而客体其实也是源于话语建构的运作，我们就必须彻底重新思考个体是如何塑造有关社会世界的经验的，重新思考经验本身的性质”④。由此可以合乎逻辑地得出的一个结论就是：“表达客体与认同的话语机制应该成为史学研究的主要对象。”譬如，在研究现代社会的时候，历史分析应该“从假定一个客观‘社会’（society）的存在，转到研究‘社会’（the social）这个范畴本身是如何形成的”。“‘社会’这个概念的去自然化，不仅使概念形成史进入舞台核心，而且将这种历史转变成社会理论的基石。”⑤

---

① 卡夫雷拉：《后社会史初探》，第 60 页。

② 同上书，第 70 页。

③ 同上书，第 40 页。

④ 同上书，第 63 页。

⑤ 同上书，第 79 页。

可见，虽然在研究领域、表述形式等方面存在着差别，但在基本理念上，“后社会史”和“多元话语分析”之间大体上是一致的。为了突显和强调这种一致性，我们觉得需要用一个名称来对它们加以概括。从“后社会史”这个名称那里得到启发，我们认为“后社会学”应该是最适合用来进行这种概括的一个名词。理由就像曼彻斯特大学历史学教授帕特里克·乔伊斯在评论“后社会”(postsocial)这个概念时所说的那样：“这个术语很好地把握了这种特性/认同，一方面力求超越对社会范畴(the social)的旧有理解，探索对世界的新型思考与新式书写，同时又保留了‘社会的’(social)这个术语，以表明如果完全弃之不用，就会忽视一些基本的理解维度。因此，这个术语既直指未来，又不忽视过去，这对历史学家[就本文来说还应该包括社会学家——本文作者注]来说绝非坏事，堪称佳名。”①

三、“话语建构论”和“多元主义”

不过，除了研究领域、表述形式等方面的一些差别之外，在基本理念的现有阐释方面，“多元话语分析”和“后社会史”之间也还有一些侧重点上的差异。其中两个比较明显或突出的差异就是：(1)与“多元话语分析”论者相比，“后社会史”学者对“话语”演变的自主性做出了相对更好的阐释；(2)与“后社会史”学者相比，“多元话语分析”则更为突出地强调了话语建构以及话语分析结果的多元主义性质。

如前所述，“后社会史”和“多元话语分析”的核心理念就是强调“社会”现实的话语建构性质，强调我们所能够感知、思考和述说的任何社会现象都是由人们在特定话语系统的引导和约束下建构起来的一种“话语性实在”，而非一种完全独立于、外在于我们的话语系统的纯粹客观自然的“给定性实在”。毫无疑问，这种理念在逻辑上要能

① 卡夫雷拉：《后社会史初探》，序，第3页。

够自圆其说,一个重要前提就是要承认并能够说明“话语”的绝对自主性,即不仅要否认“话语”是对那种独立于、外在于“话语”的、纯粹给定性的社会现实的反映或再现,还要能够在自己的理论框架中对这种被认为独立于社会现实的“话语”的形成和演变过程做出令人满意的说明。在这方面,“后社会史”学者相对而言做了更多的工作。“后社会史”学者不仅明确地宣示了话语相对于社会结构和个人主观意识而言的“绝对自主性”①,明确地意识到了“对话语本身的生成和变迁机制进行历时性分析”并“初步勾勒一套概念的历史形成学说”是“后社会史”研究的一项基本前提②,还对“话语”形成和演变机制进行了一些具体的分析和经验的考察。通过这些具体的分析和考察,“后社会史”学者力图表明,“话语”是自主演化的,而不是在社会结构或个人意识的作用下演化的。例如,“个体面对某种常变常新的社会实在,并要将其概念化时,并不单单是将其内化并贴上标签,而是把它融入或强加给所探讨情况下通行的概念模式。不同于长久以来人们的预设,新的社会情境或现象并不蕴涵着人们应用到它们身上的那些概念,也不是这些概念的承载者,也没有构成这些概念的因果源泉。相反,这些概念就是一种自然化过程的结果,也就是说,是将诸如此类的情境和现象融入某种令人熟悉的语言或可理解性框架之中所造成的。更准确地说,新的范畴并不是社会变迁的反映,而是某种区分运作的结果,也就是说,是由既定范畴之间的差异作用或对比关系所造成的。……所谓的概念,无非是因为旧的话语为了整合新的现象,赋予它们以意义,而发生概念上的重新调适、转型、重组或重构。”③“这就意味着,话语的属性既不是表征性的,也不是理性的,

① 卡夫雷拉:《后社会史初探》,第14页。

② “因为如果不能令人信服地证明,社会实践的奠基性范畴构成了一块特别的社会领域,具有一种特定的历史逻辑,那么整个后社会范式就有可能瓦解,理论上重新思考的全部努力最终会证明徒劳无益。”卡夫雷拉:《后社会史初探》,第49页。

③ 卡夫雷拉:《后社会史初探》,第51页。

而是文本间性的(intertextual)。”①再如,话语受到的挑战或不稳定性因素也并非来自实在,并非来自现实世界的事件,而是来自另一种话语。“一种话语的历史通行地位之所以遭到破坏,并不是因为实在的影响,而是因为另一种话语的兴起”;“元叙事是由一系列业已自然化的规则和程序组成的图式,造成它们不稳定的,不可能是经验证据本身,而只能是出现了另一种元叙事,能够挑战其包容—排斥的分类规则。”②

无疑,熟悉后实证主义和后结构主义思潮的人,对于上述看法都不会感到陌生,因为上述看法无非是这些思潮所表达的一些观点在社会史领域中的批判性和创造性应用而已。不过,令我有点不解的是:从上述这样一种彻底的“话语建构论”立场出发,本应当引申出另一个富有意义的立场,即“多元主义”的立场,然而在“后社会史”的相关文献中,虽然对“话语自主性”“话语建构论”的明确强调比比皆是,但对“多元主义”的明确强调并不占有同等突出的位置,并未给人同等深刻的印象。虽然像洛克曼一类的学者在讨论埃及工人阶级的话语建构过程时曾承认过存在着多种不同的可能性,但他也并没有对这种可能性加以特别的说明和展开。与对“话语自主性”“话语建构论”的说明和讨论相比,对“话语建构”过程或结果之多元性的说明与讨论,在篇幅上明显不足。

与此相反,突出强调话语建构以及话语分析结果的多元主义性质,则正是“多元话语分析”文献的一个重要特点。无论是在理论阐释性质的文章如《走向多元话语分析:后现代思潮的社会学意涵》《多元话语分析:社会分析模式的新尝试》等当中,还是在经验考察性质的文章如《走向干预主义:历史之必然,还是话语之建构》《劳工研究中的一个方法论问题》等当中,对话语建构之多种可能性的分析也

① 卡夫雷拉:《后社会史初探》,第52页。
② 同上书,第55页。

都占据了相当的篇幅。例如,在《走向多元话语分析:后现代思潮的社会学意涵》《多元话语分析:社会分析模式的新尝试》这两篇文章中,“多元主义”都被明确地列为“多元话语分析”最基本的原则或特征之一。在这两篇文章中,笔者都明确地指出了“多元话语分析”是一种与传统“话语分析”不同的话语分析模式,而“多元话语分析”与传统“话语分析”之间最重要的区别就在于前者强调话语分析结果的多元性,后者则依然追求话语分析结果的一元性。对于“多元话语分析”学者来说,“话语分析的任务也并不在于寻求某种唯一的、最终可以得到公认的结果,而恰恰在于去寻求对同一文本资料的多种不同的理解(以丰富和扩展我们的认知),以及帮助不同的分析者、诠释者去实现他们之间的沟通和对话。因此,话语分析结果的多元化局面也不但不是一个有待于我们去努力加以消除的消极状态,而恰恰是一个我们在话语分析过程中应该努力去加以追求的目标状态。这种对话语建构及话语分析结果之多元化状态的自觉认可和追求,应该是后现代主义思潮所蕴含的社会研究模式与以往那些话语分析模式之间的一个重要不同之处,也是我们将这种社会研究模式称为‘多元话语分析’的主要原因。”①在《走向干预主义:历史之必然,还是话语之建构》一文中,笔者则更是以20世纪最重大的历史事件之一“罗斯福新政”为例,具体地说明了我们对这一历史事件的现有解释可能只是可有的多种解释当中的一种(而非唯一,尤非唯一正确的一种)。②在《劳工研究中的一个方法论问题》一文中,作者的大量论述主要也在于努力揭示对通过访谈所获得的劳工话语进行理解的多种可能

① 谢立中:《走向多元话语分析:后现代思潮的社会学意涵》,《社会理论学报》2006年秋季号,第37—38页(另见谢立中:《走向多元话语分析:后现代思潮的社会学意涵》,北京:中国人民大学出版社2009年版,第37页);类似的表述也见谢立中:《多元话语分析:社会分析模式的新尝试》,《社会》2010年第2期,第3—5页。

② 谢立中:《走向干预主义:历史之必然,还是话语之建构》,《广州公共管理评论》第1辑,北京:社会科学文献出版社2013年版。

性。① 总之,一句话,就像"多元话语分析"这个名称本身已经显示的那样,"多元主义"正是"多元话语分析"的核心特征或标签之一。这一点,即使在现有的"多元话语分析"文献中,也已经得到了充分的展示。这是"多元话语分析"文献与"后社会史"文献至少在目前可以看得见的一个差别。

我认为,彻底的"话语建构论"立场和彻底的"多元主义"立场在逻辑上本是相互隐含的:彻底的"话语建构论"立场意味着彻底否认"社会实在"的纯自然性质,否认"社会实在"对"话语"的决定作用,承认"话语"的绝对自主性,因而也就彻底否认了以与"社会"现实相符与否来对不同的"话语系统"之"真实性"进行判断的可能性,从而不得不接受不同的"话语系统"具有同等的"真实性"这一多元主义性质的结论。换言之,彻底的"话语建构论"必然引导出彻底的"多元主义"立场,彻底的"多元主义"立场也必然要以彻底的"话语建构论"为基础或前提。只要"话语建构论"而不要"多元主义",或者只要"多元主义"而不要"话语建构论",从逻辑上说应该都是不可能的,除非各自在理论立场上都不具有彻底性。因此,我认为,"多元话语分析"和"后社会史"文献在基本理念的现有阐释方面存在的上述差别只是暂时性的、表层性的,而不是永久性的、根本性的。"后社会史"学者的立场只要彻底,今后就必然要强化他们的多元主义色彩;而"多元话语分析"学者的立场欲彻底,也必然要加强对"话语"演变之自主性的阐释和分析。就此而言,对读者来说,"多元话语分析"方面的文献和"后社会史"方面的文献可以参照阅读,因为如上所述,这两种文献已有的内容实际上具有互补性。

四、"后社会学"的意义

"后社会学"有什么意义?

---

① 吴肃然:《劳工研究中的一个方法论问题》,《社会理论学报》2010 年第 13 卷第 2 期。

我已经在好几篇文章中回答过这个问题,这里再择其要者做一简要说明。

所有从事过一定学术研究的人都会有这样的经验:只要你愿意并且稍微深入地做一点文献梳理工作,你就会发现,针对所有的问题,几乎都会存在着多种不同的回答。为着说明的需要,我可以我自己的经验,举以下几个问题为例:

连续在一个月以上时间内每天需要上网4—6小时才感到舒适是不是一种需要治疗的病症?对于这个问题,某些专家明确地回答"是",而相当多的人则对此回答明确地表示反对。

传统中国社会是否是一个阶级社会?毛泽东等人明确地认为传统中国社会是一个阶级社会,而梁漱溟等人则明确地宣称传统中国社会不是一个阶级社会。

改革开放以来中国社会形成了一种什么样的新分层结构?有的人认为改革开放以来中国社会已经形成了由国家与社会管理阶层、经理阶层、私营企业主阶层、专业技术人员阶层、办事人员阶层、个体工商户阶层、商业服务人员阶层、产业工人阶层、农业劳动者阶层及城乡无业、失业和半失业人员阶层10个阶层组成的新社会分层体系;也有人认为现阶段中国社会成员主要分为特殊利益者群体、普遍获益者群体、利益相对受损群体和社会底层群体四个群体;还有人将当前中国社会各群体成员分别归入上等阶层、中上等阶层、中等阶层、中下等阶层和下等阶层;也有人认为当前中国社会主要由资产阶级、无产阶级和各种中间阶级组成;等等。

中产阶级在当前中国社会的分层结构里占据多大的比重?有人经过一番调查研究之后认为在当前中国中产阶级的比例大概在8%—15%,而另一些人同样在经过了一番调查研究后认为当前中国中产阶级的比重已经达到了20%—25%,也有人得出研究结论认为中国的中产阶级只有5%左右。

中国社会在"现代化"方面已经达到了什么程度?有人认为至

1998 年中国现代化实现程度已达 81%，另一些人则认为同年中国现代化实现程度只有 40.4%，也有人计算出 2000 年中国现代化实现程度为 47.9%。

面对上述这样一些分歧，我们该怎么办？

一个深受传统“现代主义”社会学影响的人，面对上述分歧时，最可能做出的反应是：认定不同的看法之间只能有一个是“正确的”或最接近“正确的”；而所谓“正确的”，就是与客观现实最相符合、最准确地再现了客观现实的；因此，如果他想要继续研究其中的某一个问题的话，他的全部工作都将集中在努力从各种已有的和可能有的答案中甄别出一个最正确的答案来（包括选择最合理的概念或定义、最精致的理论模型、最科学的调查研究方法等）。

可是，如果我们真的这样去做了，结果会怎样呢？

我的经验是：在很多情况下，当我们这样去做了之后，只要我们对现代主义的实在论、再现论、真理观、本质观等不持一种过于偏执的态度，只要我们愿意换一个方向去思考问题，我们都能够发现，有许多意见分歧其实并非由对现实掌握程度方面的差别造成的，而是由研究人员所处话语系统方面的差别造成的，是一种“话语之争”，而非“事实之争”。由此形成的意见分歧其实是一种虚假的意见分歧，而非真实的意见分歧。对于这种虚假的意见分歧，我们永远无法对它们之间的真假对错做出有效的判断。例如，毛泽东和梁漱溟之间就中国是否是一个阶级社会的争论就是这样一种由两人所用“阶级”一词词义方面的差别而导致的“话语之争”。① 对于这样一些出于话语系统之间的差异而形成的有关“中国社会”的不同经验、思考和言说，我们确无办法来对它们之间的是非对错做出终极的判断。我们所能做的，就是去努力辨析出其背后的话语系统及其相关规则，并尝试从这一话语系统出发达到对从它们当中衍生出来的相关话语的理

① 参见谢立中：《“中国社会”：给定实在，抑或话语建构》，《江海学刊》2008 年第 3 期；另见谢立中：《走向多元话语分析：后现代思潮的社会学意涵》，第 5 章。

解。我认为,使人们认识到这一点,就是“多元话语分析”等“后社会学”范式最主要的意义所在。

五、对“后社会学”的若干质疑:简要的回应(Ⅰ)

对“后社会学”基本理念最主要或最重要的质疑大体可能包括以下四个方面:第一,质疑“后社会学”过于强调话语的自主性和建构性,完全否定了“社会”现象的客观实在性,与我们在实际生活中的感受不相符合;第二,质疑“后社会学”过于强调话语对个人意识和行动的引导和约束作用,否定了个人的主观能动性,将人的形象从传统社会学塑造的“结构的傀儡”转变为“话语的傀儡”;第三,质疑“后社会学”对“多元主义”的突出和强调可能会隐含一种对相对主义和虚无主义的认可;第四,质疑“后社会学”对“多元主义”的强调会使我们失去对社会现实进行道德批评的稳固基础。这几个质疑的前两个主要是针对“话语建构论”的,后两个则主要是针对“多元主义”的。在这一节里,我们首先尝试来对前两个质疑做一个简单而又初步的回应。

首先,“后社会学”对话语自主性和建构性的强调是否合理?

梅勒在其所著的《理解社会》一书中坚持“社会”是一种独立于、外在于话语的实在,明确地反对“社会”是一种话语的建构、话语具有自主性和建构性的观点。梅勒提出了“社会”具有的四个基本特征来作为自己立论的依据。这四个基本特征是:(1)“社会”是以人类肉身为中介或前提条件的,正是人类肉身化的生存需要及实践活动导致了满足这些需要的各种社会安排,而人类肉身是外在于社会文化的具体历史形态的。(2)作为一种突生现象,社会具有独特的性质和力量,不能被化约为构成它的个体。“这并不单是因为所有的个体都面临着已经存在的社会实在,也不是因为我们自己建构出的社会实在的情状会与我们的目标、规划、意向相冲突。更确切地说,是因为社会有着它自身的属性和能量,这种源于人类关系刺激并发展的独特的社会力量,能以特定方式重塑个体和群体的行动、认同和经历。对这些力量的反思,能帮助我们理解为什么有着同样能力和潜能的个体,由于生活在不同的社会,最终会对他们自己和所处世界的位置产生截然不同的看法,对他人的道德责任和宗教义务产生不同的解读。"①(3)"社会"具有一种可以称为"超灵性"的属性或特征,这种"超灵性"特征是我们无法通过经验方式加以观察的,它是一些从人类肉身化的潜能和特征中突生出来的社会力量,这些力量形成了一种特殊的生态,使我们人性的社会方面得以在该生态中培育并发展起来。这种"超灵性"特征是社会得以超脱于话语之外的一个重要因素。(4)"社会"的存在在很大程度上依赖于宗教这样一种现象,而"作为一种突生形式但又不化约为社会的超灵性现象",宗教本身的形成具有前话语的先验性质。由于这样一些基本特征,使得社会成为一种"令人伤脑筋"的现象,"它虽然是由人类建构的,但抵制个人和集体为了特定的理想和蓝图而改造它的努力,不仅如此,它还会出乎任何人所愿地发展变化。即使我们通过自身的活动意识到我们在社会中所扮演的角色,社会仍然会对我们的行动施加限制"。② 而"正是这种对社会的真实性和不可避免性的深刻意识",梅勒说,"才形塑了……社会实在论的观点"。③

我认为,梅勒的上述论述是以一个混淆或误解为前提的。这个混淆或误解就是将"社会实在"与**作为我们人类经验、思考、言说乃至实践对象(或客体)**的"社会实在"等同起来。事实上,无论是在"多元话语分析"的文献中还是"后社会史"的文献中,人们反复强调的只是如下这样一个观念,即作为(或者能够成为)我们人类(无论是个体还是群体)经验、思考、言说对象的"社会实在"并不是一种完全

① 梅勒:《理解社会》,赵亮员、白小瑜、王璜、刘琪译,北京:北京大学出版社 2009 年版,第 4 页。

② 同上书,第 205 页。

③ 同上。

独立于人们的话语系统之外、不依人们话语系统的变化而变化的“给定性实在”,相反,我们所能够经验、思考、言说的所有“社会实在”都只是一种由人们在特定话语系统的引导和约束下建构起来的“话语性实在”。[①] 这一观念至少包含以下几个基本点。

(1) 这里所说的“社会实在”不是那种脱离我们人类的经验、处于我们人类的经验范围之外的笼统抽象的“社会实在”,而只是作为我们人类经验、思考、言说对象的“社会实在”。对于我们人类来说,只有这种处于人类经验范围之内的“实在”才是有意义的实在。那种处于人类经验范围之外的“实在”,即使存在,对我们来说既没有讨论的价值,也没有讨论的可能性。理由很简单:因为按照定义,对于这样一种“实在”,我们根本无法对其加以经验或感知。对于这种我们根本无法经验和感知的东西,我们如何能够去对其进行讨论?

(2) 这种能够作为我们经验、思考、言说对象的“社会实在”,只能是一些话语性的实在。因为任何一种“社会”现象只有通过特定话语系统的过滤后,才能被我们所经验、所思考、所言说,成为我们经验、思考和言说的对象。诚如卡夫雷拉归纳和转述的那样:“像种族、出生地、同性恋、语言、阶级、贫困、饥荒、疯癫、社会不平等或经济危机之类,尽管不容置疑是作为实际现象存在的,但只是在某个特定的话语体制中被赋予意义,并依赖于它们所获得的意义之后,才成为客体(并开始形塑行为)。”[②]“有关世界的一切经验都是对于这个世界的表述/关联的某种效应”;“语言和经验因此不可分离,相互交织”;“语言之外不存在任何社会经验”。[③] 这并非要完全否认人类可能具有一些前语言性质的欲望、体验或关系,而只是说这样一些

① 参见谢立中:《走向多元话语分析:后现代思潮的社会学意涵》,第 3、12、16、281 页;卡夫雷拉:《后社会史初探》,第 39、43—44、59—62 页。

② 卡夫雷拉:《后社会史初探》,第 39 页。

③ 同上书,第 64、65 页。

前语言性质的欲望、体验或关系即使存在，也不能成为我们明确地去经验、思考和言说的对象，因而对我们来说就不具有研究的意义和可能性。

(3) 这样一种“社会实在”尽管是由人们在特定话语系统的约束和引导下建构出来的东西，但它依然是一种“实在”，依然可能具有我们用“实在”这个词语所表达的所有那些特性，如相对人们而言的突生性、外在性、强制性、恼人性等，只不过它不是梅勒等人所说的那种完全脱离话语体系而存在的“实在”，而是一种随话语系统的转移而转移的“实在”，即“话语性实在”。所以，承认“社会”现象是一种“实在”，与宣称它们是一种话语的建构，或者反过来，承认“社会”现象是一种话语的建构，与承认它们依然是一种“实在”，两者之间并无矛盾。① “后社会学”并不笼统地反“实在论”（尽管有时出于简洁的考虑而把它表述成“反实在论”），而只是反对那种将作为我们经验、思考和言说对象的“社会”现象简单地视为可以完全脱离话语系统而存在的旧（或“传统”）“实在论”。

因此，我们可以说，梅勒在《理解社会》一书中对于“后社会”理

---

① 以“网络成瘾症”这一“社会现象”为例。如果我们认可“每天必须连续上网若干小时才能感到舒适是一种成瘾症”这一定义的话，那么“网络成瘾症”就可能是一种客观事实，因为在某些人身上确实存在这样一些现象。而如果我们不认可这一定义，那么“网络成瘾症”这一“事实”就不存在。类似地，如果我们接受“连续一个月以上每天必须上网4—6小时才感到舒适是一种成瘾症”这一定义，那么我们将就某地在特定时间区段内“网络成瘾症”的状况（人数比、性别分布、年龄分布、文化程度分布、职业分布等）得到一个相对确定的描述；而如果我们接受“连续一个月以上每天必须上网10小时以上才感到舒适是一种成瘾症”这一定义的话，我们对某地在特定时间区段内“网络成瘾症”的状况就将得到一种与上面不同的描述。由此可见，第一，“网络成瘾症”不是一个可以脱离特定话语系统而独立存在的“实在”：它是否存在，以及如何存在，都取决于我们在观察、描述和分析它的时候所处的话语系统。但是，第二，一旦我们将自己置于一个确定的话语系统之下，那么它的存在状况（是否存在以及如何存在）也就随之确定下来，成为一种任何人都不可以随心所欲地加以否定或改变的“客观实在”。相信读者还可以自己举出无限多的例子（自杀率、就业率、地位分布等）来说明这一点。

论的批评基本上是文不对题,不得要领。①

其次,"后社会学"就话语对个人意识和行动之引导和约束作用的强调是否合理?

对于这个问题,我也只想简单地说以下几句。

(1) 即使"后社会学"真的具有否定个人主观能动性、将人塑造成一种"话语傀儡"的形象,这种做法本身也并无不可之处。"否定个人主观能动性"本身并不具有"天然不正确性"。只有在那些把人的主观能动性看成是理所当然的话语系统(如各种主观主义社会学流派)当中,这一点才是不可接受的。

(2) 不过,至少就"多元话语分析"文献而言,并没有明确否定人的主观能动性,虽然在这方面着墨不多。② 至少在笔者看来,强调话语系统对人的经验、思考、言说和行动的引导与约束作用,并不一定要以否定人的主观能动性为前提或伴随物:虽然个体的经验、思考、言说和行动始终是在特定话语系统的引导和约束下来进行的,但个体并非话语的简单傀儡。个体在使用特定话语系统中的概念和规则来经验、思考和言说某个对象的时候,是以自己对这些概念和规则的理解为前提的。处于同一话语系统之下的个体,对于所属话语系统的概念、规则等完全可以有不同的理解,因而属于同一话语之下的个体,在同一话语系统的引导和约束下所进行的经验、思考和言说,也会有一定的差异。但这种差异和属于不同话语系统之下的个体在经验、思考和言说方面所具有的差异相比,应该是不足道的。

(3) 不过,尽管如此,笔者认为,我们对于个体的主观能动性依

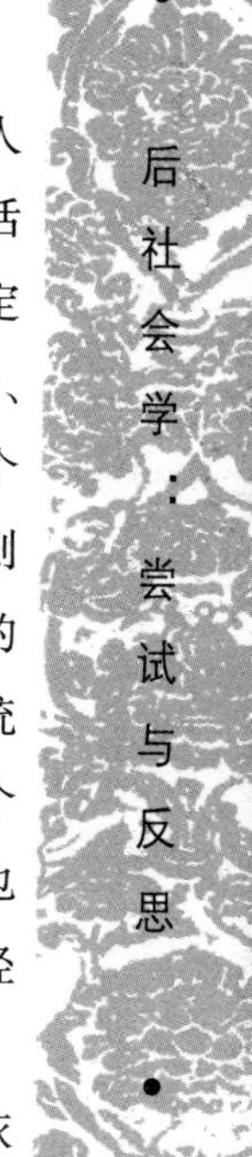

① 对于梅勒上述用来证明传统实在论的几个理论依据,我们还可以再说几句:第一,梅勒提出人类肉身是一种超文化、超话语的普遍存在,并以此作为身体社会学兴起的理据。而实际上,迄今为止的身体社会学研究成果恰好否定了梅勒的这一论点。迄今为止的身体社会学表明,身体并不是一种纯自然的存在,而是一种社会的、政治的、文化的、话语的建构物。第二,梅勒在《理解社会》一书中用了大量篇幅来说明宗教对于社会的建构作用,而如果我们将宗教理解为一种特殊形式的话语体系的话,那么,可以说,梅勒的这些说明也正好可以用来印证"社会实在是一种话语的建构"这一命题。

② 参见谢立中:《走向多元话语分析:后现代思潮的社会学意涵》,第 35 页。

然不能过于强调,个体的主观能动性虽然存在但还是有其限度的。理由在于:尽管个体在使用所属话语系统中的概念和规则来经验、思考和言说某个对象的时候,是以自己对这些概念和规则的理解为前提的,而这些理解不可避免地具有个体差异,但这些差异本身不可能是无源之水、无本之木。这种差异最好且也完全可以用话语或文本分析中的"互文性"(intertextuality,或译"文本间性")理论来加以解释:没有一个文本完全是凭空产生的,每一个文本都是通过或明或暗地吸收、利用、参照其他的文本而构成的,每一个文本当中都或明或暗地包含着其他文本的一些要素。因此,一个文本和另一个文本之间的差异,在很大程度上可以认为是文本的建构者在建构文本时吸收、利用和参照其他文本(内容、方式等)方面的差异所致。换句话说,个体之间在对属于同一话语系统的概念、规则进行理解时所出现的差异,可能源于个体在进行这种理解时可吸收、利用和参照的其他话语资源方面的差异。假如两个个体可吸收、利用和参照的话语资源差异不大,他们在进行这种理解时所出现的差异应该也就不大。因此,归根结底,个体对概念和话语规则所进行的理解总是在某些(他可以吸收、利用和参照的)话语系统的引导和约束下来进行。完全不借助于任何话语系统来进行的经验、思考和言说是不可能的。

六、对"后社会学"的若干质疑:简要的回应(Ⅱ)

现在我们来简要讨论一下针对"多元主义"的两个质疑。

首先,"后社会学"对"多元主义"的突出和强调会不会隐含对相对主义和虚无主义的认可?

对于这个问题,我目前的思考是:

(1)在某种程度上,对"多元主义"的强调确实隐含着对"相对主义"的认可。说得更准确点,"后社会学"的"多元主义"其实不过是社会历史观方面"相对主义"立场的一个逻辑结果,是以这种"相对主义"立场为前提的,只要我们接受"社会现实"是一种话语的建构、处于不同话语系统之下的人会对“社会现实”做出不同的话语建构、对于这些不同话语系统的真伪对错我们并无能力做出最终的判断等看法，那么结论自然就将是：不同的话语系统以及人们在不同话语系统的引导和约束下建构起来的“社会现实”都有自己的相对合理性，试图以“合理”与否（如是否符合理性或符合社会历史发展规律等）为标准来只对其中的某一个加以肯定（对其他的则加以否定），在理论上既是不合适的，在逻辑上也是不可能的。①

（2）和“否定个人主观能动性”本身并不具有“天然不正确性”一样，“相对主义”本身也并不具有“天然不正确性”。只有在那些承认有“唯一正确的真理”并把追求这种“唯一正确的真理”当成唯一使命的“绝对主义”或“一元主义”话语系统当中，“相对主义”才是“天然不正确的”。也只有在那些长期浸润在这种“绝对主义”或“一元主义”话语系统当中的人才会认为“相对主义”是不可接受的。换句话说，承认对“多元主义”的强调确实隐含着对“相对主义”的认可，并不意味着“多元主义”就是一种天然错误的立场。

（3）“多元主义”隐含着对“相对主义”立场的认可，但并不一定隐含着对“虚无主义”立场的认可。其实，“多元主义”和“虚无主义”是从“相对主义”立场中引申出来的两种结果，却是两种性质和方向完全不同的结果。“多元主义”是一种积极的、肯定的相对主义，虚无主义则是一种消极的、否定的相对主义。“虚无主义”的逻辑是：既然一切都是相对的，因此一切都是没有价值和意义的。“多元主义”的逻辑则正好相反：虽然一切都是相对的，但一切都是有价值和意义的。换句话说，虚无主义否定一切，多元主义则肯定一切。虽然它们都是从相对主义出发，并且都是以“一元主义”为对立面，

① 当然，需要再次加以说明的是，这并非意味着我们无法在不同的话语系统及其建构物当中进行选择（在现实生活中我们不仅有必要而且事实上常常会在不同的话语系统之间进行选择），而只是说我们无法以谁最“符合真理”为由来进行选择。关于这一点我也多次做过简要说明。参见谢立中：《走向多元话语分析：后现代思潮的社会学意涵》，第 37 页注释 1、第 74 页注释 1、第 154 页注释 1。

但其结论完全不同。

(4)“相对主义”也不等于完全否定确定性。“相对主义”可能会以“绝对主义”为自己的对立面,但“相对主义”和“绝对”并不是完全对立、相互排斥的。虽然相对主义认为对于不同话语系统的真伪对错我们无力做出最终的、绝对的判断,因此我们应该同时承认它们的相对合理性,但这只是就不同话语系统之间的“真假”关系而言的。而在同一个话语系统内部,一句话语、一个文本的“真假对错”则是完全可以确定的。例如,仍就“网络成瘾症”而言,虽然我们无法就与“网络成瘾症”相关的不同话语系统之间的真假对错做出最终的、绝对的判断,然而在各个相关的话语系统内部,某句话语(如“2011年北京市患有网络成瘾症者达30万人之多”)的真假值却是完全可以得到确定的。因此,在相对主义者这里,“相对”之中仍是有“绝对”,“不确定”之中仍是有“确定”。只不过这种“绝对”已不再是以往那种“绝对”之“绝对”,而是“相对”之“绝对”;“确定”也不再是以往那种“绝对”的“确定”,而是“相对”的“确定”。这和辩证法的精神是完全一致的。

(5)“相对主义”并不一定是自我矛盾的。人们通常质疑说:相对主义认为一切话语的正确性皆是相对(特定话语系统)而言的,而如果我们将“相对主义”本身视为一种话语系统的话,那么这就意味着“相对主义”这种观点其正确性也是相对的,即只是在“相对主义”话语系统内部才被视为正确,离开“相对主义”话语系统其正确性就是可以质疑的。我认为,这种质疑是可以成立的。相对主义在逻辑上想要自洽,就必须将“相对主义”原则应用到自己身上,承认自身立场的相对有效性,否则就和自己的对立面——绝对主义或一元主义——没什么两样了。不仅如此,相对主义者还必须承认“绝对主义”或“一元主义”也有自己的相对合理性,也应该是多元化话语世界中的一元。但这样一来,似乎必将出现一个困境:相对主义否认有不随话语系统的转移而转移的“普遍真理”,而绝对主义/一元主义的立场则恰好相反,这两种不同乃至对立的观点怎么能够同时共存呢?

对于这一难题,我的想法是:假如我是一个绝对主义/一元主义者,我是肯定不能容忍相对主义存在的,因为绝对主义/一元主义的题中应有之义就是认为只有一个"真理",而在"相对主义"和"绝对主义/一元主义"的二元抉择中,这个唯一的"真理"当然只能是"绝对主义/一元主义"自身。但假如我是一个相对主义者,那么我的选择空间则相对要宽广些:我可以承认,"相对主义"和"绝对主义/一元主义"各自都只是多元话语世界里的一元,各自都只是在自己的话语系统内才有效的话语。由于"绝对主义/一元主义"立场的有效性只局限在"绝对主义/一元主义"话语系统内部,在其他话语系统中它并不具有有效性,因此,对于"绝对主义/一元主义"立场的这种相对认可与我的"相对主义"立场之间并不发生真正的冲突,而恰好是一致的。所以,结论是:"相对主义"在逻辑上只要彻底,其实是并不会陷入自相矛盾之窘境的。

那么,"后社会学"对"多元主义"的强调和对"相对主义"的这种认可是否会使我们失去对社会现实进行道德关注和道德批评的稳固基础呢?

毋庸否认,有许多人都对"后社会学"的上述可能后果表示了忧虑和不满。譬如梅勒在《理解社会》一书中就针对鲍曼关于"当今喧嚣的对'人权'的呼吁经常掩盖了其实仅是自我本位的对'独自待着的权利'的诉求"的说法提出,"这表明道德关注消解到了文化相对主义中,而文化相对主义往往不能为各种权利观提供任何实存的基础"。他还引用特纳和罗杰克的话说:"关于文化相对主义的论证可能,或者已经被政权当局操控和滥用,以在文化真实性的幌子下为各种形式的国家暴力做辩护。"①

为了回答上述问题,我们需要引用"外部批评"和"内部批评"这

① 梅勒:《理解社会》,第 14 页。

样一对范畴。所谓“外部批评”，指的是从某一特定话语系统的概念、原理、逻辑或视野出发，从外部对处于另一话语系统之下的概念、原理、逻辑和视野等进行批评，例如从马克思主义的概念、原理、逻辑或视野出发对弗洛伊德主义的概念、原理、逻辑或视野进行批评，或反之；所谓“内部批评”，则指的是从某一特定话语系统的概念、原理、逻辑或视野出发，从内部对该话语系统自身的话语或文本进行批评，例如从马克思主义的基本概念、原理、逻辑或视野出发对马克思主义自身的某些话语或文本进行批评，分析它们是否与马克思主义的基本概念、原理等相一致，等等。

以这两个概念为基础，我们可以再区分出“现代主义批评”和“后现代主义批评”这两个概念。前者的基本特征是：承认外部批评的有效性，并且以外部批评作为自己对社会现实进行批评的主要形式。后者的基本特征则正好相反：否认外部批评的有效性，而只承认内部批评的有效性，并因此以内部批评作为自己对社会现实进行批评的主要形式。造成这种差别的原因很简单：现代主义者坚持认为有“放之四海而皆准”的“普遍真理”，并往往认为自己“掌握”的那些理论观点就是这种“普遍真理”，因而坚持从自己掌握的那些观点出发来评判一切，当其批评的对象与自己不属于同一个话语系统时，这种批评就不可避免地成了一种“外部批评”；而后现代主义者则否认有“放之四海而皆准”的“普遍真理”，坚持认为任何理论观点只有在其所属的话语系统内部才有可能成为“真理”①，因而在对社会现实进行批评时总是坚持要从建构了这些社会现实的人所属的话语系统本身出发来对这些现实进行批评。

---

① 需要重申的是，这里所谓否认有“放之四海而皆准”的“普遍真理”，准确含义应该是指否认有超越各种话语系统的“普遍真理”。“四海”一词当喻各种话语系统，而非像以往那样被理解为不同的时间、空间和情境。按照“话语建构论”，在同一个话语系统内部，并不排除形成为不同时间、空间和情境条件下的人共同认可的概念、命题和观念的可能性；而在不同话语系统之间，即使处于同一时间、空间和情境条件下的人，其认可的概念、命题和观念等也可能完全不同（注意这里说的都是“可能性”而非“必然性”）。

换句话说,“外部批评/现代主义批评”和“内部批评/后现代主义批评”是我们可以用来对社会现实进行关注和批评的两种不同方式,它们有不同的理论依据或基础,否定其中的一个并不等于就是在否定对社会现实进行道德关注和道德批评的必要性与可能性。“后社会学”对“多元主义”和“相对主义”的认可,确实可能会否定从某种自认的“普遍真理”(或“普遍人权”“普世价值”)出发来对任一社会进行评论的合理性,从而动摇“外部批评/现代主义批评”的理论基础,但并不会使对社会现实的关注和批评成为不可能,因为人们完全可以对社会现实进行内部的批评。这种从建构了这些社会现实的人所属的话语系统本身出发来对这些现实进行的批评,其基础将永远是充实和稳固的。那些认为“后社会学”对“多元主义”和“相对主义”的认可会使我们失去对社会现实进行道德关注和道德批评之稳固基础的看法,或者是不了解上述两种不同批评类型的区别,或者是混淆了这两种批评类型的存在。

七、“后社会学”与传统“社会学”:断裂与连续

无论是“多元话语分析”方面的文献,还是“后社会史”方面的文献,对自己与传统“社会学”或“社会史”研究之间的区别都做了比较突出的强调和详细的说明,给人的印象很可能是这些新的研究思路与传统的研究思路之间完全缺乏连续性,有的只是差异、断裂和对立。在结束这篇文章之前,我觉得有必要指出,这种印象(假如人们得到了这种印象)虽属有根有据,但应该改变。可能造成这种印象的原因并不难理解:为了加深读者的印象,认为自己的文章具有新意的作者总是会倾向于首先突出和强调自己的思路与传统思路之间的差异。而实际上,至少就“多元话语分析”这一“新”的社会研究思路而言,其与传统社会研究思路之间的关系并非只有差异而毫无连续性。关于这一点,我在拙作《走向多元话语分析:后现代思潮的社会学意涵》一书的几个地方曾经做过一些非常简要的提示。在这里我再简

要地回顾一下。这些回顾将表明，“后社会学”并没有也不会像梅勒所认为的那样“轻率地”抛弃传统社会学中一切有价值的东西。①

“多元话语分析”的基本观点便是坚持认为作为我们经验、思考和言说对象的“社会实在”是一种由人们在特定话语系统的引导和约束下建构起来的、依人们话语系统的转移而转移的“话语性实在”；社会研究的一个重要任务就是要对人们如何在特定话语系统的引导和约束下将特定社会现实建构起来的过程加以描述和分析，而不只是简单地把社会现实当作一个既定的、纯粹自然的存在来加以探究和表现；包括社会学的概念、命题等在内的各种话语并不是对客观现实的简单再现，而是具有绝对的自主性；处于不同话语系统之下的人们可能会建构出不同的社会现实，而对于这些不同话语系统之间的真假对错我们并无能力去做出最终的、绝对的判断；社会现象也没有那种可以完全脱离特定话语系统而存在的“本质”，所有被我们认定为某一社会现象之本质的东西其实也只是一种话语的建构；等等。在许多文章中，我们也常常用“反实在论”“反表现主义”“反相符真理论”“反本质主义”等标签来概括这些观点。

然而，如前面已经述及的那样，这并不意味着对于“实在”“事实”“客观性”“再现”“真理”“谬误”“本质”等概念以及与之相关的一些观念的彻底否定，而只是意味着对这些概念和观念之传统解释的否定，意味着对它们的一种重新理解而已。

例如，“多元话语分析”确实否认作为我们经验、思考和言说对象的“社会”现象是一种可以完全脱离人们的话语系统而独立存在的“实在”，但如前所述，这并不意味着“多元话语分析”完全否定“社会”现象是一种“实在”，而只是说这种“实在”是一种由人们在特定话语系统的引导和约束下建构起来的、依人们话语系统的转移而转移的“话语性实在”：随着话语系统的改变，这种“实在”（例如网

① 梅勒：《理解社会》，第 24 页。

络成瘾症患病率、自杀率、犯罪率、阶级结构、职业结构、贫富分化等)的具体状态就会改变,因此它是一种“话语性实在”;但在既定话语系统内,它却是一种确定无疑、不以任何人的意志为转移的“客观实在”。①

同样,“多元话语分析”强调话语的绝对自主性,强调话语不是对那种被认为可以完全独立于话语系统之外的“自在之物”的简单“再现”,而是人们在特定话语系统的引导和约束下完成的一种建构;但这也并不是说“再现”之类的术语以及与其相联系的“表现主义”等都不再有用,应该完全抛弃;而只是说生活中的每一句话语或每一段文本(如“2011 年北京市中学生网络成瘾症患病率达 20%”)都首先应该被看作是人们在特定话语系统的引导和约束下针对所谓“网络成瘾症”这一话题完成的一种话语或文本建构,而不应该被看作是对超越话语系统之外的某种疾病现象的直接反映。在另一话语系统的引导和约束下,这一句子的某个关键成分就可能会改变(如数字“20%”可能会变成“30%”)。然而,假如引导、约束我们经验、思考和言说的特定话语系统既定,那么可由此话语系统建构出来的“实在”状况(如“2011 年北京市中学生网络成瘾症患病率”)就应该是相对给定的,我们在此话语系统的引导、约束之下所说出的每一句话、每一段文本也就应该是对这种相对给定之“实在”的一种“再现”,而不能是凭空胡诌。②

与此相联系,“多元话语分析”强调真理观上的多元主义,否定“相符真理论”,这也只是就不同话语系统之间的关系而言的。当话语系统既定,在此话语系统引导、约束下所获得的每一话语或文本性陈述其真假值(在特定时间、空间范围内)也应该是可以确定的,并且是一元的而非多元的,且用来对这些陈述之真假值加以判断的方法也就是将其与其所陈述的“实在”相对照,看两者是否相符:若相符则

① 参见谢立中:《走向多元话语分析:后现代思潮的社会学意涵》,第 33—34 页。
② 同上书,第 34、169—170 页。

为“真”（这一陈述即可被称为“真理”），若不相符则为“假”（这一陈述即可被视为“谬误”）。①

最后，“多元话语分析”否定社会现象有可以完全脱离特定话语系统而存在的“本质”，认为所有被我们认定为是某一社会现象之本质的东西其实也只是一种话语的建构，这也并不是说“本质”一词就不可再用，而只是说这一概念只能在某一既定话语系统内部使用。“在某一话语内部，我们仍然可以沿用‘本质’一词来表示我们在对某一事物进行界定时所表示的那样一些‘特征’。只不过在这样做时我们应该记住这些所谓的‘本质特征’既非事物固有的（而是我们的一种话语建构），也非唯一的（其他的话语系统会有不同的建构）。”②

总而言之，正如我在《走向多元话语分析：后现代思潮的社会学意涵》一文的末尾所指出的那样：和许多人通常所想象的有所不同，在某种意义上，我们可以说“多元话语分析”这种社会研究思路实际上没有也并不必然要将传统社会研究模式的内容、概念及方法彻底地加以否弃，而是以一种新的方式将它们包容在自身之中，赋予它们以一种全新的意义和价值。譬如，我们可以否弃传统现代主义的那种“给定实在论”立场，但并不必须否弃曾经与这种立场相联系的“实在”概念以及相应的一些分析方法，而是可以在一种新的意义上来理解和诠释它们并将它们重新包容进“多元话语分析”这种社会研究模式之中。对于传统社会研究模式的其他一些内容、概念和方法来说，也是如此。“可见，这种新的社会研究模式所彻底否弃的，只是在传统的‘现代主义’意义上来理解和诠释的那种‘实在观’‘再现观’‘真理观’‘本质观’和‘普遍观’等，而非是曾经与这些观念相连的内容、概念及方法本身。”因此，我们其实可以将这种社会研究模式与传统社会研究模式之间的关系“比拟为爱因斯坦相对论物理学与牛顿机械力学之间的关系，或非欧几里得几何学与欧几里得几何学

① 参见谢立中：《走向多元话语分析：后现代思潮的社会学意涵》，第 37 页。
② 谢立中：《走向多元话语分析：后现代思潮的社会学意涵》，第 39 页。

之间的那种关系。在所有这样一些关系当中,前者都只是否弃了后者所蕴含的那种本体论、认识论方面的基本预设,以及与这些基本预设相连的那种对研究对象、研究方法和研究目标的理解与诠释,并未将后者的内容、概念及方法完全否弃,而是在经过一番再诠释后把它们重新包容于自身之中"。① 由是观之,"后社会学"并非像人们想象的那样激进和难以理喻,它只是在社会研究的对象、程序、方法、任务和目标等方面为我们提供了一种新的理解和改进机会而已。

① 谢立中:《走向多元话语分析:后现代思潮的社会学意涵》,第42—43页。

参考文献

边燕杰主编:《市场转型与社会分层:美国社会学者分析中国》,北京:生活·读书·新知三联书店 2002 年版。

布洛维:《公共社会学》,沈原等译,北京:社会科学文献出版社 2007 年版。

陈宗胜:《经济发展中的收入分配》,上海:上海三联书店 1994 年版。

陈宗胜、周云波:《再论改革与发展中的收入分配》,北京:经济科学出版社 2002 年版。

国家统计局人口和社会科技统计司编:《中国人口统计年鉴》,北京:中国统计出版社 1996—2000 年版。

哈贝马斯:《交往行为理论》第一卷,曹卫东译,上海:上海人民出版社 2004 年版。

哈贝马斯:《交往与社会进化》,张博树译,重庆:重庆出版社 1988 年版。

何兆雄:《自杀病学》,北京:中国中医药出版社 1997 年版。

霍布斯:《利维坦》,黎思复、黎廷弼译,北京:商务印书馆 1986 年版。

卡夫雷拉:《后社会史初探》,李康译,北京:北京大学出版社 2009 年版。

李春玲:《断裂与碎片:当代中国社会阶层分化实证分析》,北京:社会科学文献出版社 2005 年版。

李强:《社会分层与贫富差别》,厦门:鹭江出版社 2000 年版。

李实等主编:《中国居民收入分配研究Ⅲ》,北京:北京师范大学出版社 2008

年版。
刘永军、梁泳梅等:《中国居民收入分配差距研究》,北京:经济科学出版社 2009 年版。
鲁迅:《野草》,北京:人民文学出版社 1973 年版。
陆学艺主编:《当代中国社会阶层研究报告》,北京:社会科学文献出版社 2002 年版。
罗纳德·斯考伦、苏珊·斯考伦:《跨文化交际:话语分析法》,施家炜译,北京:社会科学文献出版社 2001 年版。
洛克:《政府论》,叶启芳、瞿菊农译,北京:商务印书馆 1997 年版。
梅勒:《理解社会》,赵亮员、白小瑜、王璜、刘琪译,北京:北京大学出版社 2009 年版。
莫迪默、法恩主编:《人民·民族·国家——族性与民族主义的含义》,刘泓、黄海慧译,北京:中央民族大学出版社 2009 年版。
塞勒尼等:《新古典社会学想象力》,吕鹏等译,北京:社会科学文献出版社 2010 年版。
沈原:《市场、阶级与社会》,北京:社会科学文献出版社 2007 年版。
宋晓梧等主编:《中国收入分配:探究与争论》,北京:中国经济出版社 2011 年版。
孙立平:《现代化与社会转型》,北京:北京大学出版社 2005 年版。
谭伟:《中国收入差距:增长"奇迹"背后的利益分享》,北京:中国发展出版社 2009 年版。
王小鲁:《灰色收入被夸大了吗?——答罗楚亮、岳希明、李实的质疑》,《比较》总第 54 辑,北京:中信出版社 2011 年版。
王小鲁:《灰色收入与国民收入分配》,《比较》总第 48 辑,北京:中信出版社 2010 年版。
王小鲁:《我国的灰色收入与居民收入差距》,《比较》总第 31 辑,北京:中信出版社 2007 年版。
卫生部卫生防疫司和中国预防医学科学院:《1990 年中国疾病监测年报》,北京:华夏出版社 1992 年版。
吴波:《现阶段中国社会阶级阶层分析》,北京:清华大学出版社 2004 年版。
谢立中:《社会现实的话语建构:"以罗斯福新政"为例》,北京:北京大学出版社 2013 年版。

谢立中:《走向多元话语分析:后现代思潮的社会学意涵》,北京:中国人民大学出版社 2009 年版。

谢立中主编:《理解民族关系的新思路——少数族群问题的去政治化》,北京:社会科学文献出版社 2010 年版。

薛进军编著:《中国的不平等——收入分配差距研究》,北京:社会科学文献出版社 2008 年版。

阎志民主编:《中国现阶段阶级阶层研究》,北京:中共中央党校出版社 2002 年版。

杨继绳:《中国当代社会各阶层分析》,兰州:甘肃人民出版社 2006 年版。

伊亚尔、塞勒尼、汤斯利:《无须资本家打造资本主义:后共产主义中欧的阶级形成和精英斗争》,吕鹏、吕佳龄译,北京:社会科学文献出版社 2008 年版。

于国安:《我国现阶段收入分配问题研究》,北京:中国财政经济出版社 2010 年版。

张东生主编:《中国居民收入分配年度报告(2010)》,北京:经济科学出版社 2010 年版。

章国锋:《关于一个公正世界的"乌托邦"构想——解读哈贝马斯〈交往行为理论〉》,济南:山东人民出版社 2001 年版。

赵人伟、基斯 · 格里芬主编:《中国居民收入分配研究》,北京:中国社会科学出版社 1994 年版。

赵人伟等主编:《中国居民收入分配再研究》,北京:中国财政经济出版社 1999 年版。

郑杭生:《中国特色社会学理论的深化》(上、下),北京:中国人民大学出版社 2010 年版。

郑杭生:《中国特色社会学理论的应用》,北京:中国人民大学出版社 2005 年版。

周文兴:《中国:收入分配不平等与经济增长——公共经济与公共管理的制度创新基础》,北京:北京大学出版社 2005 年版。

周云波、覃晏:《中国居民收入分配差距实证分析》,天津:南开大学出版社 2008 年版。

北京大学中国经济研究中心宏观组:《以购买力平价测算基尼系数的尝试》,《经济学(季刊)》2006 年第 1 期。

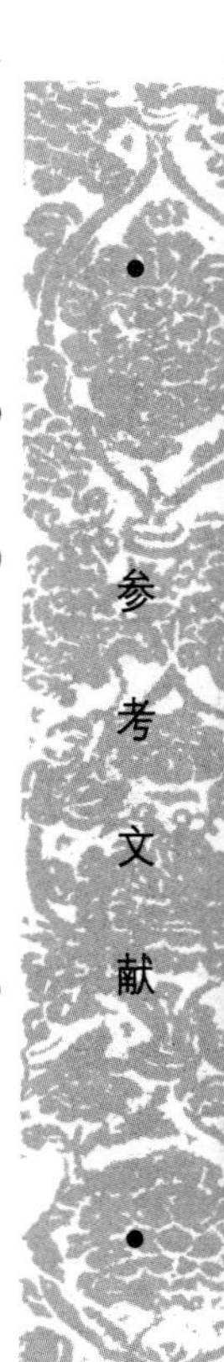

陈建樾:《多民族国家和谐社会的构建与民族问题的解决》,《世界民族》2005 年第 5 期。

陈玉屏:《民族问题能否“去政治化”之我见》,《西南民族大学学报(人文社科版)》2008 年第 7 期。

程永宏:《改革以来全国总体基尼系数的演变及其城乡分解》,《中国社会科学》2007 年第 4 期。

仇立平:《回到马克思:对中国社会分层研究的反思》,《社会》2006 年第 4 期。

仇立平:《阶级分层:对中国社会分层的另一种解读》,《上海大学学报(社会科学版)》2007 年第 2 期。

冯仕政:《重返阶级分析? ——论中国社会不平等研究的范式转换》,《社会学研究》2008 年第 5 期。

甘犁:《以公开科学的抽样调查揭示真实的中国》,《华尔街日报》中文网,2013 年 1 月 25 日。

郝时远:《中文“民族”与“少数民族”的英译问题》,《中国民族报》2013 年 3 月 22 日。

何兆雄:《论非正常死亡》,《医学与哲学》2003 年第 24 期。

何兆雄:《中国自杀率高不高? ——我说不高!》,《学术论坛》2008 年第 2 期。

洪兴建:《对基尼系数若干批判的质疑》,《中国统计》2007 年第 6 期。

胡祖光:《基尼系数和统计数据:以浙江省为例》,《浙江社会科学》2005 年第 4 期。

江瑞平:《构建中的东亚共同体:经济基础与政治障碍》,《世界经济与政治》2004 年第 9 期。

江小涓、李辉:《我国地区之间实际收入差距小于名义收入差距——加入地区间价格差异后的一项研究》,《经济研究》2005 年第 9 期。

李实、罗楚亮:《中国收入差距究竟有多大?》,《经济研究》2011 年第 4 期。

联合国:《国民经济核算体系 2008》,https://unstats.un.org/unsd/nationalaccount/sna.asp。

梁纪尧、宋青梅:《基尼系数估算方法述评及科学估算方法的选择》,《山东财政学院学报》2007 年第 1 期。

马戎:《理解民族关系的新思路——少数族群问题的“去政治化”》,《北京大学学报(哲学社会科学版)》2004 年第 6 期。

纳日碧力戈:《全球场景下的“族群”对话》,《世界民族》2001 年第 1 期。

潘毅:《阶级的失语与发声:中国打工妹研究的一种理论视角》,《开放时代》2005年第2期。
潘毅、陈敬慈:《阶级话语的消逝》,《开放时代》2008年第5期。
潘毅、任焰:《农民工的隐喻:无法完成的无产阶级化》,《二十一世纪》2008年第6期。
邵峰:《东亚共同体的可行性分析与中国的战略》,《世界经济与政治》2008年第10期。
石源华:《试论中国的“东亚共同体”构想》,《国际观察》2011年第1期。
孙立平:《从“市场转型理论”到关于不平等的制度主义理论》,《中国书评》1995年第4、5期。
孙立平:《社会主义研究中的范式及其转变》,《战略与管理》1997年第5期。
孙立平:《社会转型:发展社会学的新议题》,《社会学研究》2005年第1期。
田中青:《试论“东亚共同体”》,《当代亚太》2004年第10期。
王黎君、费立鹏、黄正京、张艳萍、赵云霞、杨功焕:《中国人群自杀死亡报告准确性评估》,《中华流行病学杂志》2003年第24卷第10期。
王联合:《东亚共同体:构想、机遇、挑战》,《世界经济与政治论坛》2006年第2期。
王希恩:《也谈在我国民族问题上的“反思”和“实事求是”》,《西南民族大学学报(人文社科版)》2009年第1期。
西南财经大学中国家庭金融调查与研究中心:《中国家庭收入不平等报告》,2012年12月9日。
向书坚:《全国居民收入分配基尼系数的测算与回归分析》,《财经理论与实践》1998年第1期。
谢立中:《社会学的学科对象和问题领域的再认定》,《江海学刊》2009年第3期。
谢立中:《实证、诠释与话语:以现代化研究为例》,《社会》2008年第3期。
谢立中:《唯一“真实”的基尼系数是否可得?》,《社会学研究》2013年第5期。
谢立中:《“中国社会”:给定现实,抑或话语建构——以毛泽东和梁漱溟之间的一个分歧为例》,《江海学刊》2008年第3期。
徐宽:《基尼系数的研究文献在过去八十年是如何拓展的》,《经济学(季刊)》2003年第4期。
曾国安:《关于居民收入差距的几个问题的思考》,《当代财经》2002年第6期。

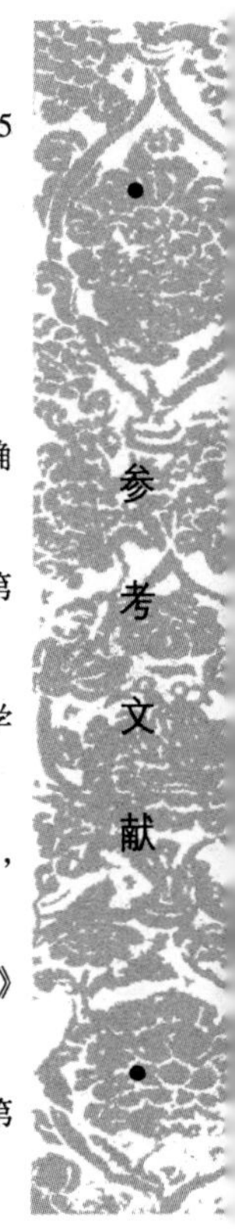

翟胜德:《“民族”译谈》,《世界民族》1999 年第 2 期。

郑杭生:《中国社会学不应在西方的笼子里跳舞》,中国社会科学网,http://www.cssn.cn/news/403770.html。

周大鸣:《从族群视角评价民族政策需要两个准则》,《中国民族报》2009 年 2 月 13 日。

朱伦:《西方的“族体”概念系统——从“族群”概念的应用错位说起》,《中国社会科学》2005 年第 4 期。

D. Douglas, *The Social Meanings of Suicide*, Princeton: Princeton University Press, 1967.

H. Garfinkel, *Studies in Ethnomethodology*, Cambridge: Polity Press, 1967.

C. Lemert, "Poststructuralism and Sociology", in Seidman, ed., *The Postmodern Turn: New Perspectives on Social Theory*, Cambridge: Cambridge University Press, 1994.

C. J. L. Murray, A. D. Lopez, *The Global Burden of Disease: A Comprehensive Assessment of Mortality and Disability from Diseases, Injuries, and Risk Factors in 1990 and Projected to 2020*, Cambridge (USA): Harvard University Press, 1996.

A. B. Atkinson, and A. Brandolini, "Promise and Pitfalls in the Use of 'Secondary' Date-Sets: Income Inequality in OECD Countries as a Case Study", *Temi di discussione*, No. 379 (October, 2000).

M. Burawoy, "A Sociology for the Second Great Transformation?", *Annual Review of Sociology*, Vol. 26, 2000.

K. W. Deininger, and L. Squire, Measuring Income Inequality Database, http://econ3. worldbank. org/WBSITE/EXTERNAL/EXTDEC/EXTRESEARCH/0 ,, contentMDK: 20699070 ~ pagePK: 64214825 ~ piPK: 64214943 ~ theSitePK: 469382,00.html.

Z. X. He, D. Lester, "What is the Chinese Suicide Rate?", *Perceptual & Motor Skills*, Vol. 89, 1999.

A. D. Lopez, J. Salomon, O. Ahmad, C. J. L. Murray, D. Mafat, Life Tables for 191 Countries: Data, Methods and Results, Geneva: World Health Organization, 2000 (GPE Discussion Paper Series: No. 9).

Phillips, Liu, Zhang, "Suicide and Social Change in China", *Cult*, *Med and Psychiatry*, *Vol.* 23, 1999.

Michael R. Phillips, Xianyun Li, Yanping Zhang, "Suicide Rates in China, 1995-99", *The Lancet*, Vol. 359, 2002.

Martin Ravallion, Shaohua Chen, China's (Uneven) Progress Against Poverty, World Bank, June 16, 2004.

United Nations University, World Income Inequality Database, https://www4.wider.unu.edu.

World Health Organization, The World Health Report 1999, Geneva: WHO, 2000.

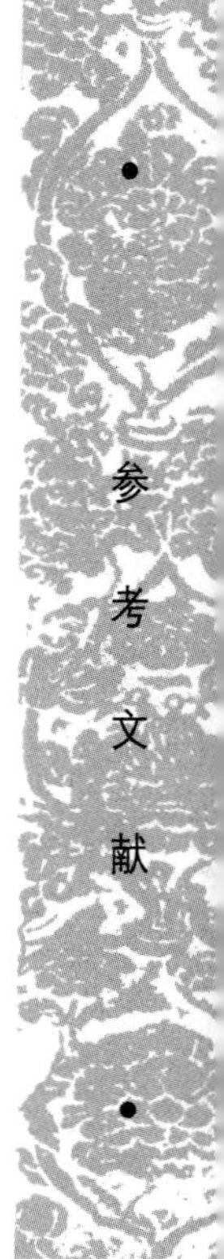